フロイト思想のキーワード

小此木啓吾

講談社現代新書

目次

第2章　ヒトの無力さと心の適応……83

第3章　無意識への王道……123

断念の術さえ心得れば人生も結構楽しい

——ジグムント・フロイト

序章

フロイト

その思想と人生

近代思想史におけるフロイトの役割

「私がオプティミストであるということは、あり得ないことです（しかし、私はペシミストでもありません）。ペシミストと違うところは、悪とか、馬鹿げたこととか、無意味なこととかに対しても心の準備ができているという点です。なぜなら、私はこれらのものを最初から、この世の構成要素の中に数え入れてしまっているからです。断念の術さえ心得れば人生も結構楽しいものです」（ルー・アンドレアス＝ザロメ宛書簡、一九一五年七月三十日付）

ジグムント・フロイト（Sigmund Freud 一八五六〜一九三九）は、最愛の弟子の一人であり、最も頼りにする心の友であったルー・アンドレアス＝ザロメ（Andreas-Salome, L.）にこう書き送っているが、この言葉は、人間フロイトをとても率直に語っている。

近代ヨーロッパの歴史は、われわれの意志とかかわりなしにわれわれの心身を支配する自然科学的法則発見の歴史である。そこで人々が直面した課題は、みずからが獲得したこの科学的認識にどのように適応するかであった。換言すれば、近代科学の認識した自然法則に従って生存する自己を、どのように受け入れるかがわれわれ人類の課題になったのである。近代ヨーロッパ人にとって、それ以前に形成していたキリスト教をはじめとする伝統的な世界観及び人間観——フロイトはそれらを、より原始的な自己愛的全能感の所産と批判した――と、この科学的認識との矛盾は、深刻な葛藤や苦悩を人々の心に引き起こした。一九世紀末から二〇世紀にかけてのフロイト思想の課題は、彼の創始した精神分析を通して積極的にこの矛盾を止揚し、近代的な科学的世界観に基づく新しい人間観を提示することであった。

もう少し具体的に言えば、科学的な認識は、産業、技術、せいぜい医学など、物的、身体的な領域に限定して活用し、心的、精神的な領域は近代科学以前の伝統や慣習、とりわけ宗教的な世界観に委ねるという心の二重構造が保存されていた。フロイトが育ち暮らした一九世紀末ウィーンでフロイト思想の担った役割は、心の世界にも科学的法則を発見し、新しい人間認識の方法と理論を提出することであった。

ジグムント・フロイト

本来フロイトは、脳と神経を生物学的に研究する神経学者であった。ところが、臨床家としての道を歩むにつれて、人間の精神領域を「科学的」に取り扱うことなしには一歩も先に進めない神経症という未知の対象に取り組むことになった。フロイトはこの歩みの途上で、精神現象にも物的、身体的現象と同様の自然法則と一定のメカニズムが働いていることに気づいた。そして、もし、その心的な因果関係をたどることができるならば、従来はその意味を理解することができないために、無意味で馬鹿馬鹿しい事象とみなされていたすべてのことについても、科学的な認識を獲得することができる、と確信するようになった。

たとえばそれは、なぜそのようなことが起こるのか、肝心の本人にも、周りの者にも不可解な神経症の症状であり、荒唐無稽な意味のわからぬ夢であり、ふとした言い間違いや物忘れであった。ところがフロイトは、本人自身も気づかない無意識の心理過程とメカニズムを厳密な観察と認識を通して把握する一定の方法を身につけるならば、あたかも身体についてその生理や病理の把握による診断と治療が可能になるように、精神についても同様の試みが可能なはずである、と確信し、無意識による心的決定論を確証して、精神分析の方法をつくり上げた。

つまり、フロイトが最終的に目指したのは、科学的な知性によって自己の心身に関する明確な洞察を得ることであり、この自己洞察を通して盲目的な欲動や情念に対する自我の優位を確立することであった。フロイト思想を社会思想の領域に発展させた精神分析学者のE・フロム（Fromm, E.）をはじめ、多くの人々がフロイトを一九世紀合理主義思想の最後の代表的存在とみなすのもそのためである。

しかしながら、この目的に到達するためには、幾多の「幻想の破壊」を伴うことになった。

「私は生涯の大部分を人類の幻想を破壊することに費やしてきました」（ロマン・ロラン宛書簡、一九二三年三月四日付）。この場合の「幻想」とは、科学的認識と背反する因習や偏見であり、とりわけそれは、性に関する不合理なタブー、国家や集団の中で人々が共有する偏見や一体感の幻想である。そしてフロイトは、意識を中心に自己の精神をとらえる幻想までも破壊し、意識よりも無意識のほうがより広大な領域を持っている事実を明らかにした自分を、地動説によって地球中心の宇宙観を破壊したコペルニクスや、進化論によって自分たちを「神の子」とみなす人間本位の人類観を破壊したダーウィンに比している。これらの幻想の破壊のゆえにフロイトは幾多の排斥と迫害を受け、その『精神分析運動史』（一九一四）の冒頭に引用した「波にもまれて、なお沈まず」の言葉どおりの苦難の航海に船出することになった。

秀才フロイト

ジグムント・フロイトは一八五六年五月六日、オーストリア・ハンガリー帝国に属していたモラヴィア地方のフライベルク（現在のチェコ共和国プリーボル）に、ユダヤ人の毛織物商であったヤコブの三男として生まれた。母アマリエは、当時四十歳だったヤコブの後妻で、ジグムントの出生は、彼女の二十一歳のときであった。

ジグムントが三歳になるころまでは安定した生活を送っていたフロイト一家だったが、やがて経済的不況とユダヤ人迫害に見舞われて住み慣れたフライベルクの地を去り、破産同然の姿でライプツィヒに引っ越す。そして一八六〇年、ジグムント四歳のとき、一家はウィーンに移住した。そうした苦難の中ではあったが、次第に彼はその才能をあらわすようになり、十歳で進学したギムナジウムでは特別扱いを受ける秀才になった。

一八七三年秋、十七歳でウィーン大学医学部に入学したが、ジグムントは一般の医学生と異なり、早くから考古学や心理学、小説などの書物を読みあさった。特に心理学に関しては、意識の志向性について講義したフランツ・ブレンターノ（一八三八〜一九一七）の授業を哲学者E・フッサールと相前後して聴講した可能性がある。

やがてジグムントは二十歳のときに、当時のウィーンにおいてダーウィンの進化論と、H・V・ヘルムホルツやデュ・ボア＝レモンらの唯物論生命観を最も活発に説いていたE・

ブリュッケ教授（一八一九〜九二）の生理学研究室に迎え入れられた。そこでフロイトは、ダーウィンの進化論をヤツメウナギやザリガニの脊髄神経節細胞の比較研究を通して実証する研究を行い、さらに一八八一年、神経細胞と神経突起がまとまった一単位をなすという神経元理論を最初に発表した三人の先駆者の一人になった。

一八八二年七月三十一日、彼は研修医としてウィーンの総合病院に勤務することになったが、婚約者マルタ・ベルナイス（Martha Bernays）は種々の事情からウィーンを遠く離れたハンブルクに居住しなければならなかった。そのために彼らは四年三ヵ月の婚約期間中、まる三年間にわたって別れ別れになっていた。フロイトはその間、マルタ宛に九百通以上の手紙を書き送っていたが、それらの手紙はいまもなお現存し、人間フロイト研究の貴重な資料となっている。

この婚約時代にフロイトは、当時のヨーロッパにおける神経病学のメッカであったサルペトリエール病院（パリ）のJ・M・シャルコー教授（一八二五〜九三）のもとに七ヵ月間留学し、初めてヒステリー研究に目を開かれ、とりわけヒステリーの症状における無意識の心理作用に強烈な印象を植えつけられた。

このような経過を経て神経病の専門医となったフロイトは、ウィーンの市庁舎わきのビルの一室で開業医生活をはじめるとともに、念願の結婚式を挙げることができた。

どちらかというと保守的な人柄の妻マルタは、良妻賢母型の主婦となった。一八八七年から九五年までの間に、三人の息子と三人の娘が生まれ、ベルクガッセ十九番のアパートは、一九三八年のロンドンへの亡命までの四十七年間、フロイト一家の住居となった。

異端者としての歩み

フロイトが「精神分析」(Psychoanalyse) という言葉を最初に用いたのは、一八九六年のことである。ウィーンで開業医として成功していたヨーゼフ・ブロイアー（一八四二～一九二五）が、一八八一年から八二年にかけて治療したヒステリー患者O・アンナ嬢との物語は、精神分析発見の源泉になった。

しかし、このブロイアーとフロイトのよき協力関係は、共著『ヒステリー研究』（一八九五）までであった。『自己を語る』（一九二五）でも述べているように、フロイトは無意識に関しては抑圧理論を、治療方法に関しては「自由連想法」を、特に心的外傷となる体験として性的な意味を持つものを重視する「性的病因説」を提示することによって、おのずからブロイアーとは隔たる独自の道を歩みはじめた。そして一八九六年には、「精神分析」という言葉を使うようになった。

一九世紀末のウィーンは、いまだにカトリック教会の支配下にあり、性に関するタブーは厳しく人々の心をとらえていた。このようなウィーン社会であるから、彼が厳粛なるべき学会の席で性的病因説を語ったときには、「これは学会で討議すべき問題ではない。警察問題にすべきだ」「フロイトは患者のくだらない長話を真に受け、偶然の事実に性的な意味を与え、重大視している。そこからは、まったくいやらしい、たわいもない精神医学しか生まれない」といった非難が湧き起こった。

ごく平凡な一人の臨床医にすぎなかったフロイトは、いつの間にか精神分析の創始者としての苦難の道を歩むことになった。この当時の心境を振り返ってフロイトはこう書いている。

「ある考えをそのときだけの思いつきで口にすることと、反対に逆らってもその考えを貫くこと、その思想が認める真理にふさわしい地位を与えることとは、まったく違ったことだ。たとえて言えば、軽い気持ちの浮気と、あらゆる義務を果たし苦難に耐えていく結婚との違いだ。フランス人は言うではないか、『……という真理と結婚する』と」

このような孤立の中で、フロイトの心の友となったのが、ベルリンの耳鼻科医ヴィルヘルム・フリース（Fliess, W. 一八五八～一九二八）であった。そして、一八九七年七月から一九〇〇年までの間、ほとんど規則的にフリースに手紙を書き、特に自分の夢の自己分析を逐一報告するようになった。

そもそもフロイトが自分の夢を最初に分析したのは、一八九五年七月二十四日のことであるが、いまやフロイトは親友フリースを分析者に見立てて、自分自身が患者の役割を演ずるという、きわめて特異な自己分析体験に没入したのである。そしてこのフロイトの「フリース体験」こそ、真の意味での精神分析の誕生である。

やがてフロイトは、この自己分析の過程で、彼の患者たちとまったく同じように、幼児期体験を回想し、やがて彼の精神分析理論の核心であるエディプス・コンプレックスを自己自身の無意識の中にも見出すことになった。一九〇〇年に『夢判断』を、一九〇一年に『日常生活の精神病理学』を次々に刊行したフロイトは、患者の資料に加えて自分自身の自己分析の資料を駆使することによって、われわれの心の奥深くに活動する無意識の世界に、意識の世界と同等ないしはそれ以上の存在権を与えることになったのである。

一般に、これらの著作の刊行から『精神分析入門』(一九一七)までを、「精神分析の確立期」と呼ぶが、フロイトの人生の中で、最も喜びの多かった時代は一九〇〇年の初めから一〇年ごろの時期であったと思われる。学問的には精神分析を確立し、学者としての成熟期を迎え、一九〇二年の秋からは少数の共鳴者――やがては弟子たち――が、ウィーン及びチューリッヒ、ブダペスト、さらにはロンドン、ニューヨークからフロイトのもとに集まってきた。

一九〇八年、フロイトとその共鳴者たちが「水曜会」と呼んでいたこの集まりは「ウィーン精神分析協会」となり、さらに一九一〇年に「国際精神分析学協会」——その初代会長はC・G・ユング（Jung, C. G. 一八七五～一九六一）——が設立された。これらの理解者を得て、ようやくフロイトは学問的孤独から脱出することができた。また、私生活においても子どもたちは健やかに成長し、開業医としての生活にもゆとりができ、一九〇一年から七年までは、ほとんど夏休みごとにイタリア旅行に出かけ、シシリー島にまでも足をのばし、一九〇四年には宿願のアクロポリス訪問を果たす。

国際的交流の道も開け、特にチューリッヒの精神科医オイゲン・ブロイラー教授（一八五七～一九三九）に対しては、彼の精神分裂病論（一九一一）に多大の影響を与え、その助手であるユング、L・ビンスワンガーとは友情あふれる親交を持った。一九〇八年にはユングの案内でスイス・アルプスを旅し、マッターホルンに感動する。さらに一九〇九年には、米国マサチューセッツ州のクラーク大学——学長はスタンリー・ホール——に招かれ、ユング、S・フェレンツィと連れ立って、約一ヵ月半の米国訪問旅行を行った。

しかし、このころを絶頂として、思いがけない失意が次々とフロイトを苦しめることになる。一つは、一九一一年のアードラー、一二年のシュテーケル、一四年のユングなど、頼りにしていた盟友たちの離反である。とりわけ、ユングに対する親密な友情と期待が人一倍大きかっただけに、その決別は深刻な痛手をフロイトに与えた。

さらにフロイトを悩ませたのは、いわば精神分析が発展するのと比例して高まった、ドイツ精神医学界の異常なまでに激しい反発と非難であった。

やがて、西欧的知性と科学的合理精神こそ人類の進歩と幸福への希望であるというフロイトの信念を根底から揺るがし、彼を失意と絶望に陥れる第一次世界大戦が起こった。

一九三二年には『続精神分析入門』を著し、『精神分析入門』以後の発展を展望した。なかでもそこで述べられた女性論(第三十三講「女性的ということ」)は、女性の弟子たちの研究を大幅に採り入れたものであるが、フロイトの生物主義的な女性観は、のちに激しい論議を巻き起こした。さらに当時のウィーンの政治情勢を反映した一章(第三十五講「世界観について」)は、キリスト教、マルクス主義に対する精神分析の立場と、拠って立つ科学的世界観をフロイト自身が明確にした点で、重要な思想史的意義を持っている。

さらに一九三〇年、『文化への不満』を著し、その中でフロイトは、生の本能、つまりエロスの営みとしての文化の進歩は、潜在的な死の本能、つまりタナトス――自己破壊力――の高まりをもたらし、本来は生存のための手段であった巨大な自然支配力が、逆に人類の自己破壊を引き起こす危険性について警告した。それは第二次世界大戦への警鐘でもあった。

これらの著作活動は、思想、文化の領域に多大の衝撃を与え、一臨床医として出発したフロイトは、二〇世紀における最大の思想家の一人になった。

一九二〇年に『快感原則の彼岸』で発表していた死の本能論が、あたかもその暗い運命を暗示したかのように、フロイトは一九二三年二月（六十六歳）に口腔内の異常に気づく。やがて上顎ガンの診断が下され、それ以後死去するまでに三十三回もの手術を受ける。つまり、このときから一九三九年に没するまでの十六年間は、人並みはずれた強靭な意志とガンとの闘いであった。

さらに一九三二年ころからは、ナチスのユダヤ人迫害が激しさを増し、翌年五月、ベルリンでフロイト及び精神分析関係の書物は禁書として焼き捨てられ、「ドイツ精神療法学会」はエディプス・コンプレックスをはじめとする精神分析用語の使用を禁止した。一九三六年にはウィーンの精神分析出版関係の全財産がゲシュタポによって差し押さえられた。一九三八年三月、オーストリアに侵入したナチスのゲシュタポは、病床にある八十一歳の老フロイト宅を二回にわたって家宅捜索し、最愛の娘アンナ（Anna 一八九五〜一九八二）を拉致《らち》した。この状況の中で、ロンドン在住の精神分析学者E・ジョーンズ（Jones, E. 一八七九〜一九五八）は危険を冒してウィーンに赴き、同時にフロイト救出への国際世論の高まりは、米大統領ルーズベルト、デンマーク王妃マリー・ボナパルト、イタリアのムッソリーニ総統らを動かし、同年六月六日、フロイト一家は亡命の地ロンドンに着いた。しかし、あとに残した四人の年老いた妹たちは強制収容所のガス室に送られてしまう。

この間、次第に進行したガンの苦痛と全身の衰弱は著しく、一九三九年九月二十三日、フロイトはついに亡命先のロンドンで、その生涯を終えた。享年八十三歳で、そのお墓はロンドンのゴールダース・グリーン墓地の美しい緑につつまれている。また、ハムステッドにあるロンドンの住まいは、現在、フロイト・ミュージアムになっている。

現代とフロイト思想

序章を終わるに当たって、フロイト思想と現代のかかわりについてあえて簡単に言及したい。筆者としては、この課題に対する答えは、本書の読者各位が現代の状況の中で、それぞれの主体的なテーマと照合することによって見出してほしいと願うからである。

そこでまず思い浮かぶのは、フロイトが人類に対して一九三〇年代に残した二つの予言である。

第一に、フロイトは一九三二年にこう言っている――。産業社会がどんどん発展していくと、おそらく産業社会に対抗する唯一の共同体であった家族も、ついにその力に屈服して解体、吸収され、産業社会に取り込まれてしまうのではなかろうか。まず最初に父親が、夫が、次に息子たちが、そしてやがては女性たちも……。

このフロイトの予測は、まさしく現代社会の中で実現されているが、フロイトの主眼は予言にあったのではなく、むしろ、既存の安定した古きよき家庭が、こんな形で破綻していくことについて、深刻な疑問を投げかけることにあったのである。

たしかにフロイト以後、先進欧米諸国の家族は解体に向かっているかのようである。その代表的な現象として、未婚の母の子どもの比率が、北欧で六〇%以上、フランスで四〇%、英米で三〇%を超える状況がある。さらにこの家族危機の兆候は、米国の場合のように、離婚・再婚者が五〇%を超えることにも示されている。そして皮肉にも、この動向と並行して、かつてあれほど非難を浴びた親の性的虐待に関するフロイトの臨床上の認識が改めて再評価される時代を迎えている。つまり、フロイトによってはじめてクローズアップされた、親による近親姦と性的虐待、そして、子どもたちの心的外傷が、あたかも一九世紀の世紀末現象が再来したかのように二〇世紀の世紀末現象として社会問題化し、フロイトが唱えていた心的外傷説がＰＴＳＤ（外傷後ストレス障害）などの形で新たな脚光を浴びているのである。

その背景には、かつてフロイトが、ヒステリーの女性たちの抑圧された性の解放に大きな役割を果たしたのと同じような、現代における男性優位社会からの女性の解放と自立をめざすフェミニズムの高まりがある。しかもそこでは皮肉なことに、かつて解放の役割を果たしたフロイト自身の、父権的権威主義・男根優位の女性観に対して最も厳しい批判が向けられている。それは、「女性までも産業社会の中に取り込まれていく……」と語った家父長的なフロイトと、そのような受け身の身の上からより能動的な自己の解放をめざす現代の女性たちとの葛藤とみなすこともできる。

果たして読者各位は、これらのテーマにどのように出会うのだろうか。ちなみに、先進諸国の中で、わが日本だけは未婚の母の比率がわずか(?)一%、離婚率も相対的に低い。女性の社会進出も最も遅れているし、結婚願望、家族幻想も、かろうじてではあるが、いまだに保たれている唯一の先進国である。

このような家族状況の中で、フロイト思想はどのような役割を担うことができるのか。それはまた、フロイト以後の現代の精神分析の課題にもなっている。

第二の予言は、科学の進歩によって巨大な自然力の支配を手にした人類の自己破壊に対する警告である。

「いまや人々は、自然力の支配をきわめて広範に成し遂げているので、自然力の助けを借りれば最後の一人に至るまでお互いに絶滅させ合うことができるようになった。彼らがそれを知っていればこそ、彼らの現代の動揺や不幸や不安の気分の大部分が生じているのだ」

（『続精神分析入門』一九三〇）

この巨大な自然力の支配がうまく人類の平和と繁栄をもたらす方向に寄与するのか、それとも人類の自己破壊の方向に作用するのかは、一にかかって人類の叡智にあるとフロイトは言う。そして、不幸にも、この予言は原子爆弾の出現のような形で当たってしまった。もっとも、核兵器についてはその後五十年間、知性による自己制御がかろうじてなされてきた。だが、その一方で、地球温暖化に代表されるような自然環境の破壊の形で、人類は自己破壊の道を歩んでいるのではないか。そのような自己破壊への厳しい警告として、われわれはフロイトのこの予言を受け取るべきではなかろうか。

現代の課題とフロイト思想

さらに筆者にとって、もしもフロイトが現存していたら、是非とも出会ってほしかった現代の課題がある。

まずその一つは、イスラエル―パレスチナ問題である。フロイト自身は、超民族的、超国家的な普遍的知性による連帯こそユダヤ人のアイデンティティであると考えて、晩年も当時のイスラエル化運動に懐疑的であった。それだけに、フロイトが最も忌避した偏狭な宗教の信奉、国家主義、民族差別主義、軍事主義の化身となってしまった観のある現代のイスラエルという国に対して、どんな態度をとっただろうか。もしフロイトがこの世にあったら、イスラエル、いや現代のユダヤの人々を、より開かれた普遍的知性による知の連帯の方向に導く現代のモーゼになってくれたのではないだろうか。

一九三八年三月十三日、ロンドンへの亡命を決意したとき、フロイトはこう語った。「テイトゥス（紀元七〇年のユダヤ戦争でイェルサレムを攻略したローマ帝国の武将。後に第十代皇帝）によってイェルサレムの神殿が破壊されたとき、律法学者ジョナサン・ベッサカイは、モーゼの五書を研究するため、ジャブネに学校を開く許しを求めた。われわれも同じことをしようとしているのだ」と。彼のこの思いは、こと精神分析については、まさにロンドンがこのジャブネの地となり、世界の精神分析研究の中心地となったことで達成された。おそらくフロイトは、イェルサレム破壊後のユダヤ人に許された唯一の道である学問こそが、自分たちユダヤ人のアイデンティティの核心であると悟っていたのではなかろうか。多くのユダヤ人の友を持つ私には、そのような思いが募る。

第二に、現代の相も変わらぬ民族紛争、そして、「文明の衝突」とも評されるような深刻な対立と葛藤が世界的規模で起こっていることである。科学的世界観への同化を拒否し、伝統的な宗教的世界観を頑なに信奉する人々と、フロイトがめざした、これらの宗教的世界観から自由になり、個、そして女性の解放と自立をよしとする自由思想の人々との間の対立と葛藤は、いまや抜き差しならない状況になっている。フロイト思想は、フロイト以後、欧米の自由主義思想と微妙な相性のよさを発揮してきたが、これからもなおフロイト思想は、この二大世界観の衝突と葛藤の対処に何らかの形で寄与することができるのではないか。

読者各位が、これらの課題とフロイト思想との照合にも意を注いでいただければ幸いである。

フロイト思想のエッセンス

「フロイト思想のキーワード」の各章に入るに当たって、筆者が、これがフロイト思想のエッセンスであると考える要点を述べる。

1、生物としてのヒトの無力さ

生物としてのヒトの無力さ＝有限性という根源的な事実の認識と受容が、フロイト思想の原点である。ヒト（生物としての人間）は、呼吸が止まり、栄養の摂取ができなくなれば死んでしまう。つまり、環境との交流が途絶すれば、生＝有は、死＝無に帰する。そのためにヒトは、環境から酸素を吸い、栄養を取り入れようとする。フロイトはこの心身の働きを自己保存の本能―欲動と呼んだ。ヒトは、この欲動の充足なしには生きていけない。窒息、飢餓は、外界との交流が途絶した恐怖とパニックにみちた欠乏の状態を引き起こす。この認識が、そしてこの絶対的な現実をどう受容して生きるかという発想が、常にフロイト思想の根底にある。たとえば、欲動には断念の術を、依存、愛着対象の喪失には喪失の受容の営み、すなわち喪の仕事（モーニング・ワーク）をすすめるのがフロイト思想である。

2、タナトス（死の本能）に対抗するエロス（生の本能）の営み

人間の心の営みを、すべてこのヒトとしての無力さから理解するのがフロイト思想の真髄である。そして、このみずからの思想をフロイトは、六十四歳（一九二〇）になって、「死の本能」論の形で明確化した。すべての生は無に還る必然性を持つ。この無に還ろうとする衝動（死の本能）に逆らい、闘い、かりそめの生を営む主体がエロス（生の本能）である。そして人間の心をこのエロスの営みとしてとらえたのがフロイト思想である。フロイトの精神分析が解明した無意識の世界は、まさにヒトがその無力さゆえに外界に求める欲求＝

願望とその途絶・欠乏にどう適応するのかを主題とする世界であった。しかも、ヒトは、個体ひとりだけではその生を全うすることができない。その基本的図式は乳児に見られる。乳児は、その外界との交流を助け、自己の欲求をみたしてくれる母親（養育者）の助けを必要とする。

その結果、ヒトは外界との直接の交流を営む自己保存本能の営みに加えて、母親に代表される他のヒトに対する依存、ひいては愛着を求める。この依存・愛着対象とのかかわりが、根源的なエロスの営みである。フロイトは、「死の本能」論を提起するのと相前後して（一九一七）、この依存・愛着対象を失うときの対象喪失と、対象に対する依存と愛着の固執性に着目し、喪の仕事の概念を明らかにした。

そして、この依存・愛着は性欲動へと発展し、性と親子関係という辺路を介したエロスの営みを展開させる。それが愛と憎しみ、エディプス・コンプレックスの世界であり、母子関係から親子、ひいては家族の愛と憎しみの世界である。

フロイトの精神分析は、年代的には、この性愛とその抑圧の葛藤の研究から、小児性欲、エディプス・コンプレックス、さらに家族、宗教、国家というエロスの営みを一つひとつ取り上げていく。一般にフロイト思想とみなされているのは、このそれぞれのエロスの営みについてのフロイトの理解と主張を意味する。しかしながら、本書は、これらの内容を、死に対する生の営みとしてとらえる根源的認識こそ、フロイト思想のエッセンスであるという観点から、それぞれのキーワードを選び、各章・各項目の形に編集している。

〔注〕以下、各項目の文中に示す引用文献と各項目末尾に掲げる参考文献で、著者名を記していないものはすべてフロイトの著作である。また、いくつかのキーワードに重複する参考文献は初出の項目で詳述し、二度目以降は文献名のみを記した。なお、「著作集」は、人文書院刊『フロイト著作集』の略で、数字は巻数を示す。

第1章 フロイトらしいその生と死

1　愛することと働くこと

死ぬまで働き続けたフロイト

フロイトが、「人生の目的は？」と問われて、「愛することと働くこと」と答えたことはよく知られている。たしかにこの言葉は、フロイト思想の核心を最も適切に語っている。そしてフロイトは、ドイツ語のアルバイト（Arbeit：仕事、作業、労働）という言葉を好んで使った。

思想評論家として高名なデビッド・リースマン（Riesman, D.）はかつて、フロイディアン（フロイト派）にはワーカホリックな人物が多く、その点がユンギアン（ユング派）とは対照的だ、と語ったことがある。「フロイトのおかげで人間は夜も安眠しながら『夢の仕事（dream work）』を、そして、冗談を言い合いながら『機知の仕事（wit work）』を」という形で働き続けなければならなくなったというのである。さらに付け加えるなら、愛する人を失うとき、人は『喪の仕事（mourning work）』をワークしなければならない。

「私は、夜の十一時から二時までの時間をこれ（執筆作業）にあてています。……昼間の診療に関心を持てなくなってしまうほど深刻な過労になるか、思考がごちゃごちゃになって収拾がつかなくなるまでは、決してこの試みをストップさせることはありません」（三十九歳、一八九五年五月二十五日付の親友フリースへの便り）。

このとき執筆中だったのは、『科学的心理学草稿』（一八九五）であるが、昼間の診療と深夜の書く仕事の両立はやはりなかなか大変で、その相克は最後まで続いた。フロイトは、死の直前まで働くことをやめなかったからである。六十七歳を目前にした時期からはじまったガンとの闘い。その業苦にも似た宿命を背負いながら、フロイトは患者の精神分析治療を、死去の二ヵ月くらい前まで続けている。八十歳の手術の直後に、最愛の弟子の一人でデンマーク王妃でもあったマリー・ボナパルト（Bonaparte, M.）宛てに次のように書いている。

「手術のあとが大変だった。なによりもまず激痛……数日間は口がしばられているので何一つ食べられないし、水を飲むのがおそろしくて、大変だった。三十分毎に湯たんぽをかえて頬に当てながら分析治療をやっている……」

没する約半年前の一九三九年三月（八十二歳）にはこう書いている。

「まだ数週間は生きられるでしょう。そうなら、まだその間、分析治療を続けることもできましょう」

さらにこの十六年間の老いと闘病の暮らしの中でフロイトは、思想界に多大の影響を与えた何冊もの文化論領域の主著をはじめ、七、八十編の著作・論文を書いている。

人生全体として見ると、一九三九年に没するまで、フロイトにはつねに書くフロイトがいた。一八八六年（三十歳）に開業してから、フロイトには日曜日と夏休みを除けば、朝八時から夕刻まで、多いときには十～十二人（十～十二時間）の患者の話に耳を傾け、夜の九～十時から、夜半の一～二時近くまで、論文、著作を書き続け、その間にもたくさんの手紙を書いた。その結果、フロイトは臨床医としての巨大な仕事に加えて、生涯を通して全二十四巻、一万ページに達するフロイト著作集と、数千通に及ぶ数冊の書簡集を残すことになった。

愛情と貧乏のために

フロイトにとっての「働くこと」は、個としての自立・自営の精神によって支えられていた。そもそもフロイトが現代の精神療法、もっと広い意味では、職業上の社会的役割という形式を介して、病気・不幸に苦しむ人々に心の援助を与える人間関係をこの世界に樹立したのは、彼が大学講師を辞めて一開業医になったためだ。しかも、彼がそうなったのは、別に精神分析という学問を創始したり精神療法を体系づけたりするつもりだったからではなく、ひとえに愛情と貧乏のためであった。

フロイトの恋愛は史上特筆すべきものと思うが、彼は美しいマルタに一目惚れして以来、結婚するまで実に四年あまりの婚約期間を待たなければならなかった。一言で言うと、これもまた愛情と貧乏のためであった。

マルタはその間、遠隔の地ハンブルクで住み込みの家庭教師をし、フロイトはウィーン大学で研究に携わっていた。そのフロイトの恋愛は、大変ロマンチックで、しかも決闘騒ぎを起こしそうになったり、彼女の両親にまでヤキモチをやくほどの独占欲を発揮したりするなど、青年らしい情熱を示す数数のエピソードを残しているが、この婚約期間中に彼は九百余通の便りを彼女に書き送った。そして、彼が開業した動機は、愛情＝結婚し、家庭を持とうとするマルタへの情熱からであった。当然、彼はよく働き、腕を上げ、よき開業医として進んだ治療法を駆使できるようにならなければならなかった。

フロイトとマルタ

この一開業医として働いて収入を得なければ暮らせないフロイトの生き方が、一つの思想的高みにまで達した精神分析療法を生み出すことになったのである。フロイトはその意味で、勤勉な一臨床家としての仕事を全うした治療者であって、書斎だけの思想家ではない。

恋人、そして妻、家族への愛情のために、働くことを全うしたフロイトは、患者たちに対する愛情もまた、ともに働くことで全うした。その背後には、どんな権力にも、一党一派にも支えを見出すことのできない、明日をも知れぬ身の上の一ユダヤ人としての自立自営、独立独歩の人間像があった。

治療的実践の思想

開業医としてのフロイトは、「医師としての分別」をわきまえた健全なモラルの持ち主であった。そして、患者たちとの静かな、そして謙虚で着実な歩みの中に私たちは、低くても、やがては天にもとどくような意志と理性の声を聞くことになる。

精神分析療法のさまざまな技法原則と言われるものも、実はフロイトのこのような医師としての生き方を介して形成されたものである。啓蒙精神に支えられたその強靭な人生は、未解決な依存心や意志の弱さによって病苦のとりこになった人にとって、大きな治療的な力になった。

それだけに、この「働くことと愛すること」の信条は、精神分析家フロイトの真髄である。フロイトの思想を語ろうとするとき、その膨大な著作、論文に表現された理論、学説について述べるだけでは、その目的を果たすことはできない。なぜならば、フロイトの思想は、一臨床家として患者とともに仕事をするという、きわめて実際的な治療的実践・働くことの思想だからである。ただ単なる静的・客観的な人間観察でも、内省的・主観的な思弁でもない。フロイト思想の核心は、彼自身の創始した〝精神分析療法〟という臨床家として働くこと(Arbeit)の中にある。

一社会人としてのフロイトは、ウィーン大学医学部卒業後、八十三歳で没するまで、ごく平凡な市民として、そして開業医として、生活の糧を得るためにその生涯の過半を働き続けねばならなかった。だが、その治療という仕事＝働くことを通して、自己自身も、そして患者も、ともによりよく生きることができるようになる。

つまりフロイトは、その愛することと働くことの信条に思想的な価値を付与し、そこに人間主義的な意義を見出した。そして、この営みに精神分析療法を行う精神分析家という形を与え、精神分析的アイデンティティを確立した。

また、このフロイトの「働くこと」は、精神分析家はもちろん、精神科医、精神療法医、臨床心理士、心理療法士という普遍的かつ現代的なアイデンティティの源泉になった。しばしば私は精神分析の講義でこう語る。

「IQ一六〇で、フロイト著作集をくまなく読みこなし、どんなにすばらしい論文を書いても、身体が弱く、病気がちで、クライエントとの面接をしばしばお休みするような人物は、精神分析家には向かない」「IQが一二〇でも、まず身体が丈夫、ごく自然にやっていても、面接の約束を守り、お休みなどしない人物が精神分析家として望ましい」と。

国際精神分析協会、そして日本精神分析協会が定めた精神分析療法は、一人の患者に一回のセッションを五十分、しかも毎週四回のこの営みを、遅刻することもなく、休日・休暇以外には休みをとることもなく、同じ被分析者と二年、三年と続けることが基本的条件として決められている。この仕事をつつがなく営み続けられることが精神分析家の最も基本的な条件である。

たとえば、それぞれ毎週火・木曜日に私たちがわが国で主催している「精神分析セミナー」(二十五年間続く)でも、「慶応心理臨床セミナー」(十五年間続く)でも、創立以来、予定された講師が病気で欠席したことは一度もない。風邪で休んだこともない。それは、各講師が精神分析家たちだからだ。「みなさんもまず講義の知的内容を学ぶ以前に、この毎週決まった時間に、決まった場所で、一年間、休むことなく、学ぶこと＝働くことを実体験して、この働くことのアイデンティティを身につけてほしい」と私はお話しする。そして、クライエントもまた、精神分析家とともに精神分析＝精神療法を受けるというこの仕事をともにする。

作業同盟

フロイトは、精神分析療法の分析者と被分析者のともに働く営みは作業同盟（working alliance）を基盤に成り立つと言う（『精神分析学概説』一九三九）。つまり、フロイト思想の治療的実践は、ともに働くこの作業同盟によってはじめて可能になる。

たとえばフロイトは、「この治療は、どのくらいの時間（期間）がかかるのですか」と尋ねられたら、「この治療はあなたと私が一緒に歩くことではじめて可能です、あなたがどのくらいしっかり歩くか、その具合によって期間も決まってくるので、一緒に歩いてみないと、すぐにはお答えできません」と応じるのだと言う（『分析治療の開始について』一九一三）。

また、毎回の面接のたびに治療費を手渡ししてもらうやり方について、分析者は被分析者に時間を賃貸しているのだと述べている。つまり、毎回五十分なら五十分の時間を提供し、ともに作業するこの営みに対する報酬をもらって、それを糧にして暮らしているのだ、と言う。

しかし、はじめは暮らしのためであった治療者フロイトの、この働くことをともにする患者との営みは、それまで誰も行ったことのない、一人の人間がもう一人の人間の心の声に毎日毎日、何年間も耳を傾けるという、とても特別な心的作業と職業関係を創造し、確立することになった。精神分析の歴史研究家としても名高い分析家のG・ジルボーグ（Zilborg, G.）は、このフロイトの思想を、臨床的個人尊重主義（clinical individualism）と呼んだ。

ウィーンから発したこの臨床的個人尊重主義は、いまや精神分析療法のみならず、その応用と言うべき心理療法やカウンセリングの形で、国際的にも最も普遍的な心の営みになった。そして、その起源は、人間フロイトの「愛することと働くこと」の営みと、その営みに対する基本的な信頼にある、と言うことができる。

〔参考文献〕
『分析治療の開始について』一九一三、『精神分析学概説』一九三九、いずれも小此木啓吾訳、「著作集9」所収
「フロイト書簡集」、生松敬三他訳、「著作集8」所収
G・ジルボーグ『医学的心理学史』一九四一、神谷美恵子訳、みすず書房、一九九一

2 普遍的知性による連帯を——内的アイデンティティ

普遍的知性こそユダヤ人のアイデンティティ

科学的な知性と個の自由に拠りどころをおいたフロイトは、どんな宗教的国家的民族的偏見からも自由な普遍的知性による連帯を求めたが、彼は自己のそのような普遍的知性への希求が、実は「ユダヤ人であること」にも由来していると明言している。「(ユダヤ人である)私は若いころから、固く結んだ多数者たちに仲間はずれにされるという運命が身にしみてしまったが、このようにして、私の判断(知性)のある種の独自性が準備されることになった」。そしてまた、「熱心に協力さえしてゆくならば、オーストリア国民の仲間に入ることは望めなくても、人類という埒内においてなら働き場所が見つかるに違いない」と言う(『自己を語る』一九二五)。

精神分析を創始した当時、一九世紀末のウィーン社会を超えて獲得した自己の科学的認識を、フロイトは、医学界の権威、先輩、同僚、友人、そのすべてからの拒否と迫害にも挫けることなく守り抜き、その真理の主張を貫き通した。その強靭な意志の力には、「若いころから、多数者たちに仲間はずれにされるという運命が身にしみて」いるユダヤ人だった事実に由来している面がある、とフロイトは言うのである。

いや、それだけではない。『自己を語る』におけるこれらの言葉は、やがて、ユダヤ人アイデンティティ（同一性）と呼ぶことのできるような明確な自覚へと高まっていく。「自分が属しているユダヤ民族独自の歴史の中で培われた固有の価値、つまり、いかなる宗教的国家的民族的偏見にも束縛されない自由さと知性の尊重こそ、私の精神分析学者としての職業上の孤高の礎石なのです」（前掲書）

アイデンティティの語源

アイデンティティを精神分析の用語として用いたのはアイデンティティ論で名高い精神分析家E・H・エリクソン（Erikson, E. H.）である。そしていま、アイデンティティは精神分析を超えて、広く社会、政治、教育の諸問題を語る際に最も頻繁に用いられる言葉の一つになった。だが、この言葉は、誰にも実感されているのに、いざ言語化して明確な形で説明しようとすると、どうしても難しくなってしまうきらいがある。

たとえば、こんなふうに言うことになってしまう――。アイデンティティとは、自分自身について継続的にいつも自分は同じであるという感覚と、ある種の本質的な特質を継続的に他者と共有しているという感覚の両方を含んでいる自己感覚を言う。またそれは、成育史を含めて時間的に一貫した自己感覚、つまり一貫性（consistency）と、周囲の他者や同胞の経験の本質的な部分を共有しているという感覚、つまり同じであること（sameness）の感覚を持つことなどと定義されている。

ところがエリクソンは、こうしたアイデンティティ論以前に、七十歳のフロイトが多年にわたって心の支えにしたユダヤ人同好会「ブナイ・ブリース協会」の会合の招待状（一九二六）を書くときに、内的アイデンティティ（内的同一性）という言葉を使ったのが実は〝アイデンティティ〟という概念の語源になっていると語っている。

たしかに老フロイトは、この招待状の中で次のように書いている。「われわれユダヤ人としての内的アイデンティティをともにし合う者は」お互いの間で「内面的に同じ構造を持ったものの心安さ（魂の故郷）」をともにしている、と。そしてフロイトは、「自分の属しているユダヤ民族の独自の歴史の中で培われた固有の価値観、いかなる宗教的国家的偏見からも自由で、知性を尊重する生き方」こそユダヤ人のアイデンティティの特性であり、ユダヤ人は同じ民族内の各個人としてお互いにこの価値観を共有することによって、内的な連帯感を抱いている、と述べている。

フロイトが身をもって体験し、「内的アイデンティティ」という言葉で提起したアイデンティティの概念は、その弟子エリクソンによって、いまや一般日常語として用いられるほど普及してしまった。しかも、米ソ東西対立・冷戦構造の瓦解とともに二一世紀を迎えて、新たな宗教―民族アイデンティティの相克が世界的に広がり、アイデンティティ戦争さえ起こる時代を迎えている。このようなアイデンティティを賭けて闘う政治・社会状況を当事者それぞれがどう内面で体験しているのか？　フロイトのアイデンティティ体験――あらゆる宗教的国家的民族的偏見に束縛されず、普遍的な知性と科学的な世界に人類の連帯を求める思考――はこの課題に答える豊かな示唆を残している。そして、第7章「3　ユダヤ人フロイト」で詳述するフロイトのアイデンティティ体験に何らかの形で共感し、そのジレンマや闘いを心の中でともにすること。それは、フロイト思想の核心を知る上で欠くことのできない条件である。

〔参考文献〕
「フロイト書簡集」一九二五、懸田克躬訳、「著作集4」所収（既出）
『自己を語る』一九二五、懸田克躬訳、「著作集4」所収
E・H・エリクソン『自我同一性』一九五九、小此木啓吾訳、誠信書房、一九八二

3　真実の上に立つ

ともに真実を！

すぐれた自然科学者として顕微鏡で神経の発生を観察したり、神経病の患者を鋭い観察力によって診断したりする神経病医であったフロイトは、やがて、その真理探究の科学者的態度を人間の心に向けた。精神分析で患者が語る心の内面について、患者もできるだけ率直に真実を語り、分析者も同じ真実探究の心をともにする。この二人の共同作業が精神分析の営みである。それは、知性と意志の優位によって個の自立と解放が可能になるというフロイト思想の治療的実践であった。

ひたすら人間の心の中の真実をともに明らかにするこの治療作業を、晩年のフロイトはこう語っている。

「患者の自我は完全な誠実さ――つまり、分析者の要求に従ってみずからの自己観察にあらわれるすべての材料――を提供し、それを、分析者に操作させる治療契約を結ぶ。一方、われわれ〔分析者〕は、〔患者の〕自我に厳格な、分別ある態度を守ることを保証し、無意識に支配された患者の材料を解釈するためにわれわれの経験を役立てる。われわれの知識は患者の無知を補い、精神生活の失われた領域に対する患者の自我の支配権を取り戻させる。このような〔分析者と患者との間に結ばれる〕自我の同盟〔治療契約〕を基盤にして、分析状況は成立する」(『精神分析概説』)

そして分析者は、何はさておき、次の基本規則を患者に知らせておかなければならない。すなわち、「頭に浮かんだことは何でも話してください」と(『分析治療の開始について』)。

フロイトのこの治療態度＝内面の直視は、むしろ初期のヒステリー治療の際にはかなり具体的に語られている(『ヒステリー研究』一八九五)。

住み込み家庭教師のルーシーは、そこの家の娘二人の世話をしているうちに、父親——妻を失った男やもめの年長の男性——に恋心を抱く。そして、その気持ちを断念し、もうあきらめようと抑圧したところ、変なにおいに悩まされるようになった。やがてフロイトの治療の途上で、抑圧がゆるみ、再びその男性に対する恋心を改めて言葉にして語るようになるが、フロイトはこのとき、いくつかのかなり厳しい指摘を行っている。

たとえばそれは、「あなたが、その男性が女性としての自分について愛情を抱いているかのように錯覚したあの瞬間に、実は彼は頭の中で、あなたをではなく、亡くなった妻を思い出していたにすぎなかったのではないか」という指摘だ。このフロイトの言葉で、ルーシーは片思いだった事実に改めて直面させられるのである。

やがて治療の最後に、ルーシー自身もその男性に対する恋心がまだ解決していなかったことを認めるようになってから、彼女はこう語るようになる。「そうですわね。心の中であの人に恋していることは私の自由ですものね。だから、たとえかなわない恋であっても、気持ちとして自分の心の中に恋心を抱き続けることができるようになればいいのですね」と。

治療者フロイトが患者に期待していたのは、心の容れ物を豊かにし、たとえつらいこと、悲しいことでも、抑圧してしまわないこと、そしてその心の苦痛に耐えてその気持ちを抱えていく、そのような心のあり方である。

もう一例挙げておこう。自分の愛する姉の夫である義兄に恋をし、無意識のうちに病弱の姉の死を願ったエリザベートは、やがてその姉の遺体を前にして義兄と二人きりになる。その瞬間に、あれほど愛していた姉の死に接して、本来なら嘆き悲しんで悲嘆の極に陥っているべき自分の心の中に、突然、「これでお義兄さんと一緒になれる」という考えが稲妻のようにひらめいた。だが、この考えが浮かぶと同時に、彼女はその着想を抑圧して、意識から消し去ってしまう。するとその途端、彼女の下肢は麻痺し、激痛に襲われ、歩行不能になってしまった。

エリザベートはフロイトの治療によって、このときの稲妻のようにひらめいた「これでお義兄さんと一緒になれる」という考え、姉の死をたとえ一瞬たりとも喜んだ自分のその邪悪な心を、徐々に意識化し、言葉にして語ることができるようになる。そして、その過程でフロイトは、次のように語りかける。「これはあなたの道徳心の問題であり、あなたの道徳心全体が全力を挙げてこの事実をあなたが認めることを妨げようとしている。もっと勇気をふるって、この事実を自分の罪として認めることによって、あなたの足は自由になれる」と。

フロイトは患者に対して、こうした態度を、かなり強く、濃厚に、積極的に語りかけて治療を進めていくのである。

このようなやりとりが『ヒステリー研究』にはわかりやすく、具体的に語られている。そして、この治療態度こそ、「精神分析は真実の上に立つ」という治療者フロイトの信条の実践である。

抑圧――力の葛藤と置き換え

真実を直視するフロイトの治療が扱っていくのは抑圧である。抑圧は、フロイトが心の中のメカニズムとして発見した代表的なものである。この抑圧の機制には二つの面がある。一つは、思い出したくない、気づきたくない感情や考え、欲望を、意識から無意識の中に追い出してしまう働きである。それは、忘却であったり、まったく意識しない態度であったりという形をとる。もう一つは、置き換えの働きである。もともとドイツ語の「抑圧(Verdrängung)」という言葉には、「Aという人物がその部屋にいるとき、そのAを部屋から追い出してAのあとにBがその席を占める」という意味がある。つまり、Aは無意識の中に追い出され、その代わりにBが意識の世界にあらわれるというものである。

フロイトは、この抑圧の第一の機制についてこう語っている。

「その精神生活で和解しがたい出来事、ある体験、ある表象、ある感覚が、彼らの自我に迫って苦痛な感情をまき起こした。その和解しがたい表象と自我の矛盾を考えぬいて解消する自信のないままに、その体験や表象や感覚を忘れようと決心した。患者は精神分析治療の中でそれを押しのけ、抑えつけ、考えまいと意図したことを、つまり防衛の努力をしたことを、見事なほど明確に追想する。ただし、このような意識化が行われる途上では、患者の防衛は無意識を意識化しようとする治療的働きかけに対する強力な抵抗となってあらわれる」

第二の機制は、ヒステリーの女性たち、ルーシーやエリザベートに典型的に見られる。彼女たちは、いずれも、そのまま意識してはいられない報われぬ恋心や、道徳心が認めない不倫の願望、罪の意識を抑圧したが、これらの抑圧された願望や罪の意識が、変なにおいへのこだわりや大腿の痛みの形に置き換えられていた。

そしてフロイトは、この抑圧によって直面するのを避けていた、抑圧された願望や葛藤に彼女たちが改めて直面し、自分たち自身の自我でこの心の痛みを体験し、受容することを助けた。この助力が真実の上に立つ精神分析治療の役割である。

思春期の少女ドラと欺瞞的な大人たち

ルーシーやエリザベートはそれぞれ成人した女性であった。それだけにこのフロイトの治療態度は、最もフロイトらしいという意味で評価されているのだが、それから数年後、一八九九年ごろに治療を行った思春期の少女ドラ（十八歳）に対する治療態度（『あるヒステリー患者の分析の断片』一九〇五）については、フロイトに対する批判がしばしば語られる。それは、いままで述べたような真実追求の治療態度を、思春期の少女にもあまりにも厳しく当てはめたことについての疑問である。また、その疑問を証明するかのように、ドラの治療は三ヵ月余で中断してしまった。

そもそも、ドラの家族及びその周囲の心的環境は、世紀末ウィーンのかなり退廃的な雰囲気を微妙に漂わせている。一方で性的な幻想がクリムトなどの芸術に表現され、新しい性の変革の息吹が見られるにもかかわらず、他方では、相変わらず子どもたちには性を抑圧する権威的な道徳を強いているという偽善的な精神状況である。

そのような状況の中で、ドラの父母は思春期の少女から見てまことに欺瞞的な人間関係の持ち主であった。ドラの父親は、親しい友人K氏の妻と不倫な間柄にある。そして、そのK氏は、まだ十六歳の少女ドラに近づき、性的な誘惑を試みる。このK氏のドラに対する接近をドラの父親は、自分のK夫人とのかかわりがあるために見て見ぬふりをしている。また、K夫人はドラをかわいがり、ドラとの間で同性愛的と言っていいような肉感的な親密な交流を持っている。にもかかわらず、大人たちは、自分たちの不倫などドラの空想の産物だと口裏を合わせる。

このようなとても欺瞞的な状況の中でドラは、心因性の咳の発作や、種々の身体的な症状をあらわす。そして彼女は、フロイトの治療を受けることになった。

現代の思春期精神科医の間では、治療者フロイト自身がまずはじめに、この大人たちの欺瞞を認めるところから、ドラとの治療関係を持つべきであったという声が高い。ところがフロイトは、かつてドラの父親を治療（彼は梅毒にかかっていた）し、また、K氏とも友好関係があったことから、この大人の共謀を取り上げることなく、ドラだけを治療の対象とした。その結果、ドラにとってはフロイトも、このような欺瞞的な中年男たちの一人とみなされる可能性があった。

真実を告げたフロイト

そのような背景の中でフロイトはドラの治療を行ったのだが、彼はそうした状況に頓着せずに、ドラのヒステリー症状は彼女自身の性愛への欲望に由来するものであるとして、ドラ自身の心に潜む性的な関心や誘惑への期待を洞察するように勧めた。それは、直接的なやりとりと二つの夢の分析を通してであった。

『あるヒステリー患者の分析の断片』には、たとえばこんな記載がある――。ドラは、父親はどうやらインポらしいと言う。しかし、インポなら性的な交渉はできないではないかとフロイトがただすと、「そんなことはない。別に性器を使わなくても、いくらでも性的な交渉を持つ方法はある」とドラは反論する。そして、何種類もの方法を知っていると彼女は語った。

そうしたやりとりを通してフロイトは次第に、父親とK夫人の交渉についてドラが抱いているのはフェラチオ空想であることを認めさせる。そして、そのようなドラの空想が心因性の咳の発作をつくり出していたことに、ドラを直面させる。

このような治療によってたしかにドラの症状はよくなった。また、フロイトから一人前扱いされたドラは、フロイトとのやりとりを通して、大人たちに対して自信を持つようになる。やがて彼女は、K氏の自分に対する非道な態度について直接弾劾し、大人たちの欺瞞的な態度を告発する異議申し立てを行うようになる。たとえばK夫妻を訪問し、K氏の面前で自分の父との不倫をK夫人に認めさせ、同時にK氏には、妻の面前で自分に対する誘惑行為の事実を認めさせた。この出来事からしばらくたって、K氏はドラと路上で偶然に出会う。彼女の姿を見て衝撃を受けたK氏はその直後、馬車にひかれて重傷を負ってしまった。

K氏に対するこのような反撃と並行して、ドラは、フロイトに対しても反撃を行って、自分から治療を中断してしまう。ドラの側から治療を中断されたことは、フロイトの心に深い痛手を残した。

フロイトはなぜ彼女が自分の治療を中断したのかについて、次のように考えた——。ドラは自分の葉巻のにおいをすごく気にした。その葉巻のにおいは、性的に誘惑し接吻しようとしたK氏のにおいを連想させるものであり、自分に対してK氏、ひいては父親に対するのと同じような嫌悪感情の転移を起こしていた。この事実をもっと明確に取り上げることができなかったことが治療の中断の原因だ、と。

しかし、このドラに対する治療態度については根強い批判がある。フロイトがあまりにも無神経に、あるいは強引に、幼い少女の心の中に侵入しすぎたのではないか、もっと思春期の少女の繊細な気持ちを大切にすべきであった、被害者である彼女の責任を問うよりも、周囲の大人たちの側の誘惑的で、しかも欺瞞的な加害者の態度をもっと取り上げるべきであった、という非難がなされているのである。

それにもかかわらず、このような現代の世論の中で、ただ一人、フロイトの弁護をしているのがE・H・エリクソンである。エリクソンはこう語っている。

「その後、米国に移住して四十代になったドラと精神分析学者F・ドイッチェ(Deutsch, F.)が出会った。彼女はあまり幸福な結婚もせず(不実な夫と一緒になった)、また、彼女のノイローゼ的な状態も完全によくなってはいなかった。しかし、そのときドラはこう語った。『私の当時の最も切実な気持ちは、大人たちの不誠実に対する怒りと悲しみだった。フロイトと私の治療で終始課題になったのは、この誠実さ、不誠実さを吟味することだった。そして私は、あのフロイトの学問的な真理を追求するひたむきさに、ほかの大人とは違う誠実さを感じていた。自分がいままでやってこられたのはフロイトのおかげです。自分があの有名な症例ドラであることを、自分は心の支えにしてやってきた。なぜならば、私の求めた誠実さと出会えたのは、いままでの人生の中でフロイトとだけだったから』。フロイトは思春期のドラの心の支えになるポジティブ(積極的)なアイデンティティを与えたのだ」と。

患者であったドラのこの言葉が、治療者フロイトの真髄をあらわしている。誠実に真理を求め、真実を率直に告げ、患者の自己洞察を助ける。そして、自分の欲望に対する責任を患者自身が背負えるようにする。このように心的リアリティの真実にひたすらかかわるのがフロイトの精神分析である。

フロイトは、精神分析を受けるに値する患者は自権者でなければならないと主張した。親からも周囲のあらゆる人々からも自立し、治療者と二人だけの秘密を保つことができる自我の持ち主でなければならない。このような自我によってはじめて、自己の内面に目を向け、精神内界の真実に立ち向かうことができる、と。

精神分析の第一基本規則

自由連想法の規則は、精神分析の第一基本規則と呼ばれている。それは、心の中に浮かぶどんな願望も感情も空想も、そのまま率直に語ることを許される、心の解放の原理でもある。

しかし、同時にそれは、被分析者が真実を語る誠実さを求めている。フロイトは、「精神分析は真実の上に立つこと」について次のように語っている。

「精神分析療法は真実性の上に立つものである。……この点にこそ精神分析療法の及ぼし得る作用力と、その倫理的価値の大半があるからである。この基礎から離れることは根本的に危険である。……患者から最高の厳密さをもって真実を要求する以上、われわれ分析者自身もまた真実から逸脱したところを患者におさえられたりしたら、一切の権威を失ってしまう」(『転移性恋愛について』一九一五)

真実＝真理の上に立つことを求める態度は、治療的実践だけでなく、フロイト思想の拠って立つ最もフロイトらしい信条であった。

〔参考文献〕

『分析治療の開始について』『精神分析概説』(以上既出)
『ヒステリー研究』一八九五、懸田克躬訳、「著作集7」所収
『あるヒステリー患者の分析の断片』一九〇五、細木照敏・飯田真訳、「著作集5」所収
『転移性恋愛について』一九一五、小此木啓吾訳、「著作集9」所収
E・H・エリクソン『心的現実性と歴史的事実性』一九六二、『洞察と責任』所収
E・H・エリクソン『洞察と責任』一九六四、鑪幹八郎訳、誠信書房、一九七一

4　倫理的人間と禁欲規則

ドストエフスキーは倫理的人間だったか？

個として自立した自我の持ち主である人間は、知性と意志の優位をその拠りどころにする。フロイト自身、この人間像どおりの生き方を貫いた。そして彼は、このような人間の生き方を「倫理的人間」と呼んで、人間の評価の基準としていたふしがある。またそれだけに、この人間像はフロイトの精神分析治療がめざす基本的な人間像であった。

たとえば、一九二八年に発表した『ドストエフスキーと父親殺し』でフロイトは、とても厳しいドストエフスキー批判を展開しているが、またそれは、フロイトの倫理観を明確に語っている。

芸術家としてのドストエフスキーの価値は論ずるまでもないが、フロイトが厳しい批判の対象にしたのは、むしろ一人の人間としてのドストエフスキーである。一般に人々は、最も深い罪の領域を通ったことのある者のみが、最も高い倫理の段階に到達することを論拠として、ドストエフスキーを倫理的に高く評価しようとする。しかし、この態度は重大な過ちを犯している。なぜならば、「倫理的な人間とは、誘惑というものに、それが心の中で感じられたとたんに直ちに反応し、しかもそれに屈服することのない人間を指していうのである」。まさにこの言葉の中に、最もフロイトらしい倫理感覚がある。

「さまざまな罪を犯し、しかるのち後悔して、高い倫理的要求を掲げるにいたったというような人間は、イージーな道を歩んだのだという非難を免れることはできない。そういう人間は、倫理性の本質的部分、すなわち断念というものを遂行することができなかったわけである」。むしろこの種のモラリストぶった人間のやり口は、「民族大移動時代の野蛮人を思わせる。すなわち当時の野蛮人たちは、人を殺し、しかるのちその懺悔をする」からである。だから、「ドストエフスキーが倫理的苦闘のすえ到達した最終的な結果にしたところで、決して賞讃に値するようなものではない……。相も変わらず、世俗的ならびに宗教的権威のもとに身を屈すること、すなわちツァーおよびキリスト教の神に畏敬の念を捧げ、偏狭なロシア的ナショナリズムに沈潜することであって、この程度の結果に到達するためには、ドストエフスキーほどの天才はいらないのである……。彼がこのような蹉跌へと運命づけられた原因がその神経症にあったことを証明することはおそらく可能であろう」。

いみじくもここで、フロイトのノイローゼ人間観が語られている。つまり、「ノイローゼ人間は、ドストエフスキーがそうだったように誘惑に弱く、さまざまな罪を犯し、その後悔の中で強迫的に、倫理的要求を掲げるたぐいの人間である。だからこそ、精神分析療法の途上で、倫理の本質である断念の能力を欠くために禁欲規則が守れないで、さまざまな性的行動化に走るなどの意志の弱さを露呈する」というのである。

では、このようなノイローゼ人間を治療するために、フロイトはどんな治療上の原則を設定し実践したのか。夢の解釈で行われるように、そしてフロイト自身がフリースとの手紙のやりとりを通じた自己分析で行ったように、精神分析治療の第一の基本規則は、「何でも心に浮かんだことを話す」という、心の中における解放の原理というべき自由連想法である。そして第二の基本規則が、禁欲規則なのである。

禁欲規則とは

フロイトは、この禁欲規則について次のように述べている。

「精神分析療法は、それが可能な限り禁欲のうちに行われなければならない。つまり、患者が（治療の中でみたされない願望や欲望を治療者以外の人物との間でみたそうとする）行動化を起こしそうになったり、治療者との間で、甘えたい、愛されたいという転移性の要求をみたしてほしいと執拗にせがんでも、それを許容してはならないというのが禁欲規則である。もしこの禁欲規則をゆるめてしまうなら、精神分析治療を受ける患者は、自由連想の中で解放されるために、みな、さまざまな形でそれまで抑圧していた願望を行動化し、日常生活の中でみたそうとすることになり、そこにまた新たな、内面的なものと外的なものとの衝突や葛藤が生じるが、それをみたしたのでは本当の意味での心の訓練、あるいは精神分析療法が目指す自我の訓練にはならない」(『精神分析療法の道』一九一八)

このように、フロイトにとって禁欲規則は、精神分析治療の治療機序の最も基本的な原理である。フロイトは、「3　真実の上に立つ」の項で触れたミス・ルーシーやエリザベート、少女ドラなどの治療を通じて、患者たちが内面的な道徳的な拘束からの解放を体験し、心の中ではどんなことを思い願っても、それは自由である、とした。そして、どんな幻想を心の中に抱いていても、それを意識化していながら行動化しないことが可能になることこそ、真の自我の強さであると考えた。彼はこう語っている。「患者の抑圧の動機を言い当てた後で、そんなことは不愉快だ、恥ずかしい、よくないことだといった、これらの心の内容を抑圧していた動機を無価値にする段階が続く。そして、患者の無知がある場合には、われわれは知的啓蒙家としてできるだけ効果的に働きかける。つまり、教師として、より自由で、(知性優位の)優れた科学的世界観の代表として……」(『ヒステリー研究』)。

内面の抑圧された心のさまざまな情念や欲望を意識化し、体験できるようにする。それが精神分析の目的なのだが、同時に、このような内面的に洞察された心の内容を、心の中に抱えながら、しかも、それをそれ以上みたしたり、行動化したりしないようにすることが精神分析治療の大原則である。

ところが、願望に気づかないままであれば抑圧しておくこともできるが、気づいてしまって意識化しながら、しかも、その願望をみたさないでいることはなかなか難しいのが人間の心の常である。たとえば、三十歳の英国人家庭教師ルーシーは「焦げたプディングのにおい」に悩まされていたが、その原因は自分の雇い主である男やもめへの片思いであった。彼女がそれを自覚し、認めて、一人でその孤独に耐えることができればよいが、いったん認めれば、その男やもめとの恋愛を行動化する可能性がある。また、姉の臨終に立ち会ったことをきっかけとして足が不自由になってしまったエリザベートの例では、姉の夫と結婚したいという願望が、その症状の原因だった。彼女の場合も、義兄に対する気持ちを治療の中で意識化することによって、現実に何とか義兄と結婚しようと思って、いろいろと動き出す可能性もある。むしろそういう事態が起こるのが日常の心のあり方である。

精神分析の治療観の核心

そして、このように内面的なものが、外的な人間関係に行動となってあらわれる現象を、フロイトは「行動化」と呼んだ。この行動化はしばしば治療者への転移から発生する。「何でも話してください。話すことは何でも自由です」と促して、何にでも耳を傾け受け入れてくれる治療者に対して、患者はいつの間にか、何をしても受け入れてくれる、ああしてもらいたい、こうしてほしいという要求を抱き、実際の行動や応答を期待するようになる。

このような行動化や転移性の要求に対して、フロイトが確立したのが禁欲規則である。つまり、禁欲規則はただ単に行動化を予防する意味での消極的な機能を持つだけではない。むしろそれは、もっと積極的な、フロイトの治療観の最も重要な核心を意味するものなのであった。

「もし分析医が患者を助けてやりたいという気持ちでいっぱいなために、およそ人間が他人から期待することのできるすべての満足を患者に許し与えてしまうとすれば、患者はそれを快適に感じてしまって、人生の困難から抜け出して、好んでそこに避難所を求めるという結果にしかならない。これでは患者を人生に対してもっと強健に、彼ら自身に課せられた課題に対して、もっと行動力豊かにしてあげるという治療的な努力を放棄することになる。……分析療法では、この甘やかしは一切避けねばならない。分析医は患者に、みたされない願いを十分に残していなければならない。患者が最も激しく願望し、最も切実に表現しているこの性の満足そのものを満足させないでおくという根本原則（禁欲規則）は、むしろ目的に適ったことである」(『精神分析療法の道』)

分析者の中立性――医師としての分別

フロイトが、その治療関係における自我のあり方を明確にしたのは、一九〇四年から一九二〇年にかけて発表した計十二の技法論文によってであった。つまり、その基本的な治療態度―精神分析家アイデンティティを確立するには、はじめて〝精神分析〟という言葉を用いたとき(一八九六)から、さらに十~二十年の歳月を要した。

そこでフロイトの言う「医師としての分別」とは、患者はあくまでも自分自身の価値観を自己選択すべきであり、治療者は決して自分個人の価値観を患者に押しつけたり、患者を教化しようとしてはならないという原則である。とりわけ患者は、その精神分析治療中は、治療者に対して、病苦から自分を救ってくれる全能者であるとのイメージを抱きやすい。そして転移状態では、治療者の暗示に従いやすい。このようなプロセスを治療の途上で経過するのは避けがたいとしても、そのような治療関係を、治療者自身の価値観を教化する機会に利用するのは、「医師としての分別」を越えた僭越である。

「救いを求めて、われわれの手にゆだねられる患者を、われわれの私有物にしてしまい、彼の運命を彼に代わってつくり出し、われわれの理想を押しつけ、造物主の高慢さをもって自身の気に入るようにわれわれの似姿に彼らを仕立てあげるというようなことを、断固として拒否する。……ここにこそ『医師としての分別』を用いるべき場所があり、これを越えては、医者としての関係以外の関係に入ってゆくことにならざるを得ない」。つまり、「患者に対して予言者、魂の救世主の役割を演ずる試みに、分析の規則は、はっきりと反対しているから、ここで分析治療の効果に新たな制限が加えられる。……その際には、病気を治すことよりも、むしろ患者の自我に決定の自由を与えるべきである」。

この治療態度は、価値観をめぐる中立性（あるいは中立的態度）と呼ばれる。

換言すれば、中立性の原則は、治療者側に課せられた禁欲規則である。「分析医は、患者に対して、教師、模範、理想となり、これの典型に従って人々を教育したい、という誘惑をどんなに感じることがあっても、絶対にそれは精神分析的な治療関係における自分の責務でないこと、いやむしろこのような傾向によって分析医が引きずられるようなことがあるならば、それは分析医としての自分の責務に対して不忠実であるとのそしりを免れることができないことを銘記すべきである」。

この分別は、謙虚さと言うこともできる。お互い、叶うこと叶わないこと、できることできないことを明確にする。これを自と他の境界を守る境界機能とも言う。分析家として分別を身につけ、お互いに禁欲規則を守りながら、患者たちが心の自由と豊かさ、心の容れ物をより豊かなものにしてゆくのを目指すのがフロイトの精神分析治療なのであった。

〔参考文献〕
『ヒステリー研究』(既出)
『精神分析療法の道』一九一八、小此木啓吾訳、「著作集9」所収
『ドストエフスキーと父親殺し』一九二八、高橋義孝訳、「著作集3」所収

5 死の本能——「死」への迂路としての「生」

「死」への迂路としての生

フロイトが、「死の本能(Todestrieb, death instinct)」の考えを最初に発表したのは、一九二〇年刊行の『快感原則の彼岸』においてであった。そこでフロイトは、こう論じている。

「あらゆる生物が内的な理由から死んで無機物に還るという仮定が許されるとすれば、あ

らゆる生命の目標は死であるということになる。また見方を変えれば、無生物は、生物以前に存在した、としか言えない」

つまりフロイトにとって、有機体よりも無機物のほうが、生物よりも無生物のほうが、生よりも死のほうが、より確実で、より恒常性のある存在であった。有機体の内部には常に無機物へと解体してゆこうとする本性が、生物（生）には無生物（死）へと向かう本能、つまり「死の本能」が働いている。

そしてこの「死の本能」＝タナトスに拮抗するのが「生の本能（Lebenstrieb, life instinct）」＝エロスであって、そのあらわれである自己保存本能が「死の本能」に逆らってつくり出す生命現象は〝死に至る迂路〟なのである。換言すれば、「生命体は、それぞれの流儀にしたがって（自然の与えた必然的な死を）死ぬことを望む」のであって、そのような死を可能にするためにこそ、自己保存本能が刻々の生命を守ろうとしている、ということになる。つまり、このようにして「生命ある有機体は、生の目標（死）に短絡的に到達する危機に、はげしく抵抗する」のである。自己保存本能（生の本能）は、実は「死の本能」の番兵であって、有機体がその内的法則に従い、避けることの可能な事故や病気によるのではなく、その法則が定めるままに、それぞれの天寿（自然死）を全うすることを可能ならしめる役割を担っているのである。

フロイトをよく知るものにとっては、死についての彼のこのような思想は、フロイト本来の思考方法から見て至極当然のように感じられる。なぜならば、フロイトの認識の拠りどころは、生物学的な自然観であって、しかもそれは一九世紀の唯物論的生命観や進化論の流れをくむものであり、彼自身のいわゆる「科学的世界観（scientific "Weltanschauung"）」（第7章「1　科学的世界観――宗教との闘い」参照）だからである。そしてこの見地からフロイトは、精神よりも身体を、意識のある状態よりも意識のない状態を、より確実で、より恒常性のある存在とみなすことによって、精神分析理論という心理学の体系を築いた。この思考方式を生と死の問題に適用すれば、当然、生よりも死を、より確実でより恒常性のある存在とみなすはずである。

「生は死への迂路である」という生命観は、意識よりも無意識がより確実な状態で、意識は無意識によって決定されるという心理観（心的決定論）と軌を一にするものにほかならない。

幻想なき現実主義者フロイト

晩年（六十四歳）になって「死の本能」論を着想したのは、フロイトが悲観主義者だったことを物語っている、と考える人々もいるが、むしろ、フロイト伝の著者でフロイトの亡命を助けたE・ジョーンズの言うように、フロイトはいかなる幻想をも拒否する現実主義者であったと言うべきである。

この点、たしかにフロイトは『快感原則の彼岸』の執筆開始以前の一九一九年に『無気味なもの』の中でこう語っている。

「死に対するわれわれの態度ほど、われわれの思考と感情が原始時代から変化しなかった領域はない。……われわれの無意識は、いまでも昔と同じように、自分自身が死ぬことをほとんど表象し得ないでいる有り様である」

宗教は、依然として個々人の死という否定しがたい事実に対して、霊魂（自己）の存続、不死や永生の幻想を説いているし、多くの人々は、意識的にか、無意識的にかの違いはあるにせよ、さまざまな形でそれらを信仰している。この点では、まだわれわれのほとんどすべてが、未開人と同じように幻想的思考によって現実の不安・恐怖・苦痛を解消しようとする「思考の全能」や、アニミズムの段階にある。

「思考の全能（Allmacht der Gedanken）」とは、物事や現実に関する観念や考えを、自分の願望に叶うようにつくり出し、現実に対する自己の無力、不安を解消しようとする思考、つまり、魔術（奇跡）への信仰とか、呪い、迷信などの中で働く思考である（第3章「4　無意識的願望をみたすオカルト体験」参照）。しかし、いくらこの種の思考に頼っても、「何かの機会があれば、死に対する原始的不安がすぐに表に立ちあらわれてくる」。われわれにとって、死・死体・幽霊・死者の再来（生き返り）などが、無気味に思われるのはそのためである。

このような死に対する原始的な思考は、実は、小児が無力で父母に依存している段階で、現実の無力を否認し空想上の全能を思い描く、あの小児的なナルシシズムに発するものである、とフロイトは言う。そして、私たちの課題は、この小児的な幻想から目覚めて、現実を直視することである。

愛を断念し、死を選べ

そもそも、死、ひいては老いに対するフロイトのこの厳しい現実直視の態度は、より以前、つまり老いの迫る五十七歳になって彼が著した『小箱選びのモチーフ』（一九一三）の中ですでに語られている。

そこでフロイトは、シェークスピアのあの『リア王』を取り上げている。老いと死の迫るリア王は、三人の娘たちの愛に期待し、彼女らの愛を得ようとする。上の二人の娘、ゴナリルとリーガンはここぞとばかりに愛情を表明し、誇示するが、末娘のコーデリアはそれを拒否する。王はそのために誤解して、コーデリアを見捨てて、領地を他の二人に分けてしまう。その後、二人の娘に裏切られたリア王は、末娘コーデリアの愛に救いを求める。しかし、コーデリアは沈黙を続ける。このリア王の心理を分析してフロイトは言う。

「リア王は老人であるだけでなく、死にかけている人間である。……それにもかかわらず、この、死の手に落ちかかっている老人は、女（娘）の愛を断念しようとはしないのだ。自分がどんなに愛されているかを聞きたがるのだ」

夢の中では、沈黙が死の最も普遍的な表現であるように、実は沈黙するコーデリアは死の女神である。見方を変えれば、ここに描かれている三人の娘たちは、人生航路のうちに母性像が変遷してゆく三つの形態である。すなわち、母それ自身と、愛人（妻や恋人）と、そして最後に、再び男を抱きとる母なる大地である。そして、老リア王は、もはや女性の愛を断念して死んでゆかねばならぬときになって、なおもかつて母からそれを受けたような女の愛情を得ようとする。

しかし、このドラマは実は、「愛を断念し、死を選べ。死ぬという必然性と和解せよ」と勧告しているのだ、とフロイトは考察する。そして、近代戯曲における悲劇のクライマックスの一つ、つまりリア王がコーデリアの死体を舞台に運んでくる、あの震撼的な最終場面が語られる。コーデリアは死である。「彼女はドイツ神話の『ワルキューレ』のように、死せる英雄を戦場から運び去る死の女神である」「ただ運命の女たちの三人目の者（コーデリアに象徴される）、沈黙の女神のみが、彼をその腕に迎え入れるほかはない」。

またフロイトは、同じこの『小箱選びのモチーフ』の中で、ギリシャ神話の中の運命の女神モイライについて語り、「人間は、わが身を自然の法則（死）に屈せしめねばならぬときになって、はじめて自然の法則（死）の本当のすさまじさを感じる」と言う。

フロイトの闘病と死

では、フロイト自身は、その人生の中で、みずからの死に対してどのような態度をとったのか。

彼がはじめて、右側の口蓋から顎にかけてのガンの前兆に気づいたのは、六十七歳の誕生日に近い一九二三年の二月であった。この上顎ガンはその後、八十二歳で没するまで、フロイトを苦しめることになった。手術だけでも大小三十三回、発症から晩年の十六年間は、文字どおりこのガンとの闘いであった。その間彼は、肉体的苦痛に対してきわめて強靭な耐久力を示し、「痛み止めを飲んで頭がボンヤリするくらいなら、痛みのさなかで物を考えるほうがましだ」と、少量のアスピリンを除く、どんな鎮痛剤も飲まなかった。

このような晩年の闘病を考えるとき、五十七歳で老いの迫る自分の中にリア王を見出し、六十四歳で「死の本能」論を着想したフロイトの自我の軌跡は、老い・病苦・死といった人間の必然的な運命を受容する心の営みであった。事実、ガンの発症から死に至るこの十六年間、フロイトは自己の運命に対して、まったく諦観の態度を一貫したという。

そして一九三九年の九月二十一日、一九二九年以来の主治医M・シュール(Schur, M.)を呼んで言った。

「シュール君、はじめて君に診てもらったときのことを覚えているだろうね。いよいよもう駄目と決まったときには、君は手を貸してくれると約束してくれたね。いまでは苦痛だけで、何の光明もない」

シュールは翌朝二グラムのモルヒネを与え、そのまま静かな眠りについたフロイトは、翌二十三日の夜半前、八十三歳四ヵ月の生涯を閉じた。

シュールとの約束の中でフロイトは、「必ず症状の真実を知らせること」と「自分は苦痛には耐えられるし、鎮痛剤は嫌いだが、ただ不必要に長く苦しまないようにだけはしてほしい」と頼んでいた。

「死の本能」論の着想は、最もフロイトらしい、死の脅威や苦痛に対する自我の対処であった。このように死への必然をその理論の原点に置くところにフロイト思想の真骨頂がある。そして、自己の死に対したときのその冷静さ、諦観の態度は、最もフロイトらしい「死の本能」論に支えられていたのである。

ところが、フロイト自身はこう締めくくられることに強く異議を唱えるに違いない。

知性優位のフロイトのこだわり

実は、フロイトが「死の本能」という言葉をはじめて用いたのは、『快感原則の彼岸』の完成（一九一九年三月より執筆、一九二〇年五月脱稿）に先立つ、一九二〇年一月十二日付のM・アイティンゴン（Eitingon, M.）への便りの中である。この時期は、フロイトの愛娘ゾフィ（Sophie）が二十六歳で急逝した直後であった。そして、一九二〇年三月十四日にフロイトは、彼を敬愛したスイスの精神分析家L・ビンスワンガー（Binswanger, L.）にこう書き送っている。

「……私たちは悲嘆にくれ、私の仕事への意欲にも影響しています。私たちは、とてもこの悲しい事実に耐えられそうもありません……」

フロイトがその悲しみから立ち直り、心の均衡を取り戻すには、数ヵ月を要したというが、その数ヵ月の間、彼が携わったのが、たまたま完成途上にあった、この『快感原則の彼岸』の執筆であった。それだけに、「死の本能」の着想がフロイトのこの悲しみと深いかかわりを持ったのではないかとの憶測を私たちに抱かせる。そう思って『快感原則の彼岸』を読むと、フロイトは次のように語っている。

「おそらく私たちが『あらゆる生物は、内的な原因から死なねばならぬ』という信仰を抱くに至るのは、そう思うことにある種の安らぎを感じるからではなかろうか。……もし人が、自分が死ぬか、最愛の者を死によって失わざるを得ないとするならば、もしかしたら避け得たかもしれぬ偶然の災いにたおれたと考えるよりは、むしろ峻厳な自然の法則、崇高なる必然の運命に屈した、と考えるほうを望むであろう。しかし、おそらく死の内的な法則に対するこのような信仰は『生存の苦しみに耐える』ために、私たちがつくり出した幻想の一つにすぎないかもしれない」

いみじくもこの言葉は、明らかにフロイトが「あらゆる生物は内的な原因（本性）から死なねばならぬ」という、「死の本能」論の着想を、愛娘ゾフィの「死」を通して深めた事実を告白しているかのように見える。だが、奇妙にも当時のフロイトには、ゾフィの死が自分の「死の本能」論に影響している事実を懸命に否定しようとする言動が見られるのだ。なかでも不可解なのは、アイティンゴンに対して、すでに言及した二月十二日付の便りに先立つ一月十八日の便りで、わざわざ『快感原則の彼岸』は、ゾフィがまだ健在だった時点ですでに完成されていたという証人になってくれ、と頼んでいる事実である（実際には、その完成にはそれから五ヵ月を要しているのに）。

ではなぜフロイトが、このような気遣いをしたのか。実はその理由は、『快感原則の彼岸』の上記の引用中にすでに告白されている。

つまりフロイトは、自分の「死の本能」論を、愛する者の死の悲しみや自分の不慮の死

（への恐怖）などの「生」の苦しさに耐えるための〝幻想〟として、あるいは感情的な慰めの〝幻想〟として着想した、とは考えたくなかったからである。

フロイトの生き方——その科学的世界観——からすれば、生の苦しさに耐えるために思い描かれるどんな宗教的幻想も拒否するのが、その信条である。フロイトは「死の本能」論をこの種の幻想とは、はっきり峻別したかったのだ。フロイトは「これも運命だ」と愛娘の死を思う、その自分の気持ちを、未開人の死に対する態度と比較している。

フロイトにとって「死の本能」論は、むしろ、この種の感情的な運命論とは異質の、透徹した知性＝自我の認識に基づくものでなければならなかった。「死の本能」の認識は、不慮の死や悲しみを、運命とみなしてみずからの不幸を慰めるための幻想とは区別しなければならない。「死の本能」論の着想をめぐる、この頑なとも言えるほどのこだわりの中に、死の寸前まで保ち続けた、あのフロイトらしい知性優位の自我の感覚が語られている。

〔参考文献〕
『小箱選びのモチーフ』一九一三、『無気味なもの』一九一九、いずれも高橋義孝訳、「著作集3」所収
『快感原則の彼岸』一九二〇、小此木啓吾訳、「著作集6」所収
M・シュール『フロイト　生と死』、安田一郎・岸田秀訳、誠信書房、(上)一九七八、(下)一九七九

6　書くこと

フロイトにおける書く仕事（writing work）

フロイトは、生涯臨床家だった。しかし、毎日働き続けただけでなく、彼にはもう一つの仕事があった。それは、夜九時ころから深夜に及ぶ「書く」仕事であった。結果的に彼は膨大な論文、著作、書簡を書き続けることになった。もし、この書く仕事がなかったら、フロイト思想とか、思想家フロイトなどと言われるフロイトは成り立たなかったであろう。しかも、フロイトは臨床家であると同時に、大変にすぐれた執筆家（writer）、著作家であった。量だけでなく、その書かれたものの質もまた最上のもので、その独文は一九三〇年八月、ゲーテ文学賞（賞金一千マルク）を授与されるほどであった。

ただし、書く「仕事」と呼んでよいかどうか。なぜならば、フロイトにとって書くことは、仕事とか働くこととか以上の何かであったからである。書くことによってフロイトは、臨床経験はもちろん、研究や探究、彼自身の内面的な体験、情緒、思考を昇華した形で豊かに表現し続けた。しかしフロイト流に、重要な心的作業という意味での仕事という言葉を当てはめれば、たしかにそれは仕事（writing work）である。

しかもフロイトの場合、それは彼自身が芸術家の天分としてあげた、抑圧の弱さと人並み外れた昇華の能力によって成り立つ、きわめて創造的な営みであった。つまり、この書く仕事が彼の心身の生活を支えた。おそらく人一倍繊細な感受性を持ち、感情の起伏があったであろう彼の、内面の葛藤、フラストレーション、怒り、悲しみを昇華させる必須の心の営みだったに違いない。

十六年に及ぶ闘病生活の中で最も価値のあるたくさんの著作を発表し、死の直前まで『精神分析学概説』を執筆し続けて遺稿の形で残した事実を、筆者は、フロイトの人並みはずれた気概と意志の強さを物語るものとして長年、受けとめてきた。しかし、ある個人的経験を契機にして、いまは逆に、この書く仕事が彼の闘病を支えたのだという理解を抱くようになった。書くことが、老フロイトのおびただしい心身の苦痛を超え、生きる活力源になっていた。書くことがあったからこそ、ガンにもかかわらず、八十三歳までの長寿が可能になったのだ。

この筆者の思いには、幾多の裏付けがある。書き手としてのフロイトを研究するP・マホーニィ（Mahony, P.）によれば、婚約者マルタへの九百通に及ぶ手紙や、友人フリースに宛てた二百八十四通の手紙は、情動を解放する場であったように読めるという。また、『精神分析入門』や『メタ心理学的諸論文』といった、フロイトのより知的な労作にさえ、似たような感情のはけ口が見られるという。フロイト自身がルー・アンドレアス＝ザロメに打ち明けたところによると、それらは「私が書いたときの機嫌の悪さや、一種の鎮静作用の反映があるのです」とのことである。

彼は友人フリースに次のように書き送っている。「先週、ひどく働いた晩があって……私は、不快で苦痛な状態だったのですが、そういうときに私の頭脳は一番よく働くのです」。

さらにまた、書くことは、一日のうちの非常に長い時間、精神分析をして、黙ってじっと被分析者の話に耳を傾ける分析者の受け身性を中和する能動的な営みであると述べている。たしかにそれは、フロイト自身も認めていた目的に適うものでもあった。

洞察し、推敲し、そして癒される

フロイトが書くことのもう一つの目的にしていたのは、洞察を発見し、推敲することだった。しかも、彼がそれらの目的を人生の初期から持っていたことは、彼自身の論文『分析技法前史について』(一九三〇)に示されている。そこでフロイトが明かしているように、十四歳のとき彼はルートヴィヒ・ベルネ (Berne, L) の一冊の書物を与えられて非常に気に入り、後年に至るまで持ち続けた唯一の本になった。その本の中には、『三日間で天才的な作家になる方法』というエッセイがあり、次のようなアドバイスが書かれていた。

『数枚の紙を手に取って、三日間続けて、あなたの頭に浮かんだことを、つくり事や偽善を交えずすべて書き留めなさい。あなた自身について、あなたの奥さんについて、トルコ戦争について、ゲーテについて、あなたの目上の人たちについて書き記しなさい。……すると、三日たったとき、あなたは、これまでに聞いたこともないような新しい考えに驚き、我を忘れてしまうでしょう。これが、三日間で天才的な作家になる方法なのです』

彼自身、このベルネのアドバイスの影響を受けていたことを認めている。

しかしながら、面倒な臨床実践という消耗がなかったら、フロイトはより多くの創造をなし遂げることができただろう、とあわてて結論してはいけない、とマホーニィは言う。たしかにフロイトは、実際にはまったく逆であった。

「四ヵ月の間働いて完全に押しつぶされた後、患者がぱったり来なくなったので、私は望んでいたよりずっと暇になったのです。しかしながら、こうやって仕事から解放されてみると、それが私にあってはまったく生産活動につながらないのです」と語っていた。

フロイト以後の精神分析は、分析者と被分析者、スーパーバイザーとスーパーバイジーという二人の間の話を中心に実践され、学ばれる営みとなる。二〇世紀における学問としての精神分析では、口述による交流が飛び抜けた重要性を持つようになった。ところが、そもそも精神分析の起源となったフリースとの自己分析は、フリースとの書簡の往復の中で、みずからの夢や回想とその連想を〝書くこと〟によって行われた。マホーニィはこの事実に改めて注目し、「精神分析は本来書くことによる治癒（writing cure）として生まれた」と述べている（P・マホーニィ『フロイトの書き方』一九九六）。

この観点から見ると、フロイトのフリース体験からはじまった書くことによる自己分析は、その後、生涯にわたって続けられたのだと筆者は思う。それがフロイトの文筆著作活動だったのだ。そしてこの事実は、フロイトにおける自己分析の最大の課題は、父ヤコブの死に対する喪の仕事であり、この喪の仕事は、その後の著作活動の中で進められたという筆者の考えとよく符合する。フロイトにとって、対象喪失のような心の痛みを癒す自立的な営みが、書く仕事だったに違いない。書く仕事によって喪の仕事を営んでいたのだ。

書くことの天才、フロイト

しかし、フロイトにとって書くことがこれほどの役割を果たし得たのは、あたかも芸術の天才の場合と同様に、フロイトに書くことの天分があったればこそである。

このフロイトの天分には、天性のものに加えて、ベルネのアドバイスの実行、フリース体験における書くことによる自己分析、執筆・著作の積み重ねなどのある種の自己修練があった。このフロイトの書くことの天分を物語るいくつものエピソードがある。そのエピソードは、天才モーツァルトが書き上げた楽譜には、書き換え、書き加えなどの跡がまったく見られなかったという伝説を彷彿とさせる。

実は、私自身、直接フロイトの草稿を手にして、大変な衝撃と感動をおぼえたことがある。それは、フロイトの末娘で、後継者となったアンナ・フロイト宅をアンナ先生が亡くなる半年ほど前に最後に訪問したときのことである。

私はアンナ先生に、これが最後の機会だと思って勇気をふるい、かねての疑問に答えを求めた。フロイトの遺稿『精神分析学概説』は「文体もあなたの書き方で、それまでと変わっている。もしかしたら、病いの父フロイトに代わってあなたが書かれたのではないか?」と。こう問いかけられたミス・フロイトは、憤然とした態度で、抱えきれないほどのフロイト手書きの草稿をテーブルの上に広げて、「どう、これをごらん!」と言った。

まがうかたなくそれはフロイトの筆跡だった。しかも、その瞬間、私がびっくりしたのは、書き換え、書き加えもなく、最初から流れるように書かれていたことだった。マホーニィも、同様の事実について幾つものエピソードを語っている。

シェークスピアの場合と同様、周囲の人々は、フロイトが流暢《りゅうちょう》に物を書けるということを知っていた。フロイトが書いたものには、修正が滅多になかった。このことを裏付けるフロイト自身の言葉を、精神分析家ハンス・ザックス（Saches, H.）は書き留めている。

「私は一度、どうしてそんなふうに物が書けるのかフロイトに尋ねてみた。……彼は、最終の草稿以前に何か書きつける習慣はないし、ペンを紙の上に走らせる前の、内容や構成だけでなく、各文章の正確な構想についてもそうだ、と答えた。彼の場合、書こうとして椅子に座るや否や、あらかじめ用意された文章の内的な書き取りを行うので、その過程はほとんど自動的だったのだ」

もし、この書くこと、つまりフロイトの天分が書き残した膨大な書簡、著作がなかったとしたら、フロイト思想と呼び得る、臨床や治療を超えた、より普遍性のあるフロイトの洞察や問題提起を、私たちが共有し論じ合うことはできなかったに違いない。

書くことは、以上述べた意味で、単なる伝達や表現の手段、媒体を超えた、人間フロイトとそのフロイト思想の本質的な部分をなしているのである。

〔参考文献〕
「フロイト書簡集」（既出）
『分析技法前史について』一九二〇、小此木啓吾訳、「著作集9」所収
P・マホーニィ『フロイトの書き方』北山修監訳、誠信書房、一九九六

第2章
ヒトの無力さと心の適応

1 無力さ——不安と依存の生物学的起源

出生外傷と乳児の無力さ

フロイト思想は、人間の心を常に生物としてのヒトの無力さというあり方からとらえた。その一つが、誰もが身近に体験する不安の起源とその機能についてのフロイトの理論である。フロイトは、不安の起源は、この世に母の胎内から産み出される乳児の、自分一人では生きていけない無力な生物学的状態にあると言う。人間が不安になり、時に神経症になるのも、突き詰めると、生物としての人間に特有なこの生態に由来している。

人間が子宮の中にいる期間は、ほとんどの動物に比べると相対的にとても短い。他の動物よりも未熟のまま外界に送り出される。ヒトの赤ん坊は未熟児のまま生まれる。自分で立つことも歩くこともできない。そして生物学的に、人間の乳児は長期間にわたって、親に依存しなければ生存できない無力な状態に置かれる。

フロイトが不安の起源について考察した当時、実はフロイトの弟子であるオットー・ランク（Rank,O. のちに離反）が、ヒトにおける根源的な危険状況は、母の胎内から産み出されるときに内呼吸から外呼吸に切り替わる過程で体験される窒息様の状態における恐怖にあると主張していた。この恐怖体験が心に外傷として残り、その後、危険状況に出会うたびにその恐怖体験が再現されるとし、出生外傷と名づけた。そして、この出生外傷こそ人間の不安の起源をなすと考えた。フロイトはこのランクの考えを参考にしたが、さらに一歩進めて、幼い乳児の出生後も続くその無力さの心理学的体験を不安、そして依存、愛されたい願望の起源としてとらえた。

無力なまま母の胎内から産み出された乳児にとって、外界は危険にみちている。この危険から守ってくれて、失われた胎内生活を補ってくれる唯一の存在は、母親・養育者である。それだけにこの母親・養育者は、最も重要な依存対象になる。この生物学的な条件が人間の最も根源的な不安と依存の状況であり、この原体験は人間に終生つきまとう。それは時に応じ、状況に応じて立ちあらわれる。そしてこの不安は、依存と愛されたいという要求を生み出す。

乳児はその無力さのために、自分一人では、生きるために必要などんな要求も満たすことができない。乳児はこの「要求緊張の高まった」状況に対してまったく無力である。しかも、要求緊張の高まりとともに、強い不快や苦痛が起こる。かといって、自分一人の心と身体の働きだけではこの不快や苦痛を克服することはできない。それだけに要求緊張が高まると、乳児は自分の要求をみたしてくれる母を求めるほかはない。そこで、母親（養育者）を呼び寄せる泣き叫びが起こる。出生の際の外呼吸に切り替わるときに内的な要求緊張を除去するために肺の活動が起こったのと同じように、緊張解消に向かう呼吸筋と発声筋の活動が起こり、この泣き叫びが母を呼び寄せることになる、とフロイトは言う。つまり、そこに人間の依存性の生物学的起源がある。さらにそこで、記憶痕跡が成立すると、要求緊張が高まるたびに乳児は母の姿を求めるようになる。なぜならば、乳児は母が自分の要求をすぐみたしてくれた状態を回想して、その状態を再現しようとするからである。

このとき、それまでの生物学的な無力さは精神的な無力さの体験になる。フロイトは言う。「不安は、乳児の精神的無力さの産物である。この精神的無力さは、当然、乳児の生物学的無力さに対応している。出生の不安も乳児の不安も、ともに母からの分離を条件とする。この事実は、それ以上どのような心理学的な解釈も必要としないほど明らかである」（『制止、症状、不安』一九二六）。

子どもの分離不安と対象喪失としての去勢不安

乳児からもう少し発達した子どもの不安には、子どもがひとりでいるとき、暗闇にいるとき、あるいは信頼する者（母親）の代わりに知らない人といるとき、の三つの場合があるが、結局は愛する人（求める依存対象＝母親）を見失うというただ一つの条件に還元することができる。

何とか母親を思い出すことでこの不安に対処しようとするが、やがて子どもは、この回想―幻覚にとらわれているだけでは、事態が一向によくならないことを悟るようになる。しかも、依存対象がすぐにはそこに戻ってこない。依存対象を見失い、なおかつ、すぐには再会できないこの状態での反応が分離不安である。

依存対象を失うという不安の条件は、年齢がさらに大きくなってもそのまま持ち越される。不安の次の変化は、男根期に出現する去勢の不安であるが、実はこの不安も分離の不安である。つまりこの場合の危険は、性器との分離である。ペニスは、性交の際に母親（または母親の代理）と再び結び合うことを保証してくれるが、このペニスの喪失は、いわば母から分離することと同じことであり、不快にみちた要求緊張――出生のときのような――に、何の救いもなしに圧倒されることを意味する。そしてこの場合、亢進しても対処できないで困るこの要求緊張は、特定の要求、つまり性器性欲の要求緊張である。

超自我不安

子どもの発育がさらに進んで、親からの独立性が高まると、次の不安は社会的規範が内在化された超自我によってひき起こされる。去勢の不安は良心の不安や社会的な不安へと発展する。「悪いことをしたら集団から見捨てられ追い出される」という社会的な規範は、超自我の規範として内在化されるからである。そしてこの段階になると、自我が危険とみなして発する信号は、超自我の怒りや処罰への不安、超自我の愛情を失う不安をひき起こす。そして超自我に対するこの不安の最終的な形は、死の不安である。死の不安は、超自我が投影された〝運命の力〟に対する不安なのだとフロイトは言う（「超自我の不安」については、第5章「3 去勢――タブーの象徴」、第8章「自我の分裂も受容して」でも述べる）。

そしてフロイトは、不安の年代的な変遷と、神経症の人々の場合についてこう語っている。

少しの間、不安の感情を他の感情、たとえば苦痛の感情に置き換えて考えてみよう。四歳の女の子が人形を壊されて激しく泣き、六歳のときには女の先生に叱られて泣き、十六歳のときには愛する人がかまってくれないと言って泣き、二十五歳のときには、子どもを埋葬するときに泣く。この苦痛の条件にはそれぞれすべて、時期というものがあり、その時期が過ぎるにつれて消えてゆく。この少女が結婚し、母となってもまだ、小さな装飾品が壊れたからと言って泣いたとしたら、それは奇妙なことではなかろうか。ところが、そのようなことが神経症の人々には起こっている。たとえば、去勢がもはや実際の処罰として実行されるはずのないことをとうによく心得ているはずなのに、それにもかかわらず、かつて幼いときに脅かされたこの古い危険状況が大人になってもまだ本当にあるかのような態度をとって、過去の不安に固執するのが神経症の人々なのである。

不安信号説

正常な大人の場合、緊張の高まりによって繰り返される不安が、やがて危険の存在や到来を告げる信号としての機能を担うようになる。この不安の信号機能の成立は、人間にとって自己保存のための最初の偉大な進歩である、とフロイトは言う。それは本来、生物学的なものであった不安を、心理学的なものとして使いこなし、しかも、自分自身でより主体的に不安を用いる心的機能の段階への発達を意味しているからだ。

この段階になると不安は、現実に何か危険が起こっていることを知るときに、あるいは危険が起こりそうだと予測するときに起こる。そして、自我はこの不安という情動に促されて、その危険をさらに吟味し、正確な認識を得るように働く。そして、この危険に対処する対策を講じたり、危険を予防する試みが行われる。しかも、この危険は必ずしも外界に起こるだけではない。自分で対処できないような欲動の高まりによる要求緊張が自己の内面で起こるとき、あるいは、その欲動の高まりが罪悪感を引き起こすような超自我の禁止に触れるときにも生じる。前者では、自分の欲動に対する無力さがかつての乳児の無力さの不安を呼び覚まし、後者では、超自我の不安となる。これらの不安は、自我の働きを促す信号の役割を担うのである。一九二六年に発表した『制止、症状、不安』という論文で展開したフロイトのこの不安理論は、精神医学、心理学の領域に決定的な影響を与えた。

〔参考文献〕
『制止、症状、不安』一九二六、井村恒郎訳、「著作集6」所収

2 快感原則と現実原則

快感原則から現実原則へ

酸素や栄養を取り入れなければ生きてゆけない。フロイトは、この生物としてのヒトの無力さを規定する法則を現実原則と呼んだ。そして、この現実原則に適応して生きようと

する本能的な欲動を自己保存本能と呼び、この現実に適応しようとする心の働き＝二次過程の主体を現実自我と呼んだ。

そもそも生後間もない乳児は、客観的に見ればまことに無力な状態に置かれているのに、主観的には、ひたすら不快を避けて快を求める快感原則に支配され、全能感を抱いている。つまり、欲望の充足を求めれば、すぐみたされるという思い込みを抱いている。しかし、実際には欲動が即時的・直接的に充足されない場合がある。そのように欲動を直接的・即時的に充足させることのできない現実に適応して生存を続けるためには、この不快に耐え、欲動の充足を延期し、時にはその充足を断念し、あるいはそれを迂回的な方法によってみたす術を学ばねばならない。この自我の発達とともに、徐々に全能感は失われ、自我は現実的になってゆく。

こうした自我の発達をもう少しミクロで見ると、次のようになる——。主観的な満足と快をひたすら追求する心の働き＝一次過程は最も原始的な心の働きであるが、快感原則に従っているごく幼い乳児に、おっぱいを飲んだときの快と満足の経験を記憶する記憶痕跡が成立した後は、すぐにお乳を飲むことができない場合、乳児はそれまでに経験した快と満足の記憶を幻覚の形で再生して、幻覚的な満足を得ようとする。この幻覚の満足は、さらに発達すると、願望を夢に見たり、空想したりする心の働きになる。

この点、おっぱいを飲む場合と、酸素―呼吸の場合には、はっきりとした違いがある。呼吸の場合には、前項の「1　無力さ――不安と依存の生物学的起源」で述べたように、呼吸が止まるといきなり酸素欠乏に直面してパニックを起こすので、おっぱいが飲めない場合のような幻覚や幻想を抱くゆとりはない。

しかし、おっぱいの場合でも、実際にはいくら幻覚的な満足を得ても、空腹はみたされない。欠乏とミルクが欲しいという要求緊張の高まりが一定のレベルを超えると、幻覚的満足は破綻し、改めて欠乏という現実に直面せざるを得なくなる。そしてこの段階で、乳児の自我は現実原則に従わないと空腹をみたすことができないことがわかるようになる。このわかる心の働きを現実検討(reality testing)という。

「(さらに心が発達すると、乳児の自我は)外界と現実との関係を顧慮して、自分の力で現実の変化を引き起こそうと決心しなければならなくなる。精神活動の新しい原則がこのようにして導入され、何が快であるかを省みることなしに、たとえ不快かもしれない場合にも、何が現実かをまず考えるようになる。それが『現実原則(reality principle)』の成立である。それは、明らかに重要な心の進歩である」(『精神現象の二原則に関する定式』一九一一)

このような経緯を経て、現実原則に従う現実自我＝二次過程と、そうなっても依然として幻覚―幻想的な快の満足を求める一次過程が分化し、前者が意識、後者が無意識の過程になる。フロイトの精神分析がもっぱら解明したのは、一人の人間の心の中に存在する二つの心理過程である意識と無意識の葛藤や、この無意識の心のメカニズムであった。

現実原則に適応する途上で、快感原則に従う心の働き＝一次過程は抑圧され、もっぱら無意識の中で働き続けるようになる。そうなると、一次過程は無意識の中で幻覚、夢、空想などの心的な現象をつくり出す。これらの心的現象は、生物としてのヒトの無力さ＝欠乏状態に適応しようとする心の働き、つまり、エロスの営みである。そして、「現実原則が介入してくると、それまで現実検討に吟味されることなしに、もっぱら快感原則に支配されていたある種の思考活動は、特別扱いされるようになる。それは『空想』であって、子どもの遊びと同時にはじまり、大人になってからは『白日夢』として存続する」。

乳児における快感原則と母親との依存関係

フロイトは、この心の成り立ちを乳児についてこう語っている——。

生まれたばかりの乳児は、生物学的に無力で現実原則に従う能力が未熟である。乳児は、要求の充足がすぐその場でひとりではできないときには、その内心の要求の満足を夢見て、叫び声やたえざる身体的動作などによる不快放出のための運動を通してその不快を表にあらわし、これによって幻覚的な満足を体験する。そして、この叫びや身振り、動作から乳児の欠乏と要求緊張を読みとる母親（養育者）は、その要求をみたしてあげようとする。その結果、この因果関係は乳児の心に記憶されるようになる。もう少し発達した幼児期になると、この要求緊張の放出運動を意図的に表現手段として用いることを身につけ、母親（養育者）によって欲動をみたしてもらうようになる。こうして母子間の信号のコミュニケーションが成立し、この過程で母親（養育者）との依存・愛着関係が発達する（この母子相互関係の着想をフロイト自身は発展させなかったが、彼の思想を受け継いだR・スピッツ、J・ボウルビィを経て、今日のM・マーラー、R・エムデ、D・スターンらの精神分析的な乳幼児研究がそれを発展させている）。

ところが、いままで述べた自己保存本能の営みに加えて、ヒトには性の欲動がある。小児性欲論によれば、口愛に代表される母（養育者）に対する愛着からはじまる性欲動は、自己保存本能に比べて、はるかに濃厚に快感原則の支配を受け、ほとんどの人々の性欲動は終生その心の中でこの原則の支配を受ける。そのために性の対象についても長い間、空想的な満足に安住しようとする（小児性欲論については第5章「2 小児性欲」で詳述する）。

すなわち現実原則の支配は、自我本能（自己保存本能）については達成されるが、性の領域には容易に及ばない。とりわけこの性の快感追求は、意識から分離された無意識過程として存続して、夢、白昼夢、空想、遊びなどの主役になる。フロイトは、この快感原則に動かされる性欲動を終生研究し続けた。性欲動がどんな禁止＝去勢に出会って、現実原則、そして社会的なタブーによる禁止を代表する超自我の批判によって抑圧されるのか、抑圧された性欲動がどんなふうに無意識の主役になり、どんな意識と無意識、抑圧と抑圧される欲望との葛藤が繰り広げられるのかを解明するのが、フロイトの精神分析の主題になった。

望ましいしつけと教育

しかし、人間の心がさらに発達すると、現実原則に従うこと、あるいは現実原則にうまく適応し、現実原則を適切に使いこなすことが、より大きな快感を得る方法になることを学ぶようになる。つまり、現実原則は快感原則と対立する面を持つとはいえ、必ずしも快感原則からの断絶を意味するものではない。むしろそれは、快感原則の発展としての側面を含むものなのである。さらに自我が成長すると、現実を考慮して、一時的な不快に耐えることが結局は快につながることを学習し、直接的衝動的な快の放棄が未来におけるより確実な快の獲得を意味することを理解するようになる。

そして、フロイトは言う。「望ましいしつけや教育の課題は、やたらに禁止し、抑圧することだけを押しつけることにはない。むしろ、そのような（よりよい快を得る）心の術策を学ばせることにある。この場合、教育は自我の発達過程を助け、眼前の快感の断念に対して教育者のほうからは報酬として愛を与える」と。

実は、宗教もこの眼前の現世的な快楽をあきらめる代わりに、来世で報いを受けるという心理的な転回の神秘的な形である。「宗教」は一貫してこの原型を模範としながら、来世における報酬を約束することによって、現世の絶対的な快楽否定を教え込んできたと、フロイトは言う（『文化への不満』一九三〇）。自爆テロリストの行動や、「宗教は阿片なり」という言葉を思い出させるかのように、フロイトは宗教のこの心的な役割を批判していたのである（第7章「1 科学的世界観——宗教との闘い」参照）。

さらにフロイトは、後年の社会・文化論で、現実原則に従う本能的欲動の断念こそ、社会・文化成立の基盤であるという考えを展開した。

〔参考文献〕
『精神現象の二原則に関する定式』一九一一、井村恒郎訳、「著作集6」所収
『文化への不満』一九三〇、浜川祥枝訳、「著作集3」所収
なお、現代の乳幼児研究については以下を参照されたい。
小此木啓吾『エディプスと阿闍世』一九九一、青土社
小此木啓吾『精神分析は語る』一九九五、青土社
小此木啓吾・妙木浩之編『精神分析の現在』一九九五、「現代のエスプリ」別冊、至文堂

3 空想することとプレイすること

〝無力さ〟を〝快〟へ

どうにもならない現実に出会い、〝無力さ〟を実感するとき、その心の苦痛と不快に耐えて、心に喜びと快をもたらすようにする心の営みがある。しかもそれは、幻覚―幻想から白日夢、夢、空想、遊び、芸術へと発達していくとフロイトは言う。

まずこの心理についてフロイトは、子どもの遊ぶこと（play）と詩人の夢想することを比較して、その共通点と差異点を明らかにしている（『詩人と空想すること』一九〇八）。そもそも、遊んでいる子どもはみな、一つの独特な世界をつくり出すことによって、あるいは、自分の世界の事物を自分の気に入った、ある新しい秩序の中に置くことで、詩人と同じように振る舞っている。しかも、あの遊びに熱中し、興奮し、夢中になっている子どもたち――いや、大人たちのサッカーや野球への情熱も同様だが――を思い浮かべてほしい。

「遊ぶ子どもは、自分の遊びに非常に真剣である。遊びに大変な情動量を注いでいる」と、フロイトは言う。ところが、子どもは遊びにどんなに夢中になっていても、遊びの世界を現実からはっきりと区別している。遊びが終われば、すぐ現実に戻る自由さがある。大人のスポーツや芝居への熱中も同じである。フロイトはさらに、〝現実への仮託〟という考えを提起し、次のように言う。「(遊びに熱中している子どもは)好んでその想像上の対象や状況を、現実世界の、手に触れ目に見える事物に〝仮託する〟」と。

たとえば、ある男の子は、テーブルを航空母艦の飛行甲板に見立て、離着陸をワーワー爆音を轟かせて熱心に繰り返した。ジェット戦闘機を操縦するパイロットの空想を、このテーブルに仮託してプレイしている(演じている)のである(この考えは、イギリスの精神分析家D・W・ウィニコットの「遊び論」に発展する)。

詩人もこの遊ぶ子どもとまったく同じことをする。詩人も、一つの空想世界をつくり出し、これを非常に真剣に扱う。多大の情動量をこれに注ぎ入れ、しかもその一方ではこの空想世界を現実からはっきり区別する。フロイトは言う。「われわれの用語慣行は、表現可能な具体的な対象への仮託を必要とする詩人のそのような行為を、戯(Spiel, play)、つまり喜劇、悲劇と名づけ、またそれらを演ずる人物を演劇者、俳優(Spieler, player)と名づけることによって、子どもの遊戯と詩的創造との類縁性を証拠立てている。……ところで、この詩的世界の、こういう非現実性から、芸術家の技術というものを考える上で非常に重要な結果が出てくる。というのは、もしそれが本当のことだったら到底楽しみなど与えるはずのないような多くのことも、空想の遊びにおいては楽しいものとなるし、また多くの、現実には不快な興奮の数々も、それが文学や劇の中に出てくると、読者や観客にとっては楽しみの源泉となる」。

あのモンテクリスト伯（巌窟王）の作者アレクサンドル・デュマは、大変な浪費家で借金に苦しんでいたが、作中のモンテクリストは、莫大な富を手に入れる。

「どんな快感追求の努力も、すぐに、充足された表象の形をとる。空想による願望充足にふけることが、これは現実ではないとはっきりわかっていても、疑いもなく、ある満足を与える。空想活動において人間は、現実では長い間あきらめてしまっている外的強制からの自由を享受し続けるのである」とフロイトは述べている。

白日夢と内向

フロイトは、このプレイすることとの起源を遡り、それは空想すること、そして白日夢にあると言う。この「白日夢」は、野心的な願望、誇大な願望、性愛的な願望の観念的な満足であり、このような願望は現実によって差し控えさせられたり、抑えられたりすればばするだけ、ますます強くなる。白日夢は必ずしも意識的なものではなく、無意識的な白日夢もある。このような無意識的な白日夢は、夜の夢の源泉であるとともに、神経症の症状の源泉でもある。しかし、この白日夢は文学作品にまで発展する。しばしば文学作品は、白日夢と同様にかつての子どもの遊びの継続であり、代用物である。

そしてフロイトは言う。「心理小説は、その自我を自己観察によっていくつかの部分自我に分割し、それにしたがって彼の心的生活の相矛盾する流れを、幾人かの人物のうちに人格化するという傾向に負っている。……そして神経症の患者たちは、心理療法による治療を期待している医者に対しては、自分たちの空想をはっきりと告白しなくてはならない」と。さらに、空想に関するフロイトの詳しい知識は「この臨床観察に由来している」と語り、「空想があまりに肥大しすぎたり、異常に強大なものになると、それは、神経症や精神病に陥る諸条件をつくり出すことになる。空想は、われわれの患者たちが訴える苦痛の諸症状に一番近い心理的前段階でもある。ここからは病理学へ向かって広い側道が通じている」としている(『精神分析入門』一九一七)。

ユングはこの心理的前段階に「内向(Introversion)」という呼び名を与えた。内向の状態は、まだ神経症患者にはなっていないが、しかし、不安定な状況の中にある。そして、もしせき止められたリビドーのはけ口がほかに見出せないなら、ほんの小さな力の均衡の破綻が起こっても、すぐにさまざまな症状を起こすことになる。だが、この内向の状態が空想を、ひいては文学をはじめさまざまな創造に道を拓くことがある。

さらにフロイトは、遊びとユーモアの関係について、次のように述べている。「大人になってからの自分の日々の営みをあの子どものころの遊びと同じものに見立てるときがある。そのとき、彼は人生のあまりにも重い圧迫をかなぐり捨て、ユーモアという高級な快楽を手に入れる」と。

〔注〕フロイトの幻想・遊び・空想・芸術論の発展として、フロイト以後二つの流れがある。

一つは、E・クリス（Kris, E.）、E・H・エリクソンによる自我心理学的な遊び論である。一方で現実と幻想の区別を保ちながら、随意的に幻想の世界に入り、また現実に戻る自我の自由さに拠りどころを置く。さらにアンナ・フロイトは、子どもにおける幻想の中にいる自分と、現実にかかわる自分の二重性、つまり自我の分裂（ego splitting）という形で、子どもの空想と遊びの特殊な心理構造を明らかにしている。これらの流れは、遊びの成立する心的な条件を、自我の働きという見地から分析した点に意義がある。

D・W・ウィニコット（Winnicott, D.W.）は、そのプレイ論で、フロイトが『詩人と空想すること』の中で強調している、遊びは幻想上の対象を外的な現実の対象に仮託する、という心的特性をさらに解明した。

ここで言う「仮託」は、フロイトにおける、小児性欲の発現＝快感自我が、各器官の自己保存本能の営み＝現実自我によりかかりながら可能になっていくという考え、つまり性欲動の自己保存本能へのよりかかり（anaclisis）という考えと軌を一にするものである。この見地から見ると、英語版フロイト全集の訳者J・ストレイチー（Strachey, J.）の link（結びつく）という英訳は必ずしも適当ではない。むしろ recline（もたれかかる）のほうが適切なように考えられる。「仮託する」という言葉は、ドイツ語版では Anlehnungs である。そして、この観点から、「仮託する」というフロイトの言葉を考察していくと、D・W・ウィニコットの「錯覚・移行対象論」に至ることになる。

〔参考文献〕
『詩人と空想すること』一九〇八、高橋義孝訳、「著作集3」所収
『精神分析入門』一九一七、懸田克躬・高橋義孝訳、「著作集1」所収
A・フロイト『自我と防衛』一九三六、外林大作訳、誠信書房、一九五八
E・クリス『芸術の精神分析的解明』一九五二、馬場禮子訳、岩崎学術出版社、一九七六
D・W・ウィニコット『遊ぶことと現実』一九七一、橋本雅夫訳、岩崎学術出版社、一九七九

4 芸術家の天分――抑圧の柔軟性

フロイトと芸術

フロイトは言う。芸術家の天分は普通の人よりも抑圧のきめが粗いこと(luckerheit)にある。しかし、ただきめが粗いだけではノイローゼになるだけである。むしろそれは、抑圧

の柔軟性（flexibility）と言うべきものだ。つまり、その抑圧されない願望や空想を、芸術的な価値のある作品につくり上げる昇華の能力を持っている。それは彼らだけに与えられ、開花された天分である、と。

こう語るフロイト自身は、幼いころからシェークスピアを愛読し、ゲーテの著作から感動的な影響を受け、エジプト、アッシリア、ギリシャの古代美術品（彫刻品、立像、浮き彫り）を収集し、ウィーン人の常として、オペラ、観劇（中でも、モーツァルトのオペラとシェークスピアの劇）を日常の楽しみとする、芸術の香り高い人生を送った。

直接交友のあった芸術家としては、文学者のアルトゥル・シュニッツラー、シュテファン・ツヴァイク、アルノルト・ツヴァイク、ライナー・マリア・リルケ、ルー・アンドレアス＝ザロメ、アンドレ・ジイド、ロマン・ロラン、トーマス・マン、アンドレ・ブルトン、サルバドール・ダリ（押しかけ訪問）。また、指揮者のブルーノ・ワルターに作曲家のグスタフ・マーラー（この二人は短期の分析治療を受けた一患者として）、フリッツ・クライスラー（パリ留学中の十二歳のときにフロイトを訪問）、シャンソン歌手のジルベールなどがいる。

そしてフロイトは、このように豊かな芸術的教養を背景にして、精神分析的な芸術論の道を拓いたが、それは次の三つの側面を持っている。

神話・文学の中に遍在する個人の無意識的空想と関連した共通の主題の研究。たとえば、

『W・イェンゼンの「グラディーヴァ」における妄想と夢』（一九〇七）。さらにフロイトは、『レオナルド・ダ・ヴィンチの幼年期のある思い出』（一九一〇）で、あの「モナリザの微笑」が、私生児として育ったダ・ヴィンチの、幼くして別れ、失った実母カタリーナの微笑ではないかとの推理を述べる。

次いで、『小箱選びのモチーフ』（一九一三）では、シェークスピアの『ヴェニスの商人』、『リア王』、幾つかのギリシャ神話を取り上げ、老いと死の運命を選ばねばならぬ老リア王に託して、フロイトらしい〝断念〟を説いている。また、『ミケランジェロのモーゼ像』（一九一四）、『精神分析的研究から見た二、三の性格類型』（一九一五）では、シェークスピアの『リチャード三世』、『マクベス』、イプセンの『ロスメルス・ホルム』が取り扱われている。

さらに、『無気味なもの』（一九一九）では、『ホフマン物語』（オッフェンバックの歌劇）の「砂男」における眼玉を奪われるという不安、『悪魔の霊液』におけるドッペルゲンガー（二重自我人格）などが論じられている。

芸術家における幼児期体験・生活史と作品の関連の研究

幼児期体験、特にその心的葛藤と解決のパターンが、芸術家の思考過程、芸術的創造にどんな影響を与えているか。フロイトは、次のように分析した。

たとえば、レオナルド・ダ・ヴィンチは、自己の出生の由来に関する幼児的な性的好奇心が異常に強く、その昇華によって、あの天才的な探究をなし遂げたのではないか。しかし、その反面、その昇華は未完成であって、その探究や創造活動は、半ば強迫的な傾向に駆り立てられていた。あるいは、ゲーテは、弟に対する絶対的な優越者たろうとして異常なまでにたくましい知的能力を身につけたが、母からの寵愛が終生ゆるぎないものになり、この自信(ナルシシズム)がその生涯にわたって彼の天分を実現する支えになった。

ドストエフスキーの場合には、異常な情感性、サド・マゾないし犯罪者素質に類する倒錯的傾向、芸術家としての天分が共存し、この豊かな人格の内容と、その統合をなし遂げようとする自我の力との内的な抗争が、異常なまでに激しく彼を駆り立てた。そして、この自我の統一に破綻が生ずると、神経症、つまりヒステリー性のてんかん様発作が起こった。ドストエフスキーにおいては、父に対するエディプス・コンプレックスに由来する無意識的罪悪感=マゾヒズムが、この天才の創作活動の推進力になっていたのではないかとフロイトは論じている。

芸術家の天分(創造力)の研究

芸術の創作や創造の心理過程そのものについて、フロイトは幾つかの論文で考察を述べているが、その最初は『詩人と空想すること』である。さらにフロイトは、一九一一年に、自己の芸術観を示す次の言葉を残している。

「芸術はその独特な方法で快感原則と現実原則という二つの原則の和解を実現させる。もともと芸術家という人間は、欲動満足の禁止になじめないため、現実から眼をそらして、空想の世界でその性的な願望、野心的な願望をかなえさせる。だが、彼は空想の世界から現実へ戻る道も見つける。それというのも、彼には特殊な才能があって、その空想を新しい種類の現実として形づくり、それがまた人々から価値のある現実のコピーとして公認されるためである。彼は外界の実際の変革という大変な回り道をしないで、ある種の方法で、自分が望んでいた英雄、王様、創造者、人気者になる。しかし、これができるのは、他人も彼と同じように、現実に強いられて断念した同じ不満を感じているからであり、現実原則が快感原則を代行したとき以来のこの不満自体が、現実の一部だからである」(『精神現象の二原則に関する定式』)

彼はまた、こうも言っている。

「芸術家は、スタートにおいて、いまにも神経症になりかねない内向者である。芸術家はあまりにも強い本能的欲求に駆り立てられるのであるが、これらを満足させ得る現実的手段が欠けている。そこで芸術家は、現実を見捨てて、その関心のすべてを空想生活の願望形成に転移する。ひょっとするとこの道は神経症に通じているかもしれない。……芸術家たちが、神経症による己の才能の部分障害にいかにしばしば苦しむものであるかは周知の如くである。おそらく彼らの本質は、昇華への強い能力と、葛藤を決定する抑圧の一定のきめの粗さ（または柔軟性）とを含んでいる。ところが、芸術家は（神経症者と違って）このような空想の願望形成から現実へ復帰する道を有している。……すなわち（空想から）個人的なものを失わせ、他人とともに楽しめるようにし、……自分の描く想像表象とそっくりそのままになるまでその材料に形を与える不思議な能力を持っている。このようにして……抑圧は少なくとも一時この表現に打ち負かされて放棄される」（『精神分析入門』）

　そして、ここでフロイトの言う昇華への自我の強い能力と抑圧の柔軟性の二つを出発点として、フロイト以後（たとえばE・クリス、D・W・ウィニコットら）の精神分析的芸術論が展開されてゆく。

〔参考文献〕
『小箱選びのモチーフ』『無気味なもの』『ドストエフスキーの父親殺し』『精神現象の二原則に関する定式』
『精神分析入門』『詩人と空想すること』（以上既出）
『W・イエンゼンの「グラディーヴァ」にみられる妄想と夢』一九〇七、池田紘一訳、『レオナルド・ダ・ヴインチの幼年期のある記憶』一九一〇『ミケランジェロのモーゼ像』一九一四、以上高橋義孝訳、いずれ

も「著作集3」所収
『精神分析的研究から見た二、三の性格類型』一九一五、佐々木雄二訳、「著作集6」所収

5　肛門愛と秘密を持つこと

保持と排出のジレンマ

秘密を持つことは、自我の誕生である。嘘をついてでも親に秘密を持つ。この自と他を分ける強い意志の主張は、乳児が無力さの状態から自律性を持った自己の持ち主になる証しである。そもそも秘密は、自分の心の中に保持して外に漏らすまいとする気持ちによって秘密になる。しかし、それと同時に、秘密を抱くことが心の中の圧迫になって、思わず告白＝排出してしまいたい衝動が高まる。この保持と排出のジレンマの起源は、小児性欲論で明らかにした肛門愛にある、とフロイトは言う。そして、心の中に保持される内容＝秘密の最初のものは、幼児における「大便」であるという。

「大便」(秘密)は、自己の内部にあっては大事なもの、保持したいものであり、しかも、他者(母親)に対して自己主張の手段になる。保持の緊張が一定限度を越えると、排出(告白)の衝動が高まり、その無統制な排出(告白)は、社会的な自己の人格の破綻を引き起こすおそれがある。そして大便は、自己の外では、ヨソモノ(怖い母親や他人)に対して汚れたもの臭いもの、恥ずかしいものであると同時に、ウチワ(親しい母親)との間では、親密さ、共有物、従順さ、好意のしるしとなる。秘密も同様である。秘密を隠す相手との間には隔たりが、秘密を共有する相手との間には親密さが起こる。大便(秘密)の排出(告白)は、親密感や露出の快感を伴う。また、大便(秘密)の保持は、隠し保持する自律的な意志をあらわすとともに、知られ、のぞかれ、盗まれる不安を伴う。

フロイト自身がこのような「秘密の心理」を肛門愛と結びつけて具体的に論じたのは、『性格と肛門愛』(一九〇五)の中においてである。

フロイト以後で精神分析的な秘密論を語ったグロス(Gross, A.)もまた、「秘密の保持者は、秘密の排出と保持のアンビヴァレントな葛藤に駆り立てられるが、この事実からわれわれは、無意識における秘密と、肉体的排泄物との完全な同義性を問題にせざるを得ない」と述べている。そしてグロスによれば、秘密の肉体的起源は、分泌(物)(secretion)と排泄(物)(excretion)であるという。とりわけ英語のsecretionには、「分泌」と「秘密」(隠匿)

という二つの語義があるという。

「秘密を持つこと」の自己確認作用と「告白」の自他融合作用

「秘密と肛門愛」の論議は、「秘密を持ち秘密を保持する意志」と「秘密を排泄し告白したい衝動」の基本的葛藤を明らかにしているが、この基本的葛藤は、「秘密を持つこと」の自他の境界設定、ひいては自己確認作用と、「秘密の告白」による自他の融合、親密化作用の葛藤を意味している。

V・タウスク（Tausk,V.）が、ウィーン精神分析協会で、「子どもの最初の嘘」、つまり親に対して子どもが持つ「最初の秘密」について論じたとき（一九一九）、同席したフロイトは、このタウスクの考えに賛意を表明した。子どもが親に嘘をつけるようになるのは、親からの「分離」（separation）と「個体化」（individuation）に関する自我の能力を子どもが獲得した最初の徴候としての意義を持つというのである。

タウスクによれば、乳児期では、「すべての人（特に親）が、自分の考えを知っている」という強い確信が存在している。つまり子どもは、最初の嘘をつくことに成功するまで、親がすべてのこと、自分の体内のことまで、ひいては自分にとって最も秘密な考えについてさえも、知っていると想像している。それだけに、両親に知られない秘密を持つ権利、つまりプライバシーの権利への要求こそ、自我の形成、とりわけ自己自身の意志の確立にとって、最も強力な要因の一つであるというのである。

そしてタウスクは、生後一年目の間に母親に「嘘」がつけるのは、決して異常なことではない、と言う。とりわけこのような「嘘」は、肉体的排泄物の規則的な排出に抵抗する際、表情、身振り、赤ちゃん言葉で、自分がちゃんと排泄をしてしまったかのように、養育者に信じこませようとするという形で観察される、と述べている。

さらにフロイトは、『無気味なもの』で、「秘密の漏れてしまう体験」について考察している。秘密、隠されるべきものが自分の意志に反して外にあらわれてしまう不安が、「無気味さ」である、と語っている。

たとえばフロイトは、最も気味悪いのは、自分の「悪い眼つき」に対する不安であって、「心の動きは、たとえ口に出さなくても眼にあらわれてくる」と言う。

精神分析の無気味さ

フロイトは「無気味さ」の体験を、自分の心に隠してあるはずの秘密が自分の意志を超えて外に漏れ、立ちあらわれる体験として論じたのであるが、それと同時にフロイトは、「多くの人々が、精神分析を気味の悪いものと見るのは、自分の意志を超えて秘密が外、つまり分析者に漏らされてしまう、まさにこのような、(悪霊の仕業にも比すべき)隠秘な力を行使すると見なされるからであろう」と述べている(『無気味なもの』)。つまり精神分析は、患者の体験から見れば、自分の心の内容が自分の意志を超えて治療者に知られてしまう、いや漏らされてしまう体験であり、ひいては自分も自覚していない、あるいは自分自身にさえも隠そうとしていた無意識の秘密を、悪霊にも比すべき力(方法)によって、外界に、そして他人(治療者)に漏らされてしまう無気味な体験なのだと語っているのである。

〔参考文献〕
『無気味なもの』(既出)
『性格と肛門愛』一九〇五、懸田克躬訳、「著作集5」所収
Gross,A. *The secret* 1951, Bull Menn. Clin. 15
Tausk, V. *On the Origin of The "Influencing Machine" in Schizophrenia* 1919 in "Psychoanalytic Reader" edited by Fliess, R. Int. Univ. Press
Ekstein, R. & Caruth, E. *Keeping Secretes* in "Tactics and Techniques in Psychoanalytic Therapy" edited by Giovacchini. 1972, Hogarth Press.
小此木啓吾『プライバシーと秘密の心理』一九七五、精神分析研究一九巻五〇号
小此木啓吾『笑い・人みしり・秘密——心的現象の精神分析——』一九八〇、創元社

小此木啓吾『秘密の心理』一九八六、講談社現代新書

6 機知の仕事

無力さを超える機知・ユーモア

フロイトのあげた三つのアルバイトないしワークは、「夢の仕事」「機知の仕事」、そして「悲哀の仕事」である（筆者は、生き別れのような意味での対象喪失に関するモーニング・ワークを「悲哀の仕事」、死別に対するモーニング・ワークを「喪の仕事」と区別して意訳している）。この三つの仕事には共通点がある。それはいずれも、どうしても受け入れねばならない現実を受容する心の苦痛に心の中で何とか対処する心の仕事という点である。叶えられない願望を「夢の仕事」で、哀れな自分を「機知の仕事」で、そして別れや喪失の悲しみを「悲哀の仕事」で受容するのが、無力さを受け入れて断念の上に立つ人間の心の仕事である。

そしてフロイトが、「機知の仕事」で心の働きを明らかにした背景には、ユダヤ人フロイ

トの深い諦観と、どんな迫害にも耐えて生きるたくましい気骨と誇りがある。

機知にたけ、ユーモアを語ることで、あえて自分を笑い者にする道化の心理は、自分が不幸な存在である現実や苦痛をどのように克服するかという、その適応方法の過剰な発達の産物である場合が多い。しばしばそれは攻撃的、敵対的機知を生み出すが、『機知――その無意識との関係――』の論文（一九〇五）でフロイトは、実に豊富なユダヤ人の機知の実例を盛り込んでいる。

ユダヤ人の機知と呼ばれるものは、ユダヤ人が常に周囲の笑いものにされ、自分がユダヤ人であることを見知られる不安にさらされながら生きなければならなかった宿命と、本質的なかかわりを持っている。フロイト自身も、ユダヤ人は常に厳しい批判の中にさらされているために自己批判力が高まり、それに伴って機知が発達したが、これほどまでに自分の存在を笑いのタネにする民族が果たして他にあるだろうか、と語っている。

機知やユーモアにおける、笑う人・笑われる人の関係には、しばしば笑う人のサディズム、笑われ笑わせる人の劣等感やマゾヒズムが見出される。フロイトは、笑う者が笑われる者と自分を比較し、相手に幼さを見る事実を指摘している。このフロイトの指摘をさらに明確化したのはE・クリスである。芸術の精神分析で高名な精神分析家E・クリスは、「笑いの感情は、他人の劣等性に対して、自分が優越していることへの勝利感にほかならない」という哲学者ホッブスの言葉を引用している。

フロイトが「機知の仕事（wit work）」という言葉を用いたのは、『機知』の論文においてである。そこでフロイトは、人におかしさの感情を引き起こす一つの心理的技術としての機知に、当時彼が夢や失錯行為で解明したのと同じ無意識の心理機制を見出した。機知もまた、圧縮・置き換え・反対物などによる表現などの技術を用いる。それが、「機知の仕事」である。そして、その多くは、傷ついた自分、哀れな自分、情けない自分、虐げられた自分を何とか建て直し、誇りを取り戻し、自立を全うしようとする悲しい心の仕事である。

機知の心理機制

たとえばフロイトが『機知』で引用している詩人H・ハイネの『旅さまざま』の中に、貧しい男が百万長者との親しい関係を自慢する話がある。「あの百万長者は、私をまったく同等に、いやまったくfamillionarに扱ってくれた」。ここでは、百万長者＝Millionarと、親しくうちとけて＝familiarの「圧縮」による新造語が見られる。そしてフロイトは言う。「この合成語familionarは、その前後関係の中で直ちに意味を持ち、意味豊かなものとして理解される」。つまり、この圧縮による心的エネルギーの節約が、笑いを呼び起こす作用を引き起こしている。なぜならば、その圧縮された心理過程が、百万長者にふさわしい百万ドルの親しみを表現しているからである。

もう一つの例は、結婚指輪＝Ehering をはめた男が友達に、「エー！　君が結婚したって！」と言われて、「そうさ哀悼指輪＝Trauring さ。でも本当なんだ」と答えるものがある。この男は長いこと楽しい独身生活を送ってきた。当然、友人も本人もとうとう結婚してしまって情けない、悲しい＝traurig という気持ちを分かち合っている。しかし、この気持ちを長々と語るかわりに Ehering と traurig を合成して、Trauring という合成語が生まれたのである。

次に、綴りの分割による機知の例がある。医者がある若い患者に、オナニー＝Onanie をしたことがあるかを尋ねたら、「いや一度も＝O, na, nie」と答えた、というのがこの例に当たる。

フロイトは、こうした「二重語義」あるいは「言語遊戯」を用いた機知の分析によって、夢と機知の心理機制の共通性を明らかにした。Onanie を O, na, nie にしたりするのは、すでにフロイトが『夢判断』（一九〇〇）で明らかにした夢の仕事の一つである。

さらに夢の仕事でしばしば用いるのは、「置き換え」「反対物による表示」であるが、次のハイネの機知の言葉は、最も美しいものと醜いものとの一致点を利用した反対物による表示の一例である。

「この婦人は多くの点でミロのヴィーナスに似ていた。彼女もやはり非常に古く（年とっており）、同じように歯がなく、その黄ばんだ身体の表面には若干の白い斑点がある」

フロイトによれば、機知はしばしば、内的な規範である超自我の検閲にひっかかるような何らかの思考を、機知の技術を用いることによる抑圧の一時的緩和を通して解放する試みになっているという。

もうひとつ、花嫁について身のほど知らずの高望みをする男に対して向けられた、結婚仲介人の攻撃的な機知の例を挙げよう。

「結婚仲介人が尋ねる、『あなたは花嫁に何を要求されますか？』——その答え、『美しくなければならないし、金持ちでなければならないし、教養もなければならない』——『それは結構』と仲介人が言う、『でも、それなら三組の縁組がつくれますよ』。ここではその非難はもはや機知の衣装をまとわずに、直接にその男になされている」

そしてフロイトは機知について、あたかも夢がその潜在思考を「圧縮」「置き換え」「反対物への逆転」などの機制によって顕在夢につくりかえ、この夢の言葉によって、抑圧された願望の充足をはかるのと同様の仕事をすると考える。つまり「夢の仕事」と同様に、機知もまた「機知の仕事」によって、快感とおかしさを生み出すのである。

機知、ユーモア、滑稽

さらにフロイトは、機知をつくり出した人物（話し手）と、それをおかしく感じて笑う第三者（聞き手）と、機知の対象（話の内容になっている人物）となっている第二者からなる対人関係構造を分析している（『ユーモア』一九二八）。

機知の場合には、その機知の形成過程である思考過程そのものがおかしさの刺激源であって、誰かを笑うことが目的ではない。ところが、おかしさ、滑稽さは、誰かを笑うことが目的であるために、笑われる第二の人物がなければ成り立たない。それに対して、機知の場合には、自分の思考過程を笑ってもらう第三者（聞き手）がいればよい。

このような対人関係構造論に立脚してフロイトは、ユーモアをまさにこの機知と滑稽の中間的性格を持つものとして位置づける。ユーモアは多くの場合、苦痛、悲しみ、恐怖、不幸のような感情経験に関して、それらを克服するために機知を働かせる心的産物である。「ユーモアとは、快感を妨げる苦痛の情動にもかかわらず快感を獲得するための一手段である。ユーモアはこの情動の展開の代理をし、それにとって代わる。ユーモアの条件が与えられるのは、われわれが習慣的に苦痛の情動を解放したい気になるような状況があらわれるときである」。したがってユーモアの心理過程は、「一個人においてすでに完結しており、他人が関与することでそれに何ら新しいものを加えることはない」。ユーモアの作者は機知を用いることによって、苦痛に打ちひしがれた自分を慰め、そこに愛情をつけ加える努力によって、みずからの痛手を癒そうとしている。だからフロイトは、ユーモアの心理機能を、これらの苦痛な感情の節約にあると言う。

最後のメッセージ

フロイトが挙げている次の二つのユーモアの例は、ともに対人関係論的に見ると、第三者からの冷たい視線や、あわれみの眼差しを意識した人物が、そうしたあわれな自分を第三者＝他人に見知られることに対して、自我の誇りを全うするための悲しい自己主張である。

作家マーク・トゥエインのユーモア——哀しい自分と自我の誇り——は、ダイナマイト事故に遭った道路作業員の例である。この作業員がダイナマイトの爆発で遠くへ吹き飛ばされたという話を披露する。聞き手はここで当然、一体どんな怪我をしたのか、その不運に対する同情心を抱きながら次の話に耳を傾ける。ところが本人は、仕事場を離れたために、半日分の給料を差し引かれたと愚痴るのだ。こう聞かされて、われわれの同情の念、そして本人が本来は抱いていたであろう怪我や災難による苦痛の感情はどこかに行ってしまう。そこにはむしろ、このユーモアによって本人は事故の不運を巧みに支配してしまったという内的な満足感が残る。

もうひとつ、死が迫っている男のユーモアがある。

「月曜日に死刑を執行されるよた者が、『さあ、この週は幸先がいいぞ』と言う。……このような機知を吐くにはユーモアが必要である。……この男が死刑場に行く途中で、カゼをひかないようにと、首にネッカチーフを巻く場合も同様である」

死の迫る男のユーモアと言えば、フロイトがその人生で一番最後に読んだ本は、バルザックの"*La Peau de Chagrin*"（邦訳は『あら皮』）であった。口腔内のガンは、皮膚も骨も突き破って頬の皮膚までも侵し、日ごとに衰弱して死を待つばかりとなったフロイト（死去数日前）は、この本を読み終えたとき、主治医M・シュールにこう言った。

「これは私にぴったりの本だ。肌が縮んでゆき、餓死する話だから」

『あら皮』は自分の全能への願いをすべて叶えたいために、一つの願いが叶えられるたびに肌が縮み、命も縮む、そのようなあら皮を悪魔から与えられた主人公の話である。つまり、願望を叶えれば命が縮むのがわかっているのに、それでも彼は、自分の欲望を克服できずに死んでゆく。

死去の数日前にフロイトは、この主人公は自分にぴったりだと語ったという。この『あら皮』に自分をたとえたフロイトの言葉は、比喩やユーモアの域を越えてはいるが、それでもなおつらい現実を受容し、心の痛みを機知とユーモアに託すことで耐えた、フロイトのとてもフロイトらしい最後のメッセージであった。

〔参考文献〕

『夢判断』一九〇〇、高橋義孝訳、「著作集2」所収
『機知——その無意識との関係——』一九〇五、生松敬三訳、「著作集4」所収
『ユーモア』一九二八、高橋義孝訳、「著作集3」所収
バルザック『あら皮』、小倉孝誠訳、『バルザック「人間喜劇」コレクション10』所収、藤原書店、二〇〇〇

第3章 無意識への王道

1　無意識とは

意識という究極的な事実

心理学者としてのフロイトの最大の業績は、無意識を、人間の心にかかわり理解する基本概念として定義することによって、無意識の心理学の体系を確立したことにあると言われている。

しかし、「無意識」をそれほどに自己の体系の基盤にしたのは、実はフロイトが「意識」を出発点とする当時の意識＝自我という近代合理主義に拠りどころを置いたためである。

フロイトは言う。「精神分析的研究の出発点は、あらゆる説明と記述を許そうとしない意識という究極的な事実である。意識を口にするとき、人々は最も直接的に自分自身の経験から、それが何を意味するものであるかを知っている」と（『精神分析学概説』）。

しかし、この意識は、生物としてのヒトの見地から見ると、まことにはかないものである。それは、死に比べて生がそうであるのと同じである。どちらをより確実なものとみなすかと問われるなら、当然、生よりは死を、意識より意識のない状態＝無意識がより確かである。

そう考えるフロイトは、この事実についてこう語っている。

「この意識的な過程は、決して欠陥のない完全な系列ではない。それゆえ、そこに精神の物的、身体的現象を仮定しないわけにはいかない。これらの基礎現象は、そのあるものは意識と並行過程を持ち、他のものはそれを持たないがゆえに、全体として見た場合、精神的系列よりもより一層大きな完全さを持っている。もしそうであるならば、精神分析が力点をこの身体的過程に置き、その中に真に精神的なものを認識し、意識過程についてこれまでとは違った評価を試みるのは当然である。まさにこの試みこそ、精神分析のなすべきことである。精神的なものはそれ自体が無意識的であるという、独自のこの精神分析の理解は、心理学を他の学問と同じように一つの自然科学に発展することを許す」

こう述べた上で、この新しい心理学としての精神分析が仮定する基礎概念と、その原理は、他の科学の概念（力、質量、引力）と同じような意義を持っていると言う。

意識、前意識、無意識

意識されているかいないかは、まず、純粋に記述的な言葉である。最も直接的で確実な知覚を証拠にしているが、この意識過程は常に持続的にいつも意識されているとは限らない。意識しないでいて再び意識にのぼったりすると、われわれはそれが潜在していたなどと言うが、普通はそれがいつでも意識できるものと考えている。つまり、この場合の意識、無意識の記述は、必ずしもフロイトをまたなくても、誰もが日常的に気づき、使っている言葉である。

しかしながら、右の事実からも明らかなように、フロイトが無意識を発見したと言われるのは、この記述的な意味の無意識を云々したためではない。むしろ力動的なもの、そして一つの体系（システム）として無意識の概念を用いたその独自性にある。

ここで言う無意識過程は、精神生活にあらゆる影響を与えているにもかかわらず、ただそれ自体は意識されないような心的な過程である。しかも、この無意識の内容を、意識させようとしても、そう容易に意識することができないような無意識である。

なぜ容易に意識化できないのか。それは、抑圧が働いているからである。この抑圧する力と抑圧されているものの力の葛藤を、フロイトは力動的な葛藤と呼んだ。フロイトが発見した無意識は、この抑圧するものと抑圧されるものとの力動的葛藤の臨床的な認識に基づいている。

つまり、この無意識は、反対する力＝抑圧のために意識化され得ないのである。フロイトは言う。

「われわれは無意識の概念を抑圧理論から得ている。抑圧されたものは、われわれにとって無意識的なものの原型である。そこでわれわれは二種の無意識を持っていることを知っている。一つは、潜在的ではあるが、意識しようとすれば意識され得るものと、もう一つは、抑圧されてそのままでは意識され得ない無意識の二つである」

このようにしてフロイトは、心の内容の置かれる局所＝システムとして、意識、前意識、無意識の三つのレベルを区別した。

しかし、実際には記述的な用い方であろうと、以下に述べる失錯行為や夢の場合であろうと、あらゆる心的現象を、意識にのぼろうとする願望の力と、その願望を抑圧しておこうとする力の力動的葛藤のあり方として理解するのが、フロイトの無意識のとらえ方であった、と言うことができる。

〔参考文献〕

『精神分析概説』(既出)

2 心的決定論に従う失錯行為

心の中の法則

フロイトが、『夢判断』（一九〇〇）で夢とともに注目したのは、一見偶然に見える些細な失錯行為の無意識的な意味であった。そしてフロイトは、これらの失錯行為の研究を通して、「無意識の心的決定論」を世に問うことになった。

「(もしこれらの日常生活の言い間違えや物忘れなどの一見些細な現象に関して)『なあんだ、そんなことは説明する値打ちもありませんよ。ちょっとした偶然です』と言う人がいたら、その人は、心にも一定の法則があり、自然現象が自然科学によって解明される自然の法則に従っているのとまったく同じように、心の働きも一定の法則に従うという科学的世界観に背くことになる。その人は、宇宙の事象間に張りめぐらされている連鎖の目からこぼれ落ちた、あってもなくても同然のつまらない出来事が、やはり存在するのだと主張しようというのだろうか」「このように心の決定論をただの一ヵ所でも破る者は、科学的世界観全体を突き崩したと言うべきです」

『日常生活の精神病理学』（一九〇一）と題する著作でフロイトは、どんな失錯行為も心的決定論に従っているという主張を発表した。そして、この心的決定論を証明する豊富な実例の分析を理解した人は、夢解釈の手法を身につけた人と同じように、無意識が身近になる。さらには、フロイト思想を日常生活の中でいつも実感しながら暮らすことにもなる。

言い間違え

意識的な意図と、それを妨害する無意識的意図との葛藤による失錯行為としては、言い間違え、読み違え、書き違え、ど忘れ、紛失、失意、などがある。

たとえば、衆議院議長が会議の進行に自信がなく、できれば閉会したいと思っていたとき、開会を宣言するに当たって、「ここに閉会を宣します」と言い違えてしまった。この場合、本人は開会を宣するつもりでも、会議を開きたくないという反対の意向（本音）が意識的な意図に干渉し、言い間違えを引き起こしてしまったのである。

また、必ずしも言い間違いが正反対の言葉にならない場合でも、やはり対立する意向が表現されることがある。ある教授が就任演説で、「私は尊敬すべき前任者の功績を評価するに適しておりません」と話す代わりに、「……功績を評価する気になれません」と言ってしまった、というようなケースだ。この場合は、前任者によって長く冷遇されていた新教授の気持ちの正直な告白になってしまったのである。

かかあ天下の夫人が、夫の食事療法について、「医者によれば、夫の好きなものなら何でも食べてかまわないんですって」と言うつもりで、「私の好きなものなら……」と言い違えてしまった。彼女は、いつもの「夫に自分の意志などあるもんですか。うちでは私の意志がものを言うんですから」という自負心を表現してしまったのである。

あるいはまた、細菌を使って殺人を行おうと考えていた研究者が、自分が研究に使っている培養菌の効力は小さいと研究所の所長に苦情を申し入れる際に、「二十日ねずみ（Mausen）やモルモット（Meerschweinchen）で実験したところ」と書く代わりに、「人間（Menschen）で……」と書いてしまった。

これらは、一つの意図がその反対の無意識的意図を完全に代理することによって、対立する意向が口に出される場合である。

そして失錯行為には、（イ）「妨害する意向」があらかじめ当人にわかっている場合（当人は閉会にしたい気持ちを抱いていて、しかもそれを口に出すのを差し控えようとしていた衆議院議長のケース）、（ロ）「妨害する意向」が自分の気持ちであることは認めるが、言い違えの直前に心の中で働いていたことにまったく気づかない場合（新教授の就任演説や、かかあ天下の夫人のケース）、（ハ）「妨害する意向」を解釈されると、当人は頑強に否定し、そんなことは考えてみたこともないと主張し、当人がまったくその意向を意識しないで抵抗する場合（細菌を使った殺人を計画していた研究者のケース）、の三つが見られる。

思うとおりにできない

そして、言い間違えに加えて約束の時間を間違える、誤って品物を置き忘れる、アポイントメントを失念する、といった失錯行為全体に目を向けると、われわれの行動が自分自身の自覚しない無意識の力によって、どれほど決定されているかを理解することができる。

たとえば、E・ジョーンズはある手紙を書き上げたのに、数日間、机の上に置きっ放しにした。気がついて投函したら配達不能で返送されてきた。宛て名を書き忘れていたのである。宛て名を書いて出しにいったら、今度は切手を貼っていないのに気づき、とうとう彼は、この手紙をどうしても出したくない、という気持ちを認めざるを得なくなった、と言う。このように、ある企図を忘れて実行しないことは、その企図に敵意を持つ反対の意志が心の中に存在していることを示している。

物忘れの場合にも同様の心の働きがある。教授が学生に頼まれた推薦状を忘れる場合、それは、教授がその学生をあまり評価しておらず、積極的に推薦する気になれないからである。おそらく学生も、教授のこのもの忘れをそのような意味に理解するだろう。

しかし、もっと複雑な場合もある。必ず行くと相手に約束して、自分でもそのつもりでいた待ち合わせを忘れてしまう場合、誰もがすぐに考える理由は、この相手と会うことにいやな気持ちを抱いているということである。しかし分析してみると、この場合、妨害する意向は実は相手の人物に向けられているわけではなく、むしろ待ち合わせの場所に向けられていて、その場所にまつわるいやな思い出のためにそこに行くのを避けたという理由がないとは限らない。

ど忘れ、置き忘れ、なくしもの

さまざまな印象や体験を忘却する場合は、不快なものを記憶から遠ざけておきたいという抑圧したい意向の働きであることが、名前を忘れる場合などよりははるかにはっきりしている。

ただし、そのすべてがすべて失錯行為に属するというわけではなく、ただわれわれの日常経験の基準に照らしてみて、それが奇妙でおかしいとみなされるときにだけ失錯行為に入る。たとえば、ごく新しい印象や大変重要な印象をど忘れしてしまうなどのケースである。いずれにしても、不快な印象が忘れられやすい。フロイトは言う。「あの偉大なダーウインはこの事実を強く自覚していたので、自分の理論に都合が悪いと思われる観察事項は、とりわけ慎重に記録することを金科玉条にしていた」と。なぜならば、そのような観察事項こそ記憶に残りにくいものであるとダーウィンは確信していたからである。

一方、なくしものと置き忘れの場合の共通点は、ある物をなくしてしまいたいという気持ちの存在である。どのような理由から、どのような目的でそう願ったのかという点になると、さまざまである。一般に物をなくす場合には、それが壊れたとき、もっといいものと取り代えたいと思うとき、それがいやになったとき、その贈り主との仲が悪くなったとき、あるいはそれを手に入れた際の事情を思い出すのが不愉快なとき、等々がある。物を落とすとか、傷つけるとか、壊したりすることも、同じ理由であることがある。

やり間違え

やり間違えは、断念しなければならない願望をみたすためにしばしば起こる。その際、本来の意図は、幸運な偶然という仮面をかぶる。

たとえば、ひどくいやだったのに、汽車で近郊に住む人を訪問しなければならなくなった。乗り換え駅で汽車を間違え、また元の町へ戻ってきてしまったというケース。また、旅行中にある途中の駅にぜひとも滞在したいと思ったが、どうしてもしなければならない仕事があって、そうするわけにいかなかった。だが彼は、連絡する汽車を見過ごしたり、乗り遅れたりして、やむを得ずそこに滞在せざるを得なくなったというような場合。あるいは、見捨てられたかつての恋人に電話するのを我慢していた女性が、別のボーイフレンドに電話をかけようとしたのに、「間違って」「ついうっかりして」、別の電話番号をプッシュしたために、電話は突然かつての恋人のところにかかってしまったというようなケースが、これに当たる。

そしてフロイトは言う。「かなり長い生活体験を振り返ることのできる人であれば、それまでの他人との交際の中で引き起こされた取るに足りない失錯行為を前兆とみなし、それを心に潜んでいる意図の前触れとして評価するだけの勇気と決断があったら、さまざまな幻滅やひどい不意打ちを受けなくてすんだのに、と考えるに違いない」と。

失錯行為のコミュニケーション機能

なおフロイトは、これらの失錯行為の研究から、やがて洒落や機知、ユーモアの研究に進んだ。そして、これらの失錯行為が、むしろ意図的に行われ、相手の受け取り方、相手との情緒の通い方次第では、相手との間で互いに通じ合う一つのコミュニケーションの意味を持つ事実を明らかにしている。たとえば、先ほどの「かかあ天下」の夫人の例でも、ちょっとユーモアをまじえ、しかも相手にその夫人の自負心を好感をもって聞く通い合いがあれば、話す人、聞く人の間に一つの洒落として伝わることになる。つまり、洒落、機知、ときには文学的な表現の中での失錯行為では、そのコミュニケーション機能は、はじめから期待されたものになっているのである。

このようにフロイトは、もともとは一人の人物の心の中で起こる心的決定論に従う実例として語っていたはずの失錯行為の分析を、同時に人と人の相互のコミュニケーション機能を担うものとして語ることがある。つまり、一人の心の心理学、つまり一人心理学（one person psychology）の話をしていたはずなのに、はっきりとその切り換えを口にしないまま、いつの間にか人と人との間の心の通い合いをテーマとする二人心理学（two persons psychology）の文脈で論議を進めていることがあるのだ。この二つの視点の転換がさまざまな議論の領域に見られ、しかもフロイト本人は、あくまで理論上、一人心理学的なモデルの枠組みに拠って立つ形をとっている。これが、フロイト理論の一つの特徴でもある。

〔参考文献〕
『日常生活の精神病理学』一九〇一、池見酉次郎・高橋義孝訳、「著作集4」所収

3 夢解釈

一生に一度の画期的な洞察

夢は、フロイト自身そう呼んだ「無意識への王道」であり、人間の心には無意識の世界があるというフロイト思想を、私たちは失錯行為とともに、夢の自己分析を通していちばん身近に体験し、その核心に迫ることができる。

フロイト自身も、夢解釈の方法を確立したとき、それがどんなに画期的なものであるかを確信していた。この夢解釈の方法と理論こそ自分の発見の中で最も決定的な発見であると自負し、「このような洞察は一生に一度しか訪れない」と語っている。

この発見は、ウィーンの森、カーレンベルクの丘近くのベルビュー・レストランの一隅(テラスの北東の一階のテーブル)においてなされた。一八九五年七月二十四日、水曜日のことであった。フロイトは、やがてここに、「ジグムント・フロイト博士によって夢の秘密が啓示された」という大理石の銘版がつくられることになるかもしれないとの期待を抱き、親友フリースにその願望を書き送っている。そして実際に、このフロイトの期待は百年後に実現された。

夢解釈の理論

ひどく喉が渇いているときに夢を見る。水が飲みたい。夢の中で冷たい水を飲む。とてもおいしい。そこで目が覚める。今度は実際に水を飲む――。この喉の渇きという感覚から「水が飲みたい」という願望が生まれる。そして、夢はこの願望をみたしてくれる。

子どもの夢は、夢が「願望充足」であることをとてもわかりやすく証明している。三歳三ヵ月の女の子がアウスゼーという湖に行った。初めて船に乗ったが、時間が短すぎて、船が岸に着いても、もっと乗っていたいとだだをこねた。次の朝、このお嬢ちゃんは顔を輝かせて、「湖で船に乗って遊んですごく楽しかった」とゆうべの夢の内容を語った。こんなふうに子どもの夢は短くて、明確で筋が通り、わかりやすい。しかし、大人になると、だんだん「検閲」が働くようになって、こんなふうに素直に自分の気持ちを夢にあらわさないようになる。

「検閲」のない夢の場合、その夢の潜在思考（のどが渇いて水を飲みたい）が顕在内容（冷たい水を飲む）として夢に見られるが、「検閲」が働くようになると、そこに「夢の仕事」(dream work)が働く。そして、いろいろに歪曲される。この歪曲する夢の仕事を解読し、顕在内容から潜在思考を読み取るのが夢の解釈である。

フロイトの夢理論は、一九〇〇年に刊行された『夢判断』の中でこんなふうに展開していくのだが、その夢解釈には二つの方法がある。

一つは、「類型的な方法」である。これは象徴の解釈でもある。このタイプの夢解釈のやり方は、はるか古代の時代から洋の東西を問わず行われていた。わが国でも、北条政子が、姉妹が見た吉兆の夢を大事な着物と交換して買ったという言い伝えがある。鶴が舞い降りた夢は吉兆の夢と言われたりする。そうした象徴解釈にはフロイト以前の積み重ねがある。

この象徴を使うという心の働きも夢の仕事の一つであって、フロイトもこの象徴解釈の方法を用いている。子どもやきょうだいは小動物や害虫の形で、誕生や出産は水中に落ちたり、水中からはい上がったり、溺れている人を救ったりという形で表現される。死は、旅立ちや鉄道旅行としてあらわれる。既に死んでいる状態は、暗い、気後れのするような暗示に置き換えられる。そして、夢の象徴の中に多くの性的な意味を見出したことが、かつてフロイトが「汎性欲」論者というレッテルを張られた一つの理由になった。たとえばペニスは、杖、傘、棒、木などの長く突出したもの、あらゆる尖った武器、ナイフ、槍などの侵入的なもの、ピストル、鉄砲などの飛び道具等々に象徴されるという。

しかし、夢解釈のもう一つの方法こそ、自分の心理学を「精神分析」と名づけた最もオリジナリティのあるフロイト独自の方法である。

それは、顕在夢の内容を要素に分解し、これらの各要素について自由連想を行うことによって、次々に代理観念を思い浮かべ、その観念の連鎖を手がかりにして心の中に隠されているものを推測し、夢の潜在思考を再合成する方法である。それはまさに夢を個々の要素に分析し、再合成する精神の分析（Psychoanalyse）である。

映像化と音連合

潜在思考が顕在内容になる最も直接的な仕組みが、潜在思考を映像化して知覚する視覚的映像化の機制である。

ある人が山に登って、そこからあたりを眺望（Aussicht）する夢を見た。この眺望について連想していくうちに、彼は、知人の一人が『展望（Rundschau）』という雑誌を発行し、西洋と東洋の関係を論じていたことを思い出した。この夢の潜在思考は、無意識のうちに『展望』発行者と自分が同一化していることにあった。自分もその知人のように雑誌を発行したい、その知人のように自分で思うような雑誌をつくりたいという願望がこの夢でみたされていたのだ。

さらに、発音（音連合）をもとにして、潜在思考を造形的、具象的に映像化する機制がある。この種の音連合を手がかりにする夢分析の方法をフロイトはしばしば用いる。ここでは、「ガリバルディの夢」をその一例として挙げる。

ガリバルディの夢――父の再生を!

実は、フロイトの夢解釈の研究は、愛する父の死に対する彼の「喪の仕事(mourning work)」と深く結びつき、親友フリースとの文通を通じて続けた夢の自己分析こそが、彼の精神分析の起源となった(第4章「1 喪の仕事」参照)。

そして、この父親の死をめぐるフロイトの夢の自己分析にはさまざまな夢が語られている。そのひとつが「ガリバルディの夢」である。死んだ父親がマジャール人(ハンガリー人)を政治的に統一する役割を果たして、国会で椅子の上に立ち上がって議事妨害を行っている――。この夢の個々の要素についてフロイトはこう連想した。

マジャール人を統一した英雄について、イタリアを統一した英雄ガリバルディが浮かんだ。次に、フロイトの父親がみんなからガリバルディによく似ていると言われていたことを思い出した。同時に、議事妨害(Obstruktion)という言葉から、腸閉塞、つまり腸の通過の障害(Darm-Obstruktion)を連想した。さらに、椅子(Stuhl)から脱糞(Stuhlent leerung)を連想した。

これらの個々の要素を再合成する過程で、死んだ父親が腸閉塞を起こしたまま亡くなったが、死後間もなく脱糞するに違いないと思い、父親の死体を前にして、大便で汚された死体をきよめねばと思った気持ちを回想した。そして、椅子の上に一人立つガリバルディは、きよめられ、偉大な英雄の姿を取り戻して、自分たち子どもの前に再び立ち上がってほしいという父親の再生を願う願望のあらわれという解釈を得た。この夢解釈には、Obstruktion、Stuhl などの音連合が積極的に用いられている。

早まった！ 悔恨の夢

フロイトの夢理論では、願望＝欲動の無意識的な充足という考えが主流なのだが、実際には、情動とか、情緒の面から理解するほうがふさわしい夢がたくさん語られている。

たとえばそれは、「早まった！」という悔恨の夢である。どの夢の要素にも、「早まって」「あんまり早く……」という情緒的なアクセントが見られるという事実から、フロイトは、悔恨の情こそ、この夢の思考の主題だと語っている（『精神分析入門』）。

数年前に結婚した若い一人の婦人が、次のような夢を見た――。彼女は夫と連れ立って劇場に来て席に座っている。一階の片側には人が座っていない。夫は、エリーゼとその婚約者も連れて来ようと思ったが、三人相席という席しか空いていなくて、その席を買うのをやめにした、と彼女に語った。彼女はそれはそれほど不幸なことではないと思った。

この一見よく意味のわからない顕在夢の個々の要素について連想していくと、エリーゼが最近婚約したという話を夫がしたことが思い出された。どうやらこの夢は、夫の話に対する反応だったようだ。「一階席の片側が空いていた」という夢の部分は、実際に起こったある出来事を思い出させる。実は彼女は、前売りの予約金まで払って切符を「早めに」買ったのだが、いざ劇場に行ってみると、「一階席の片側がほとんど空席」だった。夫は、当日売りでも十分だったのにと、彼女の「性急さ」をからかった……。三人相席の「三」という数字については、今度婚約したエリーゼが、十年も前に結婚した自分よりわずか三ヵ月しか年下でないという考えが浮かんだ……。

ここで注目されるのは、まず第一に芝居の切符を早まって買ってしまったことである。そして詰まるところ、三ヵ月しか年下でないエリーゼが、立派な夫を得たというニュースがこの夢を見る動機であったことにも示されるように、「あんなに結婚を急いだなんて本当に私は馬鹿だった、エリーゼを見たってわかるように、もっと後になってもよい夫は持てたのに」という思いと悔恨の情が語られていることである。

このように潜在思考には、検閲が働いている。芝居見物は結婚の代理であって、置き換えの機制が働いている。願望充足というよりは彼女の心をそのとき動かした情動が夢の主題をなしている。実際にはフロイトの夢解釈の実例には、早まったとか、周囲のざわめきとか、そういう微妙な情緒表現が全体を理解する手がかりになっていることが多い。

ウォルフマンの夢

当然のことながらフロイトは、精神分析療法で患者が語る夢についても、自己分析の場合と同様の手法を用いて夢解釈を行った。その代表的な夢解釈の実例として、ここではあるロシア貴族の夢の分析を紹介する（『ある幼児期神経症の病歴より』一九一八）。彼の夢は、オオカミに食べられる恐怖を訴えたもので、その夢にちなんでこの患者はウォルフマンと呼ばれる。この夢では、木の上に六匹ないし七匹のオオカミが座っていて、こちらを見ている。

ウォルフマンの夢の絵。彼はのちに、オオカミは５匹だったと語るようになった

「夜、私はベッドに寝ていました。私のベッドは足のほうが窓に向いており、その窓の向こうには古いクルミの木がずらりと並んでいました。その

夢は冬のこと、たしか冬の夜のことだったと思います。急に窓がひとりでに開きました。窓の向こうの大きなクルミの木に幾匹かの白いオオカミが座っているのを見て、私はびっくりしました。オオカミは六匹か七匹いました。彼らは真っ白で、どちらかと言えば狐みたいに大きなしっぽを持ち、その耳は何かを狙う犬みたいにぴんと立っていたからです。このオオカミたちに食べられるのではないかという非常な不安に襲われて、私は大声をあげ、泣き出し、目が醒めました」

そして、こうフロイトに言った。

「それがただの夢だったと私にわかるまで、だいぶ暇がかかりました。それくらい、窓がひとりでに開いてオオカミたちが木の上に座っていた光景が、私の目にはありありと迫って映ったのです」

のみ込まれる恐怖と父親のイメージ

この夢をめぐってウォルフマンは、幼いときの童話の絵本を思い出した。その絵は赤頭巾童話（グリム童話）の挿絵だったように思われた。その赤頭巾の童話は、二つの絵を載せていた。一つは、森の中で赤頭巾の娘がオオカミと出会う場面。もうひとつは、オオカミがおばあさんの頭巾をかぶってベッドに寝ている場面である。

そう考えているうちに間もなくウォルフマンは、それはオオカミと七匹の子ヤギの話のことではないかということに思い当たった。この童話の中には「七」という数字があるが、「六」も出てくる。なぜなら、オオカミは六匹の子ヤギしか食べず、七匹目は時計の箱の中に隠れて助かるからである。六匹の子ヤギはオオカミに食べられてしまう。だが、母ヤギがお腹を切り開いて、食べられた子ヤギをお腹から取り出し、代わりに重い石をはめこんでおく話が思い出された。

つまり、このウォルフマンの恐怖は、この子ヤギたちのようにまるごと食べられ、のみ込まれてしまうという恐怖である。この子ヤギたちの場合、最初はやさしいおばあさんにかわいがられると思って安心して近づいたら、パックリとのみ込まれてしまった。子ヤギたちのようにかわいがられたいと思って身をゆだねたら、実はそれがオオカミだった、あるいはオオカミかもしれないという迫害的な不安が、のみ込まれる恐怖である。

ウォルフマンの父に対するイメージも、自分が間違いをしでかしたら厳しく叱ったり、おしりをパンパンと叩くような去勢する父親のイメージではなかった。むしろそれは、やさしく、猫撫で声を出して、気がついたらウォルフマンをすっかり取り込み、のみ込んでしまうような父親だった。つまり、連想が続くうちに、このオオカミと父親のイメージとの結びつきが浮かんできたのである。

ウォルフマンの父親は、息子が幼いころには、「おまえを食べちゃうよ」と言って戯れたり、あやしたりした。その反対に祖父は、二言目には「おまえのお腹を引き裂いちゃうぞ」と言って脅すので、子どもたちはこの祖父に全然なつかなかったということも思い出された。そして、このしつけをしない、やさしい溺愛的な父親に愛されたいという気持ちが、幼いウォルフマンには人一倍濃厚だった。

実はこのオオカミの夢を見たのは、ちょうどウォルフマンの誕生日とクリスマスが重なる夜であった。クリスマスツリーが楽しみだったのだが、そのクリスマスを待ち望みながら見たのが、あのオオカミの夢であった。クリスマスツリーの上に、クリスマスのプレゼントではなく七匹のオオカミが座っていたのだ。

この夢では、父親からクリスマスの贈り物をもらって嬉しいという気持ち、つまり、父親に愛されるという気持ちと、オオカミに食べられるという不安が重なり合っていることが次第に意識化されるようになる。

いずれにせよ、この夢の主題は、彼がオオカミ(おそらくは父親)に食べられるのではないかという不安を覚えたところで終わり、乳母に助けを求めた。彼のクリスマスを控えての願望は、父親から愛されたいという願望だったのだ。

では、どうして父親に愛されることがオオカミに食べられてしまう不安を意味したのだろう。ここから、幼児期記憶に関するフロイトの精神分析のハイライトとでも言うべき再構成の作業が、ウォルフマンとともに進められた。

無意識の願望

ウォルフマンは、フロイトの精神分析を受けているその途上で、古本屋をあさって、とうとう自分の子ども時代に読んだ童話の本に再びめぐり合った。そして、オオカミと七匹の子ヤギの物語の挿絵の中に恐ろしい絵を見つけ出した。

ウォルフマンはなんとこの絵の中のオオカミの姿勢から、幼いときに自分が目撃した、父親と母親の性交の場面を連想したのである。彼が一歳半のころ目撃したのは、母親と父親が後背位の性交をしている場面で、それはまさに、あの七匹の子ヤギとオオカミの本の挿絵そのものだった。

自分が父親に愛されたいという願望は、あの原光景のように、母親の立場になって愛されたいと幻想した無意識の願望と結びついていることが、次第に明らかになる。お母さんのように自分もお父さんに愛されたい、しかし、お父さんにそんなふうに愛され、かわいがられたら、男としての自分がなくなってしまう。それが、のみ込まれる恐怖である。

そして、このウォルフマンののみ込まれる恐怖は、分析者フロイトに対する転移の中にもあらわれた。たとえば、フロイトの精神分析を受けにきた最初の面接のときに、その分析室で寝椅子に仰臥していたウォルフマンは、自分の真向かいに大きな柱時計があるのに気づいた。彼はときどきフロイトのほうを向き、心細そうにフロイトをながめ、そして、再びフロイトからその大きな柱時計へと目を転じる。そのウォルフマンの振る舞いがフロイトの注意を引いた。

最初フロイトは、その仕草は分析時間が終わるのが待ち遠しいという意味かと思っていた。しかし、分析の治療が進むにつれて、フロイトは、この仕草がもっと深い意味を持っていることに気づいた。そして、とうとうウォルフマン自身が、自分のこの身振りについて説明した。

七匹の子ヤギのうち、一番幼い子ヤギは、きょうだい六匹がオオカミに食べられてしまう間、柱時計の中に潜んでいたことを思い出したのである。つまり、フロイトに対する意識の中でも、彼は「先生は僕をとって食べてしまうのでしょうか」「僕は幼い子ヤギみたいに、あなたの前で柱時計の中に隠れなければならないのでしょうか」と感じていた。ウォルフマンは、フロイトの期待に応える従順なよい患者であり、自分から古本屋に行ってフロイトの見解を証明するような証拠を見つけ出したりして、フロイトに愛されたいという気持ちを向けていたのだが、その背後には、そうであればあるほどフロイトにのみ込まれ、食べられてしまうのではないかという不安が潜んでいたのである。

フロイト派とユング派

ここで用いられている夢解釈の方法は、顕在夢を個々の要素に分析し、連想をとり、その連想を再構成することを通して、夢の潜在思考を解読するフロイト独自の手法である。しかしフロイト自身、そしてそれ以後の精神分析は、治療中に語られる夢は、患者が語る自由連想の一つの内容として位置づけ、個々の要素の連想を限りなく解読していくという手法を必ずしもとらないようになる。あくまで、夢も自由連想の内容の一つとして位置づける。

これに対してユング派は、むしろ夢の全体的なイメージを重んじ、類型夢解釈の手法を発展させて、さらに拡充法などを用いて、童話や神話、文学作品を重ね合わせ、個々人の夢に表現される普遍的無意識のあらわれを読み取る方向に発展した。また、治療の中でも、夢分析を最も重要な治療の一つとして位置づけ、場合によっては、クライエントが語る夢の分析に終始する治療のやり方をとることもある。

このように、個々人の体験史の再現として夢をとらえるフロイトの個人発生的無意識観と、むしろ個々人の夢の中に普遍的な無意識＝元型の表現を解読するユングとの無意識のとらえ方の違いが、それぞれの夢解釈の手法に具体的に示されている。

いずれにせよ、フロイト思想に体験的に親しむ一つの方法は、毎朝、夢日記をつけることである。その夢の自己分析を続けると、やがてよく夢を見るようになり、意識と無意識の境界が曖昧になり、無意識が日常生活の中でごく身近なものになる。この体験で読者は、フロイト思想の源泉をともにすることができる。

〔注〕ウォルフマンはフロイトの治療終了後、ロシアに帰ったが、ロシア革命が起こったため再びウィーンに戻り、分裂病や境界分裂病を疑われながらも、ウィーンに永住した。彼は、フロイトに直接治療を受けたウォルフマンとして国際的な著名人となり、訪問者と面接したり、フロイトの回想録を出したりした。ウォルフマンに関する著作は、いくつも刊行されている。

〔参考文献〕
『夢判断』『精神分析入門』(既出)
『ある幼児期神経症の病歴より』一九一八、小此木啓吾訳、「著作集9」所収
K・オプホルツァー『W氏との対話』、馬場謙一・高砂美樹訳、みすず書房、二〇〇一
小此木啓吾・河合隼雄『フロイトとユング』一九八九、レグルス文庫、第三文明社

4　無意識的願望をみたすオカルト体験

思考の全能とは

　フロイトの科学的世界観によれば、どんな心的現象も心的決定論に従う。もしそうなら、夢、失錯行為と同じように、共時性（人と人との間で、同じ考えや同じ行為が同時に起こり、当事者にとって神秘的なものと感じられる体験）やテレパシー（遠隔伝心）のような神秘現象もまたそうであるはずだ。夢、失錯行為に見られる無意識の願望の充足とその葛藤の解決という心理機制がオカルト（神秘現象）にも見られるはずである。そうフロイトは考える。

　そしてこの科学者フロイトのオカルト理解を助けたのが、ラットマン（ねずみ男）とあだ名される患者からフロイトが学んだ「思考の全能（Allmacht der Gedanken）」という原始的心性の理解である（ラットマンについては、第4章「3　フォルト・ダー」でも触れる）。

　たとえばラットマンは、いろいろな形で奇跡やテレパシーを経験した。彼が長らく会わないでいる知人の安否を尋ねたりすると、その人はたったいま死んだばかりだと聞かされた。自分にとって邪魔な人物に対して、「あんな奴は脳卒中にでもなってくたばってしまえ」

と怒った。その二週間後にラットマンは死体の夢にうなされて目を覚ます。そして翌朝、彼の呪った人物が本当に卒中で倒れたことを知った。また、ある女性に求愛されて断ったところ、二、三日後にその女性は窓から落ちて死んでしまい、彼はまるで、自分がその女性を殺してしまったかのような深刻な罪悪感を抱いた。

このような体験が繰り返されるにつれて、彼は自分が心の中で他人の死を願うと、それが実際に起こってしまうと思い込むようになった。そして自分の心を支配するこの全能感を持った思考を、フロイトは「思考の全能」と呼んだ（『強迫神経症の一症例に関する考察』一九〇九）。

ラットマンは、父の死を否認し、その永生を願う願望を、この思考の全能によって叶えていた。つまり、思考の全能とは、全能の願望をみたす思考であり、時空の制約を超え、生と死の境界を超え、自分の願望どおりに物事が起こるという思い込みのことである。何かを考えると、その考えどおりの出来事が起こる。それが願望どおりに起こることもあれば、悪い欲望や考えを心に思い浮かべるだけで、災害や病気などの天罰がくだるという恐怖感の形をとることもある。

ラットマンだけでなく、迷信や縁起をかつぎ、易、占いなどを信じやすい人々、あるいは宗教心理にかかわりの深い人々の中にも、この意味で「思考の全能」心理が異常に発達し、合理的科学的思考を超えた霊の世界を信じる素質の持ち主がいる。[8]

この思考の全能論は、神秘現象＝オカルトのみならず、やがてフロイトの宗教論でも決定的な役割を果たす（第8章「1　科学的世界観――宗教との闘い」参照）。

フロイトとユング

神秘現象に対して、科学者以前の一人の個人としての人間フロイトはどんな態度をとっていたのだろうか。フロイトとユングを対比して、私は次のように語るのが常である。

フロイトは神経症的な人物ではあったが、精神病的な状態に陥ったことはなかった。むしろ社会的に良識ある健全な一開業医として、家庭人として、働くことと愛することがモットーの善良な市民的な人物だった。この点、ユングははるかに深い霊的な世界を見ていた。それだけに世俗からの逸脱をもあえて辞さずに、心の神秘に心を傾け、心霊現象にもそれ自体としての意味を深く考えていた。精神分析の創始以前、すでに神経病学者としてのアイデンティティを確立していたフロイト、つまり自然科学者フロイトと、根っからの霊視者であり、精神科学者であったユングとの間には、心の世界に対する態度にこのような基本的な違いがある。

多重人格、憑依状態、てんかんのような発作、手足の麻痺など、当時は、かなり無気味で神秘的な現象とみなされていたヒステリーという病いに対して、それを医学的心理学的な理解の枠組みの中に包含することに成功したところに、まさにフロイトの、そして精神分析の歴史的な意義がある。そしてフロイトは、ヒステリーに見られる心身の病理現象を、誰もが抱くごく平凡な、それだけに普遍的で平凡な人間的欲望とその禁止、つまりは心の葛藤に還元することに、自分が創始した精神分析の思想的な意義を見出した。

ところが、ユングは、たとえば従妹のイレーネに対してのかかわりを見ても、もっとパーソナルに、このヒステリーに見られる憑依状態などを心霊現象として体験し、この神秘的世界と交流しようとする心を持っていた。このユングのオカルトに対する態度が、現代におけるユング心理学と、超常的な心霊現象を研究するトランスパーソナル心理学の交流を生み出している。

迷信家フロイトと科学者フロイト

ところが、精神分析学者以前の、一個人としてのフロイトの心霊現象に対する態度については こんな話もある。側近の人々によると、実はフロイトはかなりの迷信家だったというのである。神秘的な現象について、直接自分のこととして経験するときには、気味の悪い感情、無気味さを訴えた。それは、暗黙のうちにこうした現象の意味を何か信じていたからではないかという。

フロイトの弟子たちが五十歳の誕生日にメダルを彼に贈った。ところが、その裏面に刻まれた言葉は、フロイトがウィーン大学に建てられる彼自身の胸像に刻もうと考えていた言葉とたまたま同じ言葉であった。それは、ソフォクレスの『エディプス王』の戯曲からとった一行、「スフィンクスの名高き謎を解きし者、そして最も力あるもの」であった。

E・ジョーンズによると、フロイトはその銘刻を読んだ途端に顔面蒼白になり、動揺し、締めつけられるような声で、「誰がそれを思いついたのか」と尋ねた。

彼は数のマジックを信じていた。ある決められた一定の日に死ぬだろうという思いに悩まされたこともある。

こんなふうにフロイト個人は、何度も体験した共時性などの神秘的な現象について、直接自分のこととして経験するときには、気味の悪い感情、無気味さを訴え、フロイト自身も「オカルト信仰のテーマはしばしば私の冷静さを失わせる」と告白している。つまり、彼の中には、科学者(＝精神分析学者)フロイトと、一個人としての神秘主義者フロイトが共存し、その間を彼の心は揺れ動き、何とか前者によって後者を克己しようとする、いかにもフロイトらしい知性の闘いが続けられていた。

一方で、科学者・臨床医フロイトは、心霊現象を思考の全能の所産とみなし、この思考の全能はアニミズムや原始的な心性によるものなので、この原始的な心性を合理的な自我と知性によって乗り越えなければならないと言う。そしてこの態度は、フロイトの拠って立つ科学的世界観の信条に基づくものであった。しかし、そこが科学的世界観に依拠するフロイトらしく、心霊現象そのものは、誰もが経験する一つの現象としてその存在を認め、ただ単なる迷信の対象として片づけてはいない。

「心霊現象を非科学的であるとか、信じるに足りないものであるとか、ひいては危険なものであるとして、頭から否定することも非科学的である。ただ、私はこの領域にはまったくの素人なので、臨床家として発言する柄ではない。それだけに、心霊術とは縁もゆかりもない精神分析と、このまだ未征服の学問分野とを峻別することが私にとって重要だ」(H・L・キャリントン宛書簡、一九二一年七月二十四日付)

そう語りながらも、彼のテレパシーに対する態度にはかなりの動揺と変遷が見られる。

テレパシーと夢――その無意識的な願望充足

フロイトはテレパシーを、「ある一定のときに、発信者Aにある出来事が起こると、それとほぼ同時に遠隔の地にある別の人B、つまり受信者の意識にその出来事がのぼるが、この両者の間には、われわれに知られた伝達手段は見出されない現象」と定義した。「しかも、この現象は受信者Bが、ある強い感情的な関心を寄せている発信者Aと深い関係を持っている場合に起こる」と言う。

テレパシーについては、一般心理学では一八八二年に心理学者F・マイヤーズ(Myers, F.)が提唱し、一九三四年には実験超心理学の確立者J・B・ライン(Rhine, J. B.)が透視、予知を含む超感覚的知覚(ESP: extrasensory perception)の一型として再定義した。遠隔伝心の訳語もある。受信形式には鮮明な知覚型から、夢、虫の知らせまであり、精神病理現象としてのテレパシー体験と異なり、他の精神病理症状を伴わない。多くは、一生に数回くらいの低い頻度で起こる。

たとえばAという人が災難を被るとか、死ぬとかすると、その人と深い間柄にあるB、たとえば母親や娘や愛人などが、それと同じ時刻に視覚、聴覚によってそのことを知るといった出来事を言う。つまり、まるで電話で知らされたかのごとく経験されるのだが、それは精神的な無線電信のようなもので伝わってくる。それがテレパシーである。

フロイトはこの現象について一九二二年にかなり肯定的に報告し、こんなフロイトらしい精神分析的な解釈を語っている(『夢とテレパシー』)。

あるインテリのまったく神秘主義的なところのないA氏が、奇妙な夢を見たと言ってフロイトに手紙をよこした。彼には結婚した娘がいて、その娘をとても愛していた。A氏は自分の妻が双子を産んだ夢を見た。彼の妻は後妻で、自分の愛する娘Bの継母に当たる。ところが、A氏は後妻に子どもができることを望んでいなかった。事実この夢を見たころは夫婦生活を中止していた。では、なぜ彼は自分の願望に反して、この後妻が子どもを産む夢を見たのだろうか。実は彼が手紙をよこした理由はもっと別なところにあった。

彼はこの夢を見た翌朝に、自分の愛する娘Bが本当に双子を分娩したという電報を受け取ったのである。つまり、彼が夢を見たその夜に、娘のBは双子を産んでいた。そこでA氏はフロイトに、「この夢と分娩との符合をあなたは偶然と思うか」と尋ねたというのである。

フロイトはこれに対してどんな理解を加えたのか。この夢にはテレパシーと夢による願望充足の結合がある。おそらくA氏は、現在の妻に不満を抱いていただけに、最初の結婚によってもうけた愛する娘Bに対してますます大きな愛情を抱いていた。そのために、この娘が双子を産んだとき、テレパシーによってその事実が無意識のうちにA氏に伝わって、このテレパシーからの情報が夢の材料になったとフロイトは言う。

このようなテレパシーによる遠隔伝心を、フロイトは「思考の転移」と呼んだ。

実はA氏が夢の中でみたしたかった願望というのは、自分の娘のような女性が妻であったらいいのになあという願望である。つまりそれは、娘Bを自分の二度目の妻と取り代えたいという無意識の願望である。この無意識の願望（それは父の娘に対する近親姦願望である）とテレパシーが結びついて、夢の仕事によって（娘への近親姦願望が検閲を受けて、娘は妻に置き換えられて）加工されて、妻が双子を産むという夢として表現されたのである。

もちろんこのような解釈以外にも、A氏の夢の潜在思考が、今日は娘がお産する日だぞと無意識のうちに思っていて、テレパシーがなくてもそのときに娘が子どもを産むことを考えた。そして、亡くなった先妻を思い、先妻は子ども好きだったから、双子が生まれたらどんなに喜ぶだろうといった願望がそこに結びつき、その願望に夢の仕事が加わって、現在の妻が双子を産む夢になったという解釈も可能であるには違いない。

しかし、フロイトはこの場合、後者のような一人の心の中だけからの解釈よりも、むしろテレパシーという相互交流現象が事実としてそこに起こっていること、このテレパシーによる知らせが夢の素材になったと考えることについて、肯定的に理解しようとしている。

この体験は、テレパシー、あるいは思考の転移と呼ぶべきものであって、これらの表象や興奮や意志、衝動は、遠い広い空間を通って、ある人からある人に言葉とか記号という周知の伝達手段を使用することなしに伝えられ得るというのである。

相手から無意識の願望をみたされるとき

さらに、一九三二年刊行の『続精神分析入門』では、「夢と神秘主義」の一章を設け、テレパシーの現象の存在を肯定し、それは多くの場合、テレパシーとして体験したその人物の無意識的願望の充足がそこに起こっている事実を強調している。そして、その人物にテレパシー体験を引き起こす当の相手は、その人物の無意識的願望を直観的に察知し読み当てる特別な才能の持ち主であり、本人に神秘的体験が起こるのは、自分の無意識的願望をその相手の直観＝読み取りを通して充足してもらうときなのである、と述べている。そして、精神分析治療では患者たちのテレパシー体験を種々に聞くことがあると言い、「患者に精神分析治療を施している間に受けた印象なのですが、職業的な易者たちの振る舞いは思考の転移を十分に観察させてくれる絶好の機会を提供しているように思います」と語る。

ここでフロイトが思考の転移と呼んでいるのは、占い師たちが、生年月日をめぐる数字の計算や、手相、筆跡鑑定などの手法によって相手の無意識的な願望を読み取り、その願望の満足が相手に起こるような、何らかの言葉による伝達を行う行為を意味している。

たとえば、子どもを持てない人妻が、子どもを持てるかどうか占ってもらった。二十七歳の彼女は未婚者を装って相談したのだが、占い師は手相を入念に調べてから、「三十二歳で二人の子持ちになる」と予言した。結局子どもはできなかったのだが、フロイトの治療を受けたとき、すでに四十三歳になっていた彼女は、この占いの体験を何かとても嬉しい出来事として、満足げな表情で語った。

実は、彼女の母親は三十歳過ぎの晩婚だったが、すぐに年子を生み、三十二歳で二人の子持ちになっていた。つまり、二十二歳で二人の子持ちになるという予言は、長女で父親固着の強い彼女の、やがて母と同じ立場に立ちたいというエディプス的な願望の満足を意味していた。その抑圧された願望を、この占い師は、手相判断の言葉に託して彼女に伝え、彼女に無意識的な願望の充足を与えたのである。

もう一つの例は、繁盛する女性占い師に相談した男性の話である。

彼は自分の義弟のことを占ってもらったところ、義弟の生年月日を言っただけで、この占い師はいろいろ計算して、義弟は今年の七月か八月に蟹か牡蠣の中毒で死ぬだろうと予言した。この男性はこの話をまったくすごい話だとフロイトに語った。しかし、実際には義弟はその後も亡くなってはいない。でもその男性は、義弟がこの間の夏も牡蠣の中毒で死にそうになった、と満足げに語った。実はこの義弟は、この男性にとって恋敵だった。つまり女性占い師は、この男性患者のそれまで抑圧されていた義弟に対する憎しみを言葉にし、心理的な満足を与えたのだ。

個々の予言が当たる、当たらないよりも、占い師が相談者の抑圧された無意識的願望を読み取り、みたす。この交流こそ占いの心的機能であり、繁盛する占い師は独特なその相互交流——読み取りの資質の持ち主なのだとフロイトは言う。

つまりフロイトは、夢が無意識的願望の充足という機能を担うのと同じように、テレパシーも占いも、占い師などが相手の無意識的願望に対する特別にすぐれた読み取りによって、神秘現象を体験する人物に何らかの無意識的願望の充足をもたらしているというのである。そのとき、その人物は、自分の心の内と自分の心の外の境界を越えた思考の全能体験や、神秘体験を持つことになる。そうフロイトは理解することで、オカルトについて、それなりの納得を得ることができた。

フロイト自身のあの「スフィンクスの名高き謎を解きし者、そして最も力あるもの」の刻印があるメダルを贈られたときのオカルト的体験も、実は彼がみずから思い描いた自己讃美の言葉が刻まれていたことから起こった。その神秘的なテレパシー体験は、その言葉を人々から贈られたいという、フロイトが内心最も切望した願望をあたかも読み取られたかのように、弟子たちがその願望を充足してくれた体験の中で起こったのである。

〔参考文献〕
『強迫的神経症の一症例に関する考察』一九〇九、小此木啓吾訳、「著作集9」所収
『夢とテレパシー』一九二二、高田淑訳、「著作集11」所収
『続精神分析入門』一九三二、懸田克躬・高橋義孝訳、「著作集1」所収

5 同一化とほれこみ

同一化とは

フロイトが抑圧と並んで発見した最も重要な無意識のメカニズムは、「同一化」である。同一化とは、他人に対する感情結合の最も原始的な仕組みで、たとえば幼い男の子が、自分も父親と同じようでありたいし、またそうなりたい、すべての点で父親の代わりになりたい、と思うような関心がそれである。そして、このような父親との同一化は、父親を相手に選ぶ「対象選択」とは区別される。同一化の場合、父親は、そう「あり」たいと思う対象であり、対象選択の場合は、父親は「持ち」たいと思う対象である。それは、この感情的結合が自我の主体にかかわるのか、それとも対象とのかかわりについて起こるのかの違いがある。

幼い少女が母親と同じ苦しい咳に悩んでいた。この症状は、母親の咳への同一化によって起こっていたが、この同一化は、敵意に駆られて母親にとって代わりたいという願望を意味するエディプス・コンプレックスから生まれた同一化であり、その症状が同時に父親への対象愛を表現している。しかもそれは、罪意識、つまり、「おまえは母親になろうと思った以上、せめて苦しむのだ」という罪意識の影響のもとで無意識のうちに母親にとって代わるのである。またその一方で、その症状が愛している人の症状と同じ場合もある。そしてフロイトは言う。「同一化は対象選択の代わりにあらわれ、対象選択は同一化に退行した」と（『集団心理と自我の分析』一九二一）。つまり、同一化は、感情結合の最も原始的で、最も根源的な形式なのである。

さらに、とても頻繁に起こる重要な実例としては、同一化がその相手との直接の対人関係をまったく持たない場合がある。たとえば、寄宿舎の一人の少女が秘密の恋人から手紙を受け取り、その内容が彼女の嫉妬心を刺激し、発作を起こした。ところが、この彼女の怒りを知った二、三の女友達が、いわば心理的伝染によって同じ発作を起こしてしまった。この仕組みは、同じ状態に身を置きたいという願望に基づく同一化の機制である。その女友達も秘密の恋愛関係を持ちたいと思い、罪意識の中で、その恋愛につきまとう苦悩までも引き受けたのである。「一人の自我が、他人の自我とある点で重要な類似を見つけたとき、われわれの例で言えば、同様な感情を用意している点で意味深い類似を認めたとき、それに続いてこの点で同一化が形成される」とフロイトは言う。この同一化は、最初の口愛期の流れをくんでいるのであって、渇望し尊重する対象を食べてしまうことによって、その対象に同化してしまう心理に由来している。

また、愛情や依存の対象を失ったときに起こる同一化もある。フロイトはこう語る。

「この同一化で目立つことは、その豊かさである。……棄てられたり、失われたりした対象の代わりに、その対象を自我に取り入れる。このような過程はしばしば小児について直接に観察される。子猫をなくして悲しんでいた子どもが、自分はもう子猫になった、と言い切って、四つ足で歩き、テーブルに向かって食事をしようとしなくなった」

取り入れ同一化と投影同一化

そしてフロイトは、引き続いて、現代の精神分析が投影同一化と呼ぶもう一つの同一化のメカニズムについて、ほれこみのメカニズムの形で論じている。

この観点から見ると、いままで述べた同一化は、取り入れ同一化である。これに対して投影同一化は、むしろ対象に自己を投影し、投影された自己と対象とを同一視する機制である。もう少し具体的に言うと、自分の心の中の願望や衝動を自分の中から排出して、相手に投げ入れて投影し、あたかもその相手がその願望や衝動を抱いているかのように知覚するという仕組みである。フロイトは「ほれこみ」について、みずからの心の中の自我理想を対象に投影し、その対象と自己とを同一視する仕組みを論じているが、このような自己愛的な対象関係の中にフロイトは、投影同一化のメカニズムを見ていたのである。

ほれこみという現象について、最初からフロイトの注意をひいたのは、新しい対象への過大評価、文豪スタンダールの言う愛の結晶作用という現象であった。つまりそれは、愛の対象に対して批判力を失って、その対象のすべてを、愛していない人物に比べて、あるいはその対象を愛していなかった時期に比べて、より高く評価するという心理である。

この場合、判断を誤らせるのは「理想化」である。「そのとき、愛の対象をまるで自分と同じように扱う自己愛が大量に対象に注がれる」。

そもそも人々が愛の対象を選ぶとき、多くの場合、その対象は自分には到達できない自我理想の代役をしていることが多い。たとえばファンのスターに対する熱狂もその一つである。つまり、その対象が愛されるのは、本来は自分が得たいと求めている完全さ、すばらしさを相手に見出すためである。この過大評価とほれこみがさらに進むと、直接の性的な満足などは棚上げされて、もっと献身的なものになる。それは、若者の熱狂的な愛にしばしば見られる。この場合、自我はますます無欲で、つつましくなり、対象はますます立派に、高貴なものになる。しまいには、対象は自我の自己愛のすべてを所有するようになり、その結果、自我の自己犠牲が当然のこととして起こる。いわば対象が自我を食いつくしてしまうのである。すべての批判は沈黙し、対象がなすことと望むことは、すべて正当で非難の余地のないものになる。愛に目がくらんだ者は犯罪を犯してさえ悔いを残さない。

取り入れ同一化と、このほれこみ――魅惑されるとか、恋の奴隷になるとか呼ばれる愛着――との違いは明らかだ。取り入れ同一化の場合には、対象の特性によって、自我が豊富になる。一方、フロイトの弟子の一人であるS・フェレンツィ（Ferenczi, S.）の表現に従えば、ほれこみの場合には、自我は貧しくなり、対象に身を捧げて対象を自己の最も重要な部分の代わりにする。

たとえば、ほれこみの実例として、私がしばしばあげるのは、シラノ・ド・ベルジュラックである。シラノは、内心ロクサーヌに愛されたい気持ちでいっぱいであったが、自分が醜男なのを恥じて、その思いを美男のクリスチャンに託する。つまり、自分の「愛されたい気持ち」をクリスチャンに投影して、クリスチャンがロクサーヌに愛されたいと願っている、というふうに思う。そして、このクリスチャンに同一化して、クリスチャンがロクサーヌに愛されることが、自分の喜びである、という心理関係をつくり上げる。この投影同一化が取り入れ同一化と違う点は、自分の内心に抱いている願望をクリスチャンに投げかけ投影して、その願望の充足をクリスチャンの喜びに同一化する点である。

どちらかというとフロイトは、同一化の中でも、取り入れ同一化を発見したのだが、ロンドンの精神分析家M・クライン（Klein, M.）とその流れは、投影同一化を精神分析の最も重要な基本概念として位置づけるようになる。

ほれこみと集団幻想

そしてさらにフロイトは、このほれこみが集団的に起こるメカニズムを論じている。集団が個々人の自己主張＝自己愛を制限して、ある種の愛他主義によって強い感情的結合を形成するのは、指導者またはその集団の共有する理想像に対する各成員のほれこみ、つまりそれぞれの献身的な同一化と、集団成員相互の間の同様の同一化が強い感情的結合を形成するためである、と言う。そして、こう語っている。

「このような一次的（原始的）な集団は、同一の対象（指導者）を自我理想とし、その結果、指導者そして成員同士が、同一視し合う個人の集まりになる」

やがてナチス・ドイツは、一人の指導者ヒトラーに国民の過半がほれこむ異常な集団幻想国家をつくり出した。皮肉にも、この集団心理を解明したわずか十余年後に、フロイト自身がその集団狂気の迫害を受けることになった。

〔参考文献〕

『集団心理学と自我の分析』一九二一、小此木啓吾訳、「著作集6」所収

第4章

喪の仕事と回想

1　喪の仕事

精神分析の起源としての「喪の仕事」

父ヤコブの死を契機にフロイトがフリースとの間で進めた自己分析が、精神分析の起源である。そしてそれは、二重の意味においてそうである。第一は、この自己分析によってエディプス・コンプレックスが発見されたこと。そして第二は、父ヤコブの死を悼む喪の心理を、この自己分析の中でたどる体験が、のちにフロイトがそう名づけた「喪の仕事」(mourning work) の営みだったことにある。特に筆者は、このフロイトの自己分析の内容は、その大半が『夢判断』(一九〇〇)に発表されたとはいえ、さらにそれに続く著作を経て、『悲哀とメランコリー』(一九一七) に至るまで、フロイトの研究と著作の多くがこの喪の営みの続き、いや喪の仕事そのものであるとみなしている。つまり、この喪の仕事は精神分析の起源であるだけでなく、むしろフロイトの心の中で続けられた精神分析の発展そのものになっている。

「喪の仕事」の洞察は、年老いた八十二歳の父ヤコブの一八九六年十月二十六日の死に対する、当時四十歳だったフロイト自身の「喪の仕事」の主体的体験から生まれた。フロイトは『夢判断』の第二版の序文でこう書いている。「この本は、私自身の自己分析の一部であり、また、私の父の死――すなわち、「一人の人間の生活の一番重要な事件、一番悲しい喪失――に対する反応である」。

フリース宛の手紙でフロイトはこう記している。

「……父の死は僕を感動させました。僕は父を非常に尊敬していましたし、実際非常によく理解していました。父は天寿を全うして亡くなりましたが、この事件によって僕の自我の中に過去のすべてのことが目覚めてしまいました。いま僕はまったく放心しています」

一般に、誰かの死、特に親しい者の死を経験すると、生前あまり思い浮かばなかった死者に対するさまざまな記憶が思い出され、頭に浮かんでくる。そしてこの回想を人に語り、その回想の中に、死者をよみがえらせようとする。ましてその対象が、幼いころから敬愛し、慕っていた父親であればなおさらである。父親の死を契機に、激しい思慕の情に駆り立てられたフロイトの心に、幼いころからの父親の記憶があふれるようによみがえった。

そしてフロイトは、父親に関するすべての回想を、毎日のように親友フリースに書き送るようになる。フリースとは、ベルリンで開業していた耳鼻科医で、一八八七年(フロイト三十一歳のとき)以来の親友である。すでにフロイトは、フリースに父親の死の一年ほど前から、自分の夢の分析を手紙で書き送っていたが、そのフリースとの自己分析の中で、フロイトは父の死を悲しみ、やがて喪の仕事を続けるようになる。

フロイトにおける喪の仕事

このフロイトにおける「喪の仕事」には、二つの側面がある。第一は、亡き父親に対する自分の無意識を洞察し、その悲しみの心を整理する作業を続けた点である。死者に対する自分の気持ちを、回想録、伝記、あるいは物語や詩歌に託す営みは、フロイトがその自己分析や『夢判断』などの著作の形に書き続けた営みと共通の精神的意義を持っている。歴史や文学の世界には、この種の悲哀の仕事が数多く見られる。当時、たまたま自己自身の夢や幼児期記憶の分析によって自分の心を見つめていたフロイトは、父の死を契機に彼らしい形でさらにこの心の深層の探究を進めた。しかもこの自己分析を通してフロイトは、死者の再生を願い、思慕の情を抱き、死者を記念し、その存在を不滅のものにしようとする生者の営みが、しばしば死者に対する償いの意味を持つことに気づく。どうやら生者にとって、誰かの死はその亡くなった人物に対して生前ひそかに抱いていた、何らかの憎しみや攻撃心の充足と、そのことで自分を責める気持ちを伴うらしい、と。フロイトが「喪の仕事」の中で、やがて直面した課題は、亡き父をはじめとするすでに他界した恩師、先輩、友人に、何らかの自分本位の攻撃心と死の願望をひそかに向けていた事実を直視するることであった。この洞察なしには、死者に対して心からの喪の営みを達成することはできない。

第二の側面は、彼のこのような「喪の仕事」が、フリースという親友との間で進められた点である。愛する人、頼っていた対象を失ったわれわれにとって、思慕の情はつのり、対象がいま、そこにいない苦痛が耐えがたいものになる。そして、さみしさでいっぱいになる。この苦痛から救われる一つの道は、死者への思いを誰かよい聞き手に語ることである。悲しみをともにし、悔やみの気持ちを訴え、死者への愛情やつぐないの気持ちを分ち合ってもらいたい。こうした喪の仕事の伴侶となることは、古来から宗教家の天職であった。そしてこの喪の仕事をともにする相手に、人は、幼い子どもにとっての親のような存在を見出したり、亡き父母の生まれ代わりを思う。実際、フロイトはフリースを亡き父の代理のように思うようになる。このフリースへの傾倒を、のちにフロイトは、転移と呼ぶことになった。

そしてフロイトは、本項と第5章「1 エディプス・コンプレックス」の項で述べるような自己分析の中で、あれほど敬愛していた父ヤコブに対して抱いていた死の願望を洞察して、エディプス・コンプレックスを発見した。

では、「喪の仕事」の課題は何なのか。フロイトは、リビドーの固執性、あるいは粘着性、そして固着という概念を、神経症の発生の一次的な原因としてあげた。つまり、われわれが愛情の対象に対して愛着を向け、その愛着をみたす対象を失った場合、そこで生ずる心の苦痛にどう対処するかが、神経症、ひいてはさまざまな精神病理の最も根源的な一次的な発生条件だというのがフロイトの考えだった。

愛着と再生の願望

対象への強い愛着は、対象を失った人間の心に、その対象の再生を願う心理過程をつくり出す。たとえばフロイトは、愛情の対象である息子に対する父性愛の夢を語っている（『夢判断』）。

ある父親が、昼夜を分かたず子どもの看病を続けた。その甲斐もなく子どもが死んだのち、父親は、大きなろうそくに囲まれた遺体の入ったお棺が見えるようにドアを開けっぱなしにして、隣室でついウトウトと二、三時間眠った。そのときに父親はこんな夢を見た——。子どもが自分のベッドの横に立っていて、彼の腕をつかみ、非難の意を込めて彼につぶやきかける。「お父さん、お父さんには僕が火傷するのがわからないの」。父親は目を覚ます。隣室から明るい光がこちらのほうに流れてくる。急いで隣室に行ってみると、老人の番人が眠り込んでいて、燃えたろうそくがお棺の上に倒れ落ちたために、亡き息子の片方の腕が焼けていた。

フロイトはこの夢を感動的な夢と呼んだ。この夢は息子に対する父性愛を見事に語っているという。そしてフロイトはこう解釈している——。ろうそくが倒れ、火が燃え出した気配で父親が目を覚まそうとした瞬間に見たのがこの夢だったに違いない。夢の中で子どもが訴えた火傷は、父親自身が熱さを感じた感覚に由来したに違いない。

では、なぜ父親は火の気配を感じた途端に目を覚まさなかったのか。眠り込んだ父親の心をもっぱら支配していたのは、子どもが生きていてほしい、よみがえってほしいという願望であった。この願望をみたすかのように、夢の中でその子どもは、生きている子とまったく同じに振る舞った。夢の中で子どもの存命への願望は、その瞬間においてみたされた。そしてフロイトは言う。「この願望充足は父親の目覚めをほんの一瞬だけ遅らせた。この夢は子どもが生きているところをもう一度再現してくれた。この願望充足が覚醒の反応よりも一瞬優先されることになった。もし父親がすぐに目を覚ましてしまったとすれば、いわば父親は子どもの夢の中の命を一瞬間だけ縮めてしまったことになる」。

対象喪失によるモーニングの過程で、人々はしきりに夢を見るようになる。父親の死を契機に、フロイトもまた数多くの夢を見るようになった。そしてその夢の自己分析をフリースに書き送った。

モーニングの過程で人間の心は、再会を求め、夢や幻想、ひいてはノイローゼの症状の形でこの失った対象とのみたされぬ願望をみたそうとする。さらにこの再生や再会の願望は、宗教の形をとって不滅の霊魂の観念となったり、さまざまな呪術を生み出す。そしてこの心性と神経症の精神病理が表裏をなす事実をフロイトは明らかにした。

ヒステリーの女性たちと対象への固着

この観点からフロイトの臨床経験をさかのぼると、有名なヒステリーの症例O・アンナやルーシーについても、そしてまたエリザベート嬢についても、彼女たちがヒステリー症状をあらわすに至った一次的な原因は、強い愛着を向けていた対象を失ったにもかかわらず、その対象に対する愛着が解決できないという心的状況にいたことがわかる(『ヒステリー研究』)。このような心的状況についてフロイトは、のちの一九一〇年代に神経症論を論じる際に、性欲論の中のリビドーという概念と、フラストレーション(欲求不満)という言葉で語ったために、何となくその語感が平板なものになってしまうのだが、本来のフロイトの症例に関する記述や症例に関する論議の中では、むしろそれぞれの失った愛着対象についての強い悲哀と言うべき心の苦痛が、そもそもの出発点になっている。

たとえば、O・アンナの場合には、濃厚な父親への愛着があって、その亡くなった父親に対する看病の場面での体験が、原因不明の四肢の麻痺や知覚障害などの発症の契機になっている。ルーシーの場合では、家庭教師をしている子どもたちのやもめの父親に対して、強い片思いを向け、その自分の片思いが受け入れられないことを知ったときの断念の過程で症状が起こった。意識的には断念したにもかかわらず、抑圧された愛着が依然として続いた結果、その愛着が葉巻のにおいや、焦げたプディングのにおいとして鼻についたままになった。彼女の場合には、このような意味でのリビドーの固執性が最も劇的に記載されている。恋人に対する愛着が、嫌なにおいという形で繰り返し回想され、感覚的に再現されたのが彼女のヒステリー症状なのであった。

エリザベート嬢の場合には、姉の夫である義兄に片思いをし、その罰としての足の痛みや歩行障害が起こったわけだが、実は、義兄に熱烈な愛着を向けることに先立って、数年前に彼女は実父を失っている。そして、エリザベートもまた、実父に対して強い愛着の持ち主であった。義兄はその父の代理を意味していた。

つまり、これらの女性たちのヒステリーの一次的な原因には、いずれも、愛着対象を失ったにもかかわらず、その対象に向かう強いリビドーの固着があり、この固着に抑圧が起こって、ヒステリー症状が生まれたのである。

「喪の仕事」の目的

　では、愛の対象や依存の対象を失ったとき、人々が営まねばならないモーニング・ワークの目的を、フロイトはどう定義したのか。フロイトは、六十一歳のときに書いた論文『悲哀とメランコリー』(一九一七)で、悲哀＝「喪の仕事」の概念を明らかにして、こう語っている。

「対象喪失による悲哀が続く限り、その人の外界への関心は失われ、新しい愛の対象を選ぶことはできない。知的には愛する対象がもはや存在しないことはわかっているのに、人間はリビドーの向きを変えたがらず、代わりの者が誘っているというのに、それでもその向きを変えようとしない。そのために、悲哀の最中にいる人間は、現実から顔を背けてまで失った対象に固執する。悲哀にとらわれている心は、その意味では精神病と共通した現実喪失に陥っていると言うことができる。そして悲哀の苦痛は、もはや対象が存在しないことがわかっているのに、思慕の情が続く、みたされぬフラストレーションの苦痛である。悲哀の仕事は、この対象とのかかわりを一つひとつ再現し、解決していく作業である。悲哀の仕事が完了した後では、自我は再び自由になって現実に戻る。愛する対象の死に出会った場合に必要なのは、この死の必然と和解し、死を受け入れるということである。まさにそれは、失った対象を心から断念できるようになるということである。悲哀の仕事は、このような断念を可能にする心の営みである」

つまり、ここでフロイトは、悲哀という情緒体験を通して、対象へのリビドーの固執性について語っているのである。モーニング・ワークの課題とは、現実にはすでにいなくなってしまって、自分の愛着を受け止めてもらうことができなくなってしまっているにかかわらず、なおもその対象に愛着を向け続けることによって生ずる心の苦痛を解決することである。そのためには、心の中に存続している失った対象に対するリビドー、つまり愛着を軽減し、穏やかなものにするか、あるいはこの対象から離脱して、他の対象にそのリビドーを向け変えることができるようになる必要がある。モーニング・ワークは、そういう離脱状態に達することを目的とする。フロイトは、こう説明する。

ここでフロイトが用いているリビドー＝愛と憎しみの固執性は、現代の精神分析から見れば、英国の対象関係論学派が語っているような対象希求性とか、全体的な人物像としての対象イメージに向かっている愛着などを意味していたのである。

対象とのアンビヴァレンス

さらにフロイトは、このような悲哀の心理過程では、失った対象に対する愛と憎しみのアンビヴァレンスがあらわになり、これらの対象に対する罪悪感、悔やみ、それに対する償い、恨み、失った対象から自分に向けられた恨みや怒り、復讐の恐怖など、さまざまな心理が体験されると言う。つまり、喪の仕事には、失った対象に対する思慕の情や、とらわれを解消する課題とともに、これらの悔やみ、償いなどの気持ちについて心を整理するという課題がある。特にフロイトは、対象に対して自分の憎しみや攻撃性を向けたために対象の喪失が起こったという無意識の体験（対象を〝殺してしまった〟という体験）を、どのように自覚し受容するかが、最も基本的な喪の仕事の課題であると考えた。

このフロイトの喪の仕事は、フリース体験における自己分析（一八九六～一九〇〇）からさらに続けられ、自己分析の集大成というべき『夢判断』（一九〇〇）を経て、グラディーヴァ論（一九〇七）では死と再生のテーマを論じ、症例ラットマン（一九〇九）では思考の全能による「父の死」の否認を扱って強迫思考を喪の心理の中で明らかにした。そして『トーテムとタブー――未開人と神経症者との精神生活における若干の一致点について』（一九一三）では、殺害した原父の死を悼む心理、死者の悪霊に対する脅えから生まれる悔やみと罪悪感を考察し、やがて『悲哀とメランコリー』で、喪の仕事の概念を提示した。

このフロイトの喪の心理の研究は、M・クラインをはじめ、現代の精神分析の中心テーマになった。さらに、その応用領域としてこの研究は、ジョン・ボウルビィ、そしてキューブラー・ロスに受け継がれ、ガンの告知や臨死患者の死やハンディキャップ＝障害を受容する心の研究に続き、現代の人々の心の痛みにかかわる上で必須のものになっている。

〔参考文献〕
『ヒステリー研究』『夢判断』（以上既出）
『悲哀とメランコリー』一九一七、井村恒郎訳、「著作集6」所収
小此木啓吾『対象喪失──悲しむということ』一九七九、中公新書

2　グラディーヴァ

幻想の中での死者との再会

「喪の仕事」の一つの課題として人は、別れと再会、そして死とその再生を心の中に幻想し、そのテーマを文学作品に描き出し、彫像にその思いを託す。グラディーヴァは、フロ

イトがまさに座右の銘にしたこのテーマの幻想小説の主人公であり、彼がこよなく愛したレリーフの女性の名前である。

フロイトはこの死と再生、別れと再会を主題にしたW・イェンゼン（Jensen, W.）の幻想小説『グラディーヴァ』をユングに勧められて読み、強い感動をおぼえて、そのグラディーヴァのレリーフに心惹かれた。その思いの深さは、いまもなおロンドンのフロイト・ミュージアムの階段を上がってすぐの部屋――彼が亡くなるまで書斎として使っていた二階の部屋――の入り口近くの壁に、ウィーン時代からそのまま引き継がれて飾られている事実にも示されている。

『グラディーヴァ』のもう一人の主人公であるドイツ人考古学者ハーノルトは、ある日、ローマの美術館で二十歳ぐらいのローマ娘の全身像の浮彫を見て心を奪われる。そしてハーノルトはこの娘に「輝かしい歩き方」、つまり、グラディーヴァという名前をつける。彼はこの娘の独特な歩き方に、とりわけ不思議な魅力を感じたからである。

「彼女は、少しうつむき加減で、首から踝《くるぶし》までを包む、襞のとてもたくさんある服を左手でちょっと持ち上げていたので、サンダーレをはいた足が裾からのぞいていた。左足を前に踏み出し、それに続く右足はつま先が軽く地面に触れているだけで、足の裏と踵はほとんど垂直に上がっていた。この動作がまれに見る軽快さと自信にみちた落ち着きとの二重の印象を与え、飛ぶような姿勢はしっかりした足取りとあいまって、彼女に一種独特のしとやかさをそえていた」（W・イェンゼン『グラディーヴァ』一九〇三、安田徳太郎・安田洋治訳）

グラディーヴァに魅せられたハーノルトは、ある夜、悪夢を見る。ポンペイ最後の日に、ハーノルトとグラディーヴァがそこに居合わせ、ヴェスビオス火山の爆発による火山灰の雨が、彼女を埋めてしまう夢である。

心の中でグラディーヴァを失ったハーノルトは、グラディーヴァを亡き者のように悼み

グラディーヴァのレリーフ

はじめる。そして、その面影を求めてはるばるイタリアにまでおもむき、ポンペイの遺跡にたたずむ。ところが、なんということか、グラディーヴァがポンペイの遺跡の溶岩の上を歩いてゆく。思わずハーノルトは叫ぶ。「あー、君は生きていたのですね」。やがてこのグラディーヴァが、実はハーノルトの幼友達であったことがわかる。しかも彼女の本名は、ベルトガング（Beltgang）、つまりドイツ語で「輝かしい歩き方の人」であった。

この幻想小説を読んだフロイトは激しい衝撃を受けて、すぐにこの小説についての精神分析的な考察を論文にまとめた（『W・イェンゼンの小説「グラディーヴァ」にみられる妄想と夢』一九〇七）。この小説の主題は、二重の意味において失った対象の再生の物語だったからである。一つは幻想の中での、一度火山灰に埋まってしまった死せるグラディーヴァの再生である。もう一つは、かつては愛していたが、やがて心の中で見失ってしまった幼友達との再会、そして失われた記憶の回復である。この、死からの再生を象徴するベルトガングは、ハーノルトにこう語りかける。「人は運命に身をゆだねなければ……。私は死んでいることにずっと慣れていました」。

ハーノルトからアスフォデロスの花を贈られたとき、幼いころのある時期からハーノルトに忘れ去られていた彼女は、「でも私には忘れな草のほうがふさわしいわ」と語る。さらに彼女は言う。「蘇るためには、人はまず死ななければならなかったのね」。

ベルトガングとハーノルトは、次第に昔に戻って、かつてお互いを〝君〟〝あなた〟(du)と呼び合った幼なじみにかえり、二人の間には子どものころの愛情がよみがえる。彼女は言う。「あたしたち二人は、二十年前に一度、こういうふうに一緒にパンを食べたような気がするわ」。また、ベルトガングはこうも言う。「どういうわけか知りませんけど、〝おてんば娘〟と呼ばれていたころから、あなたはとても身近な存在でした。世界中で、あなたより好きなお友達は決していないと信じていました」。

抑圧された記憶の回復

ところが、彼のほうは考古学に魅せられ、冷たい大理石か青銅でできた女性にしか興味がなくなってしまった。子ども時代の友情は消え、彼女の思い出は、たとえパーティで行き会っても、幼友達だったと気づかないほど、深く忘却(抑圧)されてしまったのだ。このハーノルトの心理は、フロイトの見出した抑圧と忘却をよく物語っている。そしてこの抑圧された対象への思いは別の対象に置き換えられるという機制を見事に示している。幼友達ベルトガングについての記憶は忘却され、その置き換えの対象として創造された浮彫像に、かつて彼女に対して抱いていた感情を向け替えた。この心理機制がハーノルトの浮彫像＝美術作品への愛着の心の秘密であった。

この忘却された幼児期記憶が、あたかも自由連想を続けているかのような心の旅を通して回想されていく過程が、小説『グラディーヴァ』の物語である。そして最後に、「左手でドレスを少し持ち上げたグラディーヴァの再生、ツオェ・ベルトガングは、夢見るような彼の眼差しに見守られて、あふれるばかりの光の中を、軽快な足取りで、通りの向こうへと飛び石を渡って行った」のである。

この結びこそ、ハーノルトとベルトガングの、抑圧から解放された生命の再生を讃え、彼女の幻想から現実への回帰を確証する美しい至福の一瞬である。そして、シュルレアリスム運動の創始者の一人、アンドレ・ブルトン (Breton, A.) もまた、この『グラディーヴァ』にいたく心を惹かれ、後年、彼はパリのセーヌ街に「グラディーヴァ画廊」という名の画廊を開設した。

グラディーヴァの魅力

では、なぜフロイトは『グラディーヴァ』にあのように心惹かれたのだろうか。

第一に、主人公が「古代の浮彫像に憧れる」という主題は、日頃から考古学や古代の美術品を愛好するフロイトの趣好にあっていた。とりわけ彼は、キリスト教以前のローマやエジプト、ギリシャの文化史や古美術に多大の関心と愛着を寄せていた。フロイトの分析室には、古代の美術品が立ち並び、まるで考古学者の部屋にいるようであった。そして、この多数の美術品の中で、グラディーヴァの浮彫像は、いちばん大切なものになった。

ちなみに筆者は、このフロイトが収集していた古代美術品展示会の東京開催に関与したことがあるが、それぞれの美術品は、現代の時価にして三百万円から五百万円くらいの価値があるとのことだった。フロイトは、定期の分析治療の患者からの収入以外に、臨時で行う一回とか二回の面談や、コンサルテーションを頼まれたときの副収入をこの美術品の収集に当てていたのである。

第二に、主人公ハーノルトが考古学者という設定も、分析家フロイトにぴったりだった。フロイトは、抑圧、忘却された幼児期の記憶を再生する精神分析の方法を、廃墟に埋もれた古代を発掘する考古学のそれに比していたからである。

晩年に執筆した『分析技法における構成の仕事』(一九三七)でフロイトはこう語っている。

「幼児期の記憶を再構成するという分析家の仕事は、古代の埋没された建築、建造物を発掘する考古学の仕事と著しい類似を示している。それらは仕事のやり方という点ではよく一致したところがある」と。ただし、その違いについてもこう語っている。「違うのは、分析家のほうは、よりよい条件のもとで仕事をしているという点である……。なぜならば、分析家はすでに破壊された物体を相手とするものではなく、現に生きている者（被分析者）とともに仕事をするからである」。

第三に、「イタリアへの旅」という設定もまた、フロイトの好むところであった。フロイトは、ゲーテの『ミニヨン』のように、イタリア旅行への憧れが強く、一九〇一年、一九〇二年、一九〇四年、一九〇五年、一九〇七年と、ほとんど毎年のようにイタリア旅行に出かけている。ユダヤ人フロイトは、キリスト教の偏見と迫害以前の古代ヨーロッパ文明に強い憧憬と誇りを抱いていた。つまり、この旅行は、当時のウィーン社会を越え出ることによって、自己の思想・文化の故郷を確認する試みなのであった。

この旅行の産物として、グラディーヴァへの憧れや、ローマのヴィンコーリ寺院のモーゼ像の分析（第5章「4 モーゼ――理想の父性像」および終章「裏から見たフロイト思想」参照）、そして、レオナルド・ダ・ヴィンチの「三人づれの聖アンナ」の判じ絵的な解読（第7章「5 禿鷹ムト――両性具有の母性神」参照）などの論文が発表されることになる。

第四に、この作品自体に、主人公ハーノルトの自由連想を記述しているかのような、彼の無意識の流れが浮き彫りにされていること。

そして第五は、『グラディーヴァ』の名が芸術論の世界に広まった理由の一つでもあるのだが、そこで描き出されている深層心理がフェティシズム（崇物症）の心理だったということとがある。

ハーノルトのように、たとえば特定の身体部位（足、毛髪、乳房、手、排泄物）、歩き方や脚つき（ほっそりした脚など）、あるいは身につけたもの（ハンカチ、帽子、スカーフ、パンティなど）に異常な魅力を感じ、この特徴を追い求める性愛は、フェティシズムと呼ばれる。

つまり、『グラディーヴァ』では、彼女の名前そのものが象徴するように、その特有な歩き方が、幼な友達―グラディーヴァ像―ベルトガングという物語を導く、導きの糸になっている。

フロイトにとっての主題

ベルトガングの本名は、ツオェ・ベルトガングといい、ツオエがギリシャ語で生命（いのち）を意味するように、グラディーヴァとの出会いが再び彼に現実の生命（幼いころの抑圧された記憶）を呼び起こした。フェティシズムの治療を通しての幻想から現実への回帰、それがフロイトにとってのグラディーヴァの主題である。

そして、アンドレ・ブルトンがその名著『通底器』の巻頭に『グラディーヴァ』を掲げたように、たしかにこの「美しい歩き方」へのハーノルトのフェティシズムは、幻想と現実、意識と無意識を通底する通底器そのものであった。

他人には何の意味もない物品（オブジェ）の組み合わせに、創作者の深い内面（無意識）の発露を見るシュルレアリスムの立場に立てば、『グラディーヴァ』が見事に描き出したように、フェティシズムは、現実と幻想の生き生きとした交流（通底器）を内に秘めた隠された価値の顕現である。フェティシズムは、単なる性の倒錯ではなく、それ自体立派な存在価値を担う心的リアリティなのだ。

やがてこのフェティシズム論は、病的なフェティシズムの対象（フェティシュ）と移行対象の区別を明らかにするイギリスの精神分析家D・W・ウィニコットの中間領域論―移行対象論に発展し、精神分析の芸術のとらえ方にさらに新たな展開をもたらすことになるが、その発展は、フロイトのplay（遊び）の理解に示唆を得てはじめて可能になる。

喪失の心の痛みに耐える喪の営みは、文学作品や芸術の創造をもたらすが、さらにその起源には子どものプレイがある（第2章「3　空想することとプレイすること」参照）。

〔参考文献〕

『W・イェンゼンの小説「グラディーヴァ」にみられる妄想と夢』（既出）
『分析技法における構成の仕事』一九三七、小此木啓吾訳、「著作集9」所収
W・イェンゼン『グラディーヴァ』一九〇三、安田徳太郎・安田洋治訳、『文学と精神分析』所収、角川文庫、一九九〇

3　フォルト・ダー（いない！　いた！）

エルンスト坊やの謎めいたプレイ

フロイトが六十三歳のとき、たまたま一歳半の孫エルンストと数週間一緒に暮らす機会があった。その間にフロイトは、エルンスト坊やが繰り返す謎めいた行為に注目し、その意味がわかるまでかなり長い間観察を続けた。そして、一九二〇年にあの「死の本能」論を発表した『快感原則の彼岸』の中で、この現象に言及した。

坊やはひもを巻き付けた木製の糸巻を巧みに自分のベッドの下に投げ込んで、糸巻が姿を消すと、「オー、オー」と叫んでいる。よく聞くと坊やは、「いない、いない（fort, fort）」と言い、それからひもを引っ張って糸巻を再びベッドの下から引き出し、それが出てくると、今度はうれしそうに「いた（da）」と言っていたのだ。

ああ、これは消滅と再現をあらわす遊びだ。やがてフロイトはその意味をそう理解した。この子はとてもしつけのよい子で、母親が外出するときにあとを追ったりしない。その代わりに、この遊びをはじめたからだ。

フロイトは言う。「子どもは、自分の手の届くものを使って、母親との別れと再会を演じていた。本当は、母親のあとを追いたかったのだが、我慢した。そして、この願望を放棄した代わりにこの遊びをはじめた。母親がいなくなることは、子どもにとって苦痛なことだったのだが、この苦痛な体験を遊び (play) として繰り返し、受け身で体験する苦痛を能動的な遊びに代えて体験していたのだ」と。

フロイトのこの認識は、現実生活で受け身に強いられる苦痛な経験を、空想の中で能動的に演じ直すことで、その心的な苦痛を乗り越えようとする心の働きとして遊びをとらえる視点を提示している。しかも、ここで言う遊びは、決して子どものごっこ遊びなどにとどまらない。むしろ空想の物語を演じる (play する) ことと同義であり、創作やドラマの領域における心の働きまでも視野に入れたplayに関する精神分析的研究の源泉になった。

そしてフロイトはこの「オー、オー」の遊びにさらに次のような解説を加えている。

「物を見えなくなるように投げ捨てることは、子どもを置き去りにした母に対する怒りの満足なのかな。『行っちまえ、お母さんなんかいらない、僕はお母さんをあっちへやっちゃう』、そういう意味もあったかもしれない」と。

ラットマンにおける亡父との再会

このフロイトの「フォルト・ダー」の観察とその理解は、「遊び」についてのみならず、さらにフロイト思想の核心をなすいくつかの研究の出発点になった。

その一つは、「分離と再会」の研究である。

人の心にとって別れはつらい。そして再会を願う。

愛する父親ヤコブの死（一八九六）を契機にはじまった、その父の再生を願う喪の心理は、グラディーヴァ論を経て、患者ラットマンの治療に引きつがれた。

精神分析学者間で「ラットマン」とあだ名されるようになった青年患者ローレンツは、兵役についていたときに、罪人のおしり（肛門）にねずみを押し込むという刑罰の話を聞かされ、自分が恋人と結婚すると父親がねずみ刑を受けるという強迫観念に苦しんでいた。これが「ラットマン」の由来である（『強迫神経症の一症例に関する考察』一九〇九）。

ところが、治療をはじめてフロイトはびっくりした。なぜならば、その身の上に不幸が起こることを彼が心配していた肝心の父親は、実は九年も前に肺気腫で死んでいたからである。にもかかわらずラットマンは、父親が亡くなった後になっても依然としてその死に実感がなかった。何か面白い話を耳にすると、「これをお父さんに話さなくては」とよくひとりごとを言う。そして、いつも父親についての空想にふけっていた。時に誰かがドアをノックしたりすると、「お父さんが来た」と思ったり、どこかの部屋に入るときにそこに父親がいるのではないかと知らぬ間に期待したりすることがしばしばあった。このように彼が父親の死の事実を忘れたり、父親の亡霊の出現を期待したりするのは、父親の永生を願う強い願望があったからである。

いやむしろ、彼はこの強迫観念の中で亡き父といつも再会していたのである。人はだれでも、失った人を思い、しばしばその人の死を否認して、あたかもその人がいままでどおりともに暮らしているかのように従来の暮らしを続けることがあるが、ラットマンはこの強迫観念に悩み、父があたかもまだ生きているかのように心配することで父の死を忘れ、この強迫観念の中で亡父とともに暮らしていたのである。

この症例研究からおよそ十年を経た一九一七年、フロイトは『悲哀とメランコリー』の中で、愛する人の死、つまり愛する対象の喪失について起こる喪（悲哀）の心理を解明し、続いて一九二〇年に発表した『快感原則の彼岸』で生の本能と死の本能の葛藤の形で生物としてのヒトの生と死を論じて、そこで、「フォルト・ダー」、つまりエルンスト坊やの別れと再会のプレイの観察を語ったのである。

対象喪失による絶望と抑鬱

フロイトのこのフォルト・ダーの理解を忠実に継承し、対象喪失とモーニングの研究の中でさらに発展させたのは、英国の精神分析学者J・ボウルビィ（Bowlby, J.）であった。

ボウルビーは、第二次大戦で母親を失った子どもたちの観察をもとに、母との再会の期待を抱きながら、いなくなった母親が帰るのをいつまでも待ち続けているという心理状態の中で対象の不在を経験し、母親はこのまま帰らないのではないか、ひとりぼっち、心細い、早く戻ってほしいなどの分離不安を体験している心理を「分離（separation）」と呼んだ。

エルンスト坊やがフォルト・ダーの遊びを繰り返していたのは、まさにこの心理段階においてである。そして、本当に「対象」つまり母親が戻ってこないことがわかり、再会の希望をまったく失ったことを体験する心理を喪失（loss）と呼び、このとき深刻な絶望と抑鬱が起こるという。

実は、対象喪失をこのように分離と再会の心理の中に位置づけるという発想そのものが、エルンスト坊やの観察から生まれたのである。

フォルト・ダーのプレイにプレイの心理の本質を見出したフロイトは、この認識の延長線上に、人間の心には受け身で体験した心的な外傷を能動的な形で体験し直すことで、みずからの主体性を回復しようとする心の働きがあるという理論を提示した。第6章で述べるように、この認識は、反復強迫、とりわけ心的外傷を受けた人々が同じ外傷体験を無意識のうちに繰り返すのはなぜかという論議に大きな理論的な根拠を与えることになった。

たとえば、不幸災厄を再び繰り返さないようにと思いながら、また同じような不幸災厄に出会ってしまう人がいる。誘惑されて棄てられた女性が、今度はそういう目に遇うまいと思いながら、気がついてみると、また再び同じような運命をたどることがある。これらの心理の背景には、今度こそ受け身でなく、能動的にかかわりを引き受け、しかも、それをいままでのようではなく、今度こそうまくやり遂げようと思いながら、また再び結果的には同じ不幸や失敗を繰り返してしまうという心理がある(第6章「6 道徳的マゾヒズム」で詳述)。

鏡像段階論へ

エルンスト坊やはよほど祖父の精神分析の研究に貢献したかったと見えて、実はもう一つの驚くべきプレイを繰り返していた。そして、この「プレイ」に関するフロイトの観察が鏡像段階論の出発点になった。

坊やは、お母さんが出かけてひとりぼっちの間に、なんと自分で自分の像を消しては再現させる方法をみずから編み出していた。つまり、子どもは鏡に映っている自分の鏡像を、ほとんど床まで達している姿見の中に発見し、それから低くかがみ込んで、その鏡に映っている鏡像を「いない」にしてしまっては、再び「ばあ!」と姿をあらわす遊びを繰り返していたのである。

そして、この坊やの自己鏡像を使った「いない、いない、ばあ」遊びは、消失と再現を表現しているだけでなく、第8章「自我の分裂も受容して」でも改めて取り上げるように、人間は鏡像によってしか自己の全体像を見ることができないという自己認識の宿命的な構造をもあらわしていた。そしてこのフロイトの観察は、フロイト以後の精神分析にとても大きな波紋をまき起こすことになる。

よく考えれば自明のことなのだが、人間は自分一人で自分の全体像を見ることができない。鏡に映っている自己像、つまり自己鏡像を自己像と同定してはじめて自分を自分として認めることができる。対象関係論を展開したD・W・ウィニコットは、人間にとってのこの根源的な鏡を母親のまなざしとしてとらえた。E・H・エリクソンも、アイデンティティ論の中核に、自分の意識を超えた宿命的に与えられた自己――たとえば、他者のまなざしの中で人種差別されるべき存在といういわれなきレッテルを貼られた自分――をどのように自己として選択し直すかという実存的な課題を、鏡像段階論に見出した。そして、この認識の文脈で、パリで熱狂的な哲学ファンを集めたJ・ラカン（Lacan, J.）の自己鏡像―自己虐構論が発展した。

このようにエルンスト坊やのフォルト・ダー遊びはとても豊かな認識を精神分析の歴史

に残したのである。

〔追記〕筆者はこのエルンスト坊やと実際に出会っている。ただしそれは、一九八〇年代になってからのハワイ・ホノルルにおいてである。坊やはすでに七十代の老紳士であった。ケルンで児童治療者として仕事をしておられるとのことで、筆者たちが主催した世界乳幼児精神医学会の環太平洋会議にはるばるケルンから出席されたのだ。一緒に記念写真をとお願いすると、こういうことにとてももの慣れた様子だった。何となく気品があって、歴史上高名な〝フロイト王室の宮様〟というのが正直な印象だった。この出会いのおかげで、フォルト・ダーは筆者にとってただの理論以上のもっと身近なものになっている。

〔参考文献〕
『快感原則の彼岸』『強迫神経症の一症例に関する考察』、E・H・エリクソン『自我同一性』(以上既出)
J・ボウルビィ『愛着』、『分離』、『喪失』黒田実郎他訳、『母子関係の理論』シリーズ所収、岩崎学術出版社
D・W・ウィニコット『遊ぶことと現実』一九七一、橋本雅雄訳、岩崎学術出版社、一九七九
J・ラカン『わたしの機能を形成するものとしての鏡像段階』一九六六、宮本忠雄訳、『エクリ 1』所収、弘文堂、一九七二

4 幼児期記憶と抑圧──種々の回想の仕方

幼児期記憶の回想

幼児期の記憶は、大人になってもどのくらい保持され、どの程度回想できるものなのか。人は誰でも、幼児時代の断片的な記憶を、それがどんな意味を持ち、いつ、どこでのことかははっきりしないが、何らかの場面・光景といった映像（視覚像）の形で保持している。そして、これらの断片を手がかりにして、それぞれの幼児期体験を回想させる方法をフロイトは発見した。

ところで、精神分析は、抑圧の発見とともにはじまったと言っても過言ではない。抑圧とは、意識すること、気づくこと、注意を向けることが不快であったり、苦痛や恥、嫌悪などの感情を伴ったりするような心的内容を、意識しまい、気づくまいとする無意識の働きである。その結果、これらの心的内容は、忘却され、意識しようとしても意識できないものになってしまう。

フロイトが、何人かのヒステリー患者について観察したのは、この抑圧によって無意識になった強い感情の興奮が、ヒステリー症状に置き換えられる事実であった。つまりヒステリーの症状は、抑圧され忘却された記憶の変形された再生なのである。

たしかにこのような抑圧は、病的である。だからヒステリー症状を引き起こした。しかし、抑圧による忘却には、合目的性を持ったものが多い。忘却は、不快・苦痛に苦しみ悩む心理状況を和らげ、人間の心に、喜びや楽しみを回復させる。別な楽しみや喜びを意識し、不快・苦痛を忘れ去る能力が高いほうが、主観的には楽な暮らしができる。ただし、そのような抑圧があまりにも強く、広範囲にわたって起こると、意識の視野を狭め、内的経験の連続性を見失わせ、人格の統合性は低下せざるを得ない。つまり、心理学的に未熟な人格と呼ばれるような人物には、特に抑圧が病的に働き、いわゆる心因性の健忘が起こったり、一定期間の記憶がまったく失われたり、二重人格状態が生じたりする。

幼児期健忘と隠蔽記憶

幼児は大人に比べて、より豊かな原始的な衝動や感情を自由に発揮しているが、社会化される成長過程でさまざまな禁止を受ける。これらの禁止を身につけた大人の意識からは、幼児の原始時代の衝動や感情は抑圧されてしまう。つまり、幼児期体験の大半のものは、抑圧され、忘却されてしまう。この事実をフロイトは、幼児期健忘と呼んだ。

そしてフロイトは、この忘却された幼児期体験の世界を、隠蔽記憶(screen memory)の分析を通して再構成しようとした(『隠蔽記憶について』一八九九)。

つまり幼児期体験は、抑圧によって想起困難になっているが、その代わりにしばしば、その些細な断片的な記憶が保たれている。そして患者が幼児期のものとして想起するこれらの断片的記憶は、多くの場合、その時期の実際の記憶ではなく、別の経験の記憶であって、しかも一見無意味なものに見える。このような記憶のことを隠蔽記憶と呼ぶ。

なぜならば、この記憶内容は、抑圧された重要な幼児期体験を蔽い、その代理をなしているからである。そして、これらの記憶内容が記憶にとどめられているのは、その内容の重要さのゆえでなく、抑圧された別の記憶内容との連想上の結びつきがあるためである。

精神分析技法の一つの課題は、この隠蔽記憶の連想をたどって重要な幼児期体験を再構成することである。たとえばフロイトは、直接治療したわけではないが、文豪ゲーテの幼児期体験を彼の自伝『詩と真実』を手がかりに再構成している(『「詩と真実」中の幼年時代の一記憶』一九一七)。

ゲーテは、幼年時代のごくはじめのころ、四歳以前に起こったらしい事件についてこう物語っている。

「家中が静まり返っていたある日の午後、私は皿や壺をおもちゃに遊びふけっていたが、ただそれだけでは何ということもないので、皿を一枚外へ投げつけて、それが面白く壊れるのを見て喜んだ。みんなは、私がうれしそうに小さな手を打って面白がっているのを見て、『もっとやれ』と叫んだ。私はすぐさま壺を一つ投げた。そしてひっきりなしに『もっとやれ』と叫ぶ声に応じて、次々に小皿・小鍋・小瓶を一つ残らず舗道へ叩きつけた。隣人たちは喝采を続けてやまない。私は彼らを喜ばせることができて、ひどく上機嫌になった。だが、ほどなく私の蓄えは尽きた。それでも彼らは『もっとやれ』と絶えず叫んだ。そこで私は、台所へ駆け込んで大きな皿を取ってきた。それが壊れるときはたしかにひとしお面白かった。私はいくたびも行きつ戻りつして、皿棚の上の手の届く限りのものを順順に一つずつ持ってきた。私は自分で持ち出せるだけの瀬戸物という瀬戸物を全部外へ投げて全部壊してしまった」

この思い出は、ただの無邪気ないたずらにすぎなかったのだろうか。この瀬戸物を家の外へ放り出す感情は、実は、彼の弟ヤーコブを家の外に放り出してしまいたい感情が置き換えられたものである。この弟ヤーコブが生まれたとき、ゲーテは三歳三ヵ月であったから、このいたずらをした四歳のころヤーコブは九ヵ月くらいの赤ん坊だった。また、弟ヤーコブは、ゲーテが十歳のときに六歳で亡くなっている。ゲーテ自身も言っている。「弟はきゃしゃで、黙り込んでいて、わがまま者だった。私たちはついぞ本当の兄弟の気持ちを感じないで終わった。それに弟は幼年期を出るか出ないかで死んでしまった」。そしてゲーテは『詩と真実』の中でこうも言っている。「私は幸運児だった。私は死児として生まれたにもかかわらず、運命が私を生かしておいてくれた。しかし、運命は私の弟を片づけてしまったので、私は母の愛を彼と相分かつ必要はなくなった」。

フロイトは、実はこのゲーテについての分析を、何人もの患者たちの幼児期体験の回想を手がかりにして行ったのである。

たとえば、ある二十七歳の患者は、彼がまだ四歳にならないうちに弟が一人生まれた。彼がフロイトの治療を受けにやってきたとき、弟への嫉妬はとうに忘れ去られていたが、かつてこの嫉妬は、まだゆりかごにいる乳児の弟を殺そうという計画となってあらわれたほどのものだった。大人になってからの彼は、弟をやさしく扱っていたが、自分の猟犬とか丹精込めて飼っている小鳥とか、そういう普段かわいがっている生き物を、突然ひどくいじめたりする奇妙な発作的行為があった。これは、おそらく小さな弟に対するあの敵意衝動の名残りと理解できるものであった。ところが、この患者は、フロイトにこういうことを聞かせてくれた。「憎らしい弟を殺そうと計画していたころのことだが、あるとき、私は手当たり次第に瀬戸物を残らず家の窓から外へ投げ飛ばしたことがある」と。

つまり、このような幼児期記憶全体から見ると、先に引用したゲーテの無邪気ないたずらの記憶も、幼児期の感情的体験や全体的な状況を代理する隠蔽記憶だったのである。

想起・反復・行動化——そして再構成

そしてフロイトは、幼児期記憶の回想について、言葉や観念によって思い出すという形で回想するだけでなく、むしろその回想する体験に伴う感情や対人関係のパターン、態度のほうを先に反復するという事実を見出した。

たとえば父に対して、過度に従順な態度をとっていた男性は、父親と自分のことを言葉で回想するかわりに、父に対してとっていたのと同じような過度に従順な態度を分析者に対してとり、治療者を実際以上に厳しくこわい人物とみなす。しかも本人は、それが過去の反復であるという事実を自覚していない。

この事実を患者に指摘し気づかせると、やがて父親との幼児期記憶が生き生きと回想されてくる。そしてこのような現象を、フロイトは転移と呼び、この転移の分析を通して過去の幼児期体験、特に父母との関係をありありと回想する方法を見出した。

また、この記憶のとらえ方から見ると、必ずしも治療関係ではない一般の実人生の中での対人関係でも、同じような過去の反復が感情的行動的なレベルで日常的に起こっているのに、人々はそれを気づかないままでいる。そんな形でわれわれは、言葉以前で、過去の回想の中で生きているということもできる。そして、この行動的、身体的レベルの反復にとどまり、言語化されたり意識化されたりしない記憶の回想のことを、フロイトは行動化と呼んだ。行動化は、ある意味では幼児期の抑圧の産物である。豊かな内面生活とは、このような抑圧から解放され、現実への関心に即して、過去をも感情のままに自由に回想できること、しかもその記憶と無関係な現実状況では、自由にそれを忘却しておくことのできる心の自由さにある。そうフロイトは語っている(『想起、反復、徹底操作』一九一四)。

それでは、隠蔽記憶の分析を通して再構成された幼児期体験は、本当に客観的にあった事実の記憶なのだろうか。フロイトは、むしろ、次第に明らかにされる幼児期の記憶というものは、純粋な事実経験の回想ではなく、大人になった時点での再構成であり、一定の意味を持った解釈の産物であるとさえ考えるようになった。しかし、それは決してまったくの空想というわけではない。あくまでもその素材は事実であり、いわばそれは、分析者と被分析者が対話的な相互関係の過程で再構成していく、半ば事実、半ば構成の産物であるとみなされるようになる(『分析技法における構成の仕事』)。

〔参考文献〕
『分析技法における構成の仕事』(既出)

『隠蔽記憶について』一八九九、『想起、反復、徹底操作』一九一四、いずれも小此木啓吾訳、「著作集6」所収
『「詩と真実」中の幼年時の一記憶』一九一七、高橋義孝訳、「著作集3」所収

5 事後性——記憶は書き換えられる

フロイトにおける記憶研究

「4 幼児期記憶と抑圧——種々の回想の仕方」で述べたようにフロイトにとって、過去の記憶の回想は一貫して最大の研究課題であった。心的外傷が本当に経験されたものなのか、半ば空想や虚偽の加わった産物なのかが、すでに一八九〇年代からのフロイトの疑問だった。そしてそこから、無意識に抑圧された過去の体験が言語化される回想、そして、転移や行動化の形で無意識に反復される回想、心的外傷体験への固着と反復強迫などの研究が展開された。

ところが、その一方で、亡くなる二年前の一九三七年、精神分析における記憶の回想は、分析者と被分析者との間の共同作業による再構成であるという考えを発表した（『分析技法における構成の仕事』）。この再構成の考えは、患者一人が自分の心の中で一人で回想するのではなく、むしろ分析者、被分析者二人で形成していく対話的な再構成であり、物語化であるという考えである。フロイトはその中で、再構成された過去のリアリティは、考古学にたとえられるような歴史的真理であって、現在の時点でそう理解するのが最も妥当という意味での真理であると言う。さらにフロイトは、記憶について回想する時点が推移するにつれて、ある種の相対的な修正変化がその回想の過程で起こることに、すでに一八九〇年代から、気づいていた。

事後性とは

このフロイトの記憶に関する考えは、現在、「事後性（Nachträglichkeit）」と呼ばれる。事後性とは、一定時点でのある体験、印象、記憶痕跡がそれ以後の時点で新しい体験を得ることや、心の発達や成熟とともに新しい意味や新しい心的な作用、影響力を獲得する心的過程を言う。フロイトは、この心的過程を nachträglich という副詞形であらわし、ときには Nachträglichkeit という名詞形であらわしたが、明確な定義は与えなかった。

ある時点で、それ以前の体験（外傷体験、性体験、その他）が再構成され、新しい水準での意味を獲得するが、このような作用が時には病因になる場合もあり得る——。この考えは、主体の生活史について、フロイトはもっぱら過去が現在を決定するという決定論的だけしか考えていなかったという、しばしば口にされる誤解を否定している。むしろフロイトは、最初から主体は事後的に過去の出来事の記憶を修正し、書き換えるという考えを抱いていたのである。

一八九六年十二月六日付のフリース宛の手紙の中で、フロイトはすでに次のように書いている。「記憶痕跡の形をとって存在する素材は、新たなもろもろの条件によって、折にふれて再体制化され、書き換えを受ける」と。

このフロイトの考えに沿って、ユングは、遡及的幻想（Zurück phantasie）という用語を用いた。大人は、もろもろの過去を大人になってから抱く幻想の中で再解釈するのであって、それらの幻想は、彼が現在とらわれている問題の数だけ存在し、それぞれがそれぞれの問題を象徴的に表現しているという。

事後の書き換えは、出来事や状況の経験、身体的成熟によって促進されるが、性の発達、とりわけ思春期の性の成熟は事後性と深くかかわっている。たとえば、思春期になってからの性的成熟の結果、それに先行した性的体験が事後作用によって病因的な作用を獲得した実例として、『ヒステリー研究』の中に報告された症例カタリーナの分析がある。

一八九〇年の休暇に、フロイトは、ホーエン・タウエルンの山に登り、山小屋で休息した。そこで十八歳の山小屋の娘カタリーナの相談を受けた。彼女は、息切れや呼吸困難、頭重、めまいなどの不安発作の症状を訴えていた。簡単な問答を通して発病の経過を聞くと、二年前、彼女は窓から父といいとこの性交渉の場面をかいま見てしまい、それ以来、息切れと頭痛に悩むようになったという。

彼女は、さらにこの外傷体験に二、三年先立つ二つの経験の話をはじめた。一つは、十四歳になったときに、父と二人で旅行中、酔った父親が夜中に彼女に体を押しつけて、性的な接近をしかけてきたこと、その後も父に対して身を守らなければならなかったこと。しかし、それにもかかわらず、特に不安や息切れは感じていなかったことなどであった。

そしてもう一つは、干し草の蔵でごろ寝して一夜明けたとき、父がいとこに体をぴったりとつけて寝ているのに気づいたこと。また、別の夜半、父がいとこの部屋に行こうとしているのを見たことなどである。

彼女はこの二つの体験を記憶していたのだが、性的な無知のためにその意味が理解できないままでいた。ところが、後になって、たまたま父といいとこの性交場面を目撃するに及んで、この過去の記憶と新しい体験が結びつき、そしてその意味を理解したときに、激しい道徳的、肉体的嫌悪感が生じ、同時に嘔吐が起こった。

つまり彼女は、性交場面を見ただけで胸が悪くなったのではなく、むしろ「それを見ることによって喚起された回想に対して嫌悪の念を抱いたのである」とフロイトは言う。性的に無知な子ども時代の印象は、子どもに何の作用も及ぼさなかったが、思春期になって性生活の意味を理解するに及んで、その記憶が外傷的な作用を発揮したとフロイトは言うのである。このようなカタリーナの体験こそ、まさに記憶の事後作用の適切な実例である。

さらに、「ウォルフマンの分析」(『ある幼児期神経症の病歴より』)において、一歳半の原光景の目撃を四歳のときに見た夢に関する再構成で明らかにしたのもその一例である。

一般の健康な心の場合には、出来事や状況の経験、身体的成熟によって事後の書き換えが段階的に起こる。これらの経験によって主体は新たな意味作用を得て、自分の先行経験を再加工する。この事後性の観点から見ると、心的外傷の記憶は、それが体験された瞬間に書き換えを進める文脈に統合されないままになってしまったもので、書き換えられないまま無意識の繰り返しを受けているのである。ダイナミックな事後作用を受けられなくなってしまって無意識に反復を繰り返すところに、心的外傷の記憶の特徴がある。

現代の精神分析学者A・モデル(Modell, A.)は、先端的な神経生物学におけるG・エデルマン(Edelman, G.)の、「記憶は脳の静的な記録からなるものではなく、むしろ動的な再構成による」という理論に、フロイトの事後性の理解との対応を見出している。

さらに、精神分析治療の目的を考えてみると、まさにその作業は、書き換えられていなかった記憶の書き換え、意味の広がりを結果する事後性の営みであり、喪の仕事もまたこの観点から見ると同じような心的な機能を担っている。また、治療における転移の分析も、この意味での記憶の事後的な再カテゴリー化である。

このように事後性という言葉は、いまや記憶についてのフロイトの研究、ひいてはフロイト思想を理解する上でのとても重要なキーワードになっている。

〔参考文献〕

『ヒステリー研究』『ある幼児期神経症の病歴より』『分析技法における構成の仕事』「フロイト書簡集」(以上既出)

A・モデル『記憶と治療過程』一九九二、福井敏他訳、西園昌久監修、「今日の精神分析」所収、金剛出版、一九九三

Modell, A. *Other Times, Other Realities : Toward a Theory of Psychoanalytic Treatment*, Harvand University Press, Cambridge, 1990

第5章　エディプス・コンプレックスとは

1　エディプス・コンプレックス

私的体験から普遍的なコンプレックスへ

フロイトの精神分析は、彼自身の自己分析におけるエディプス・コンプレックスの発見を起源として発展した。その応用領域というべき、文化、芸術、宗教論の拠りどころは、一貫してエディプス・コンプレックス論であった。

その基本テーマは、異性の親に対する近親姦の願望と、同性の親に対する競争、憎悪、親殺しの願望であり、これらの願望に対する罪悪感の三つである。そして、エディプス・コンプレックスは、フロイトという一個人の心の深層の自己洞察を通して発見された。

このきわめて私的、個人的な願望は実はフロイトひとりのものではなく、むしろ人類すべての一人ひとりの心を揺り動かす普遍的な願望である。フロイトが自分の中に見出した罪の意識は、人間誰もが抱く、普遍的な罪悪感である。この自覚を持ったとき、フロイトはエディプス・コンプレックスを発見した。私的な自分ひとりのことにとどまらず、それはまさに最も普遍的な体験である、という自覚を得たフロイトは、その普遍性の証しを、ソフォクレスの戯曲『エディプス王』の悲劇に見出し、エディプス・コンプレックスと名づけた。

一人ひとりの無意識の中に、エディプス・コンプレックスと呼ぶことのできるような、普遍的な心の課題がある。個々人を超えたこの普遍的な観点から、最も私的で、個別的な一人ひとりの心を理解する普遍的知性の営みが、フロイトの創始した精神分析なのであった。

では、どのようにしてフロイトは、自己自身の深層に、エディプス・コンプレックスを発見したのだろうか。それは、四十代の科学者フロイトが、その知性をみずからの心に向けた二年間にわたる心の闘いを通してである。

エディプス・コンプレックスの発見

一八九六年十月、フロイトの父は八十一歳で亡くなった。その三ヵ月後、フロイトは、はじめて近親姦の夢を見たことを親友フリースへの手紙で報告している。そしてこの二つの出来事は、当時四十歳のフロイトが四十二歳までの二年間にわたって積極的に続ける自己分析の着手のきっかけになった。

まずフロイトは、フリースとの文通を通して続けられた自己分析の過程で、一八九七年五月、「神経症の中核的要因は両親に対する敵対的な衝動で……それは息子ならば父親に、娘ならば母親に向けられる……」と書き、雇い主と結婚したいためにその妻の死を願うメイドの夢を語り、自分にも同じ願望があることを認めるようになる。

フリースとの自己分析の過程で、心の奥にある願望を語ることに対する抵抗を乗り越えたフロイトは、幼児期に自分の母が裸でいるのを見たときに感じた性的興奮の記憶がよみがえり、自分もまた母への愛着と父への憎しみを抱いたことがあるという事実を認めるようになった。そして一八九七年十月十五日付の手紙で、「私にも母に対する愛と父に対する嫉妬の存在を発見した。それは、幼児期には普遍的に見られる現象であると信じる。……誰もが一度はエディプスの芽を持っている」と述べ、「ギリシャ悲劇の『エディプス王』の観衆もまた、心の深層では、たとえ幻想の中であっても、まさにこのようなエディプスであった」と記している。

たとえばそれは、好奇心から両親の寝室に入り込んで、怒った父親に出ていけと怒られている記憶である。若い後妻の子として生まれたフロイトは、ばあやと父、年の離れた異母兄エマヌエルと母が、それぞれ一組のペアだと見なして、父を家族の中でおじいちゃん視して遠い位置に移し、愛情と崇拝の対象としていた。このように父を母との競争相手にしたことのなかったフロイトの意識の奥底には、しかしながら、父と母だけが寝室をともにし、自分は追い出されるという根源的なエディプス的状況の記憶が潜んでいた。

そして、父の死を契機に進められた夢の自己分析を通して、フロイトは、あれほど敬愛していた父ヤコブに対して抱いていた、無意識の死の願望、すなわち「父を亡きものにし、父にとって代わろうとする」願望を次第に自覚するようになる。

「大目に見てください」の夢

フロイトは、理髪店で待たされて父の葬式に少し遅れた。このことを悔やんでいたフロイトは、『夢判断』（一九〇〇）の中で、一八九六年十月二十六日の父親の葬式の後の夜に見た夢を報告している。それは何か掲示板のようなものにこう書いてある夢である。「眼を閉じてください」。ところが、この夢を見たフロイトには、その看板に『両眼（Die Augen）を閉じてください』と書いてあったのか、「片眼（Ein Augen）を閉じてください」と書いてあったのか、はっきりしなかった。

「両眼を閉じてください」は、安らかに永眠してくださいという意味である。ところが、ドイツ語で「片眼を閉じてください」という言葉には、「大目に見る」とか、「見逃してください」という意味がある。つまりそれは、フロイトが、亡き父に「大目に見てください」という気持ちを抱いたことを示唆している。この夢は、フロイトが父親の死に何らかのやましさ、ひいては罪悪感を抱いていた事実を推測させる。

この夢の深層には、理髪が長引いて葬儀に遅刻したなどという自責の気持ち以上の、もっと深刻な罪悪感を抱くような何かが隠されていた。それは、この夢に続く二年間にわたる夢の自己分析によって洞察された、父親に対する死の願望である。

トゥーン伯爵の夢

第3章の「3　夢解釈」で触れたガリバルディの夢の場合にも、実はすでに、再生を願う気持ちの深層に潜む自責感へのかすかな気づきがあるが、やがてフロイトはトゥーン伯爵の夢を見る。それは当時、政界で権勢を誇っていたトゥーン伯爵とウィーンの駅で出会い、負けん気を起こしてわざわざ一等室に乗ったという夢である。

この夢の後半部分でフロイトは、中年の紳士と二人連れで駅にいる。この紳士の一方の目は見えない。フロイトはこの紳士の看護役で、目が不自由だと便所に行けないからと、し瓶を差し出す。そして、その紳士はそれに用をたす。

この夢の各要素について連想しているうちに、フロイトは、亡き父に優越しようとする願望が潜んでいたことに気づく。目が不自由な紳士からの連想は、白内障にかかっていた父親を自分が考案したコカインによる局所麻酔を用いて友人の眼科医コーラに手術してもらい、目が見えるようにしてあげたすばらしい経験を想起させ、し瓶を差し出すという点については、幼いときにおねしょをして父親に叱られた記憶を思い出す。どの要素も、いまは父親に優越し、力関係が逆転し、父を超える願望の夢である。

生きなかった夢

そして、フロイトはその後、ついに「生きなかった夢」を見る。繰り返し夢の自己分析を続けていくと、抑圧は緩和され、夢はとても生々しく、あらわなものになっていく。一八九八年の秋に見たこの夢は、自分の目上だった人々すべてをにらみ消す、激しい彼の衝動をあらわしている。そこには、かつて若きフロイトが生物学の研究をしていたブリュッケ教授研究室の、教授、フライシェル助教授、パネト講師が登場する。

フロイトが、これらの先輩たちを夢の中で鋭く見つめると、彼らは見る間に色青ざめ、朦朧となり、その姿は消えてなくなってしまう。そのすごい自分の力にフロイトは無性にうれしくなり、「そもそも彼らはこの世に生きてさえいなかったんだ」と思う。

自分がときどき遅刻することが教授の耳に入り、教授が定刻に入り口でフロイトを待ち受け、じっと自分を見据えたときの青い目。助手フロイトは教授のこのひとにらみに遇って、消え入りそうになった。当時、それは最も恐ろしい父親体験だった。しかし、いま、自分は〝父親〟をにらみ消すほどすごい力を持っている。

フロイトはこの夢を自己分析した。その結果、自分がパネトを「にらみ消す」という場面について思い浮かべたのは、一八九八年十月十六日に行われたウィーン大学における、故フライシェル助教授の記念碑の除幕式の日のことであった。フロイトがこの夢を見たのは、その除幕式後の数日中のことであった。

そもそも亡くなったフライシェルは貴族出身の金持ちであり、ユダヤ人フロイトにはとても及びようのない恵まれた学者生活の道を歩んでいた。つまりフロイトは、この non vixit（生きなかった）の夢の中で、すなわち深い無意識の中では、実は貧しいユダヤ人である自分がこの恵まれたフライシェルに対して嫉妬と羨望を抱いていたことに気づく。

夢に登場するもう一人のパネト講師はと言えば、病臥中のフライシェルの助教授の地位を得ようとして、その死をいらいらしながら待っていた。ところが、皮肉にもパネトは、その地位を手に入れるいとまもなく、フライシェルより早く死んでしまった。つまりフライシュルもパネトも、嫉妬と羨望に発する、フロイト自身の彼らに対する死の願望を実現するかのように死んでしまったのである。

この夢についてフロイトは、こう語っている（『夢判断』）。

この夢の思考は、「俺が座るのだから、おまえはそこをどけ」「あいつが死ねば空席ができる」といった、数少ないポジションを互いに争う研究者たちの、ライバルを押しのけて亡き者にしようとする生々しい衝動をあらわしている、と。

「古往今来、位階や昇進ということがある限りは、抑圧を必要とするような願望への道が開かれている。シェークスピアの王子ハル（ヘンリー）は、病める父王の寝台のかたわらにあって、自分に王冠が似合うかどうかをちょっと試してみる誘惑に打ち克ちえなかった。しかし夢は、容易に理解されるように、この不届きな願望の罰を、私にではなく、彼（パネト）に加えている」。「当時、私はこういう『俺が座るのだから、おまえはそこをどけ』という願望を抱いていらいらしている亡友パネトを非難せずにはいられなかった」。そしてフロイトは、夢の中で感じた自分の満足の一部は、「これは正当な罰だ、おまえ（パネト）がそうされるのは当然だ」という気持ちに発している、と分析している。

フロイトは、実は自分自身の中にも友人パネトがフライシェルに抱いた願望と同様のものがあったにもかかわらず、夢の中ではパネトのフライシェルに対する不届きな願望だけが主題になり、自分がフライシュルのためにパネトに罰を加え（にらみつけ）、彼を抹殺していい気持ちになっていた、と言う。そして、この夢を分析する過程でフロイトは、自分自身の内面にひそむフライシェル、そしてパネトに対する死の願望を見つめるようになる。

フロイトは、この夢の自己分析の終わりにこう語っている。「自分の夢を分析し、それを他人に報告するには大変な克己心が必要である。人は、自分と一緒に生活しているすべての高潔な人々の間で、自分だけをただ一人の悪者として暴露しなければならないからだ」。

このようにして、この夢はフロイトみずからのエディプス・コンプレックスを確証することになった。それはまた、自分こそ罪深いひとりのエディプスなのだという厳しい倫理的自覚の成立でもあった。夢の自己分析が精神分析の起源をなすというのは、まさにこの意味においてである。

エディプスの物語とは

そもそもソフォクレスが『エディプス王』の悲劇に翻案したギリシャ神話は、次のような物語である——。テーバイの王ライウスは、生まれてくる息子はお前を殺すという神託を受け、妻のイヨカスタが男子を生んだとき、この乳児を山麓に捨てて死ぬにまかせるように命じた。だが、羊飼いが乳児をコリントのポリパス王のところに連れてゆき、王はその子どもを養子にした。青年に達したエディプスは、コリントを後にし、たまたま十字路で実父ライウスと遭遇する。道の譲り合いから喧嘩になり、エディプスはライウス王を父と知らずに殺害した。

エディプスは次にスフィンクスと出会う。スフィンクスはテーバイへの道をふさいで旅人に謎を出し、解けないと殺していたのだが、エディプスがその謎を解いたため、屈辱から自殺する。テーバイの人々は感謝してエディプスを王とし、彼をイヨカスタと結婚させた。ところがテーバイに悪疫が流行し、神託によれば、ライウス殺しが悪疫の原因であるという。エディプスは犯罪者を明らかにして町を救おうと誓ったが、その結果、彼自身が父の殺人者であり、母親と近親姦の罪を犯していたことを知る。イヨカスタは首を吊って死に、エディプスは、彼女が着物をとめるために使っていたブローチで自らの目をえぐって盲目となり、放浪の末にアテナイで死ぬ——。これがエディプスの物語の要旨である。

フロイトは、『夢判断』の中で、一連の自己分析及び他人の夢を素材として、分析の結果あらわれた願望とエディプス神話を結びつけた。そして『「愛情生活の心理学」への諸寄与』(一九一〇)の論文の中で「男性にみられる愛人選択の特殊な一タイプについて」という章を立てて「エディプス・コンプレックス」という用語をはじめて用い、「母親を欲し、ライバルの父親を憎みはじめる男の子はエディプス・コンプレックスの支配下にある」と述べた。

さらに『精神分析入門』(一九一七)では、「ソフォクレスのエディプスの悲劇を見る観客は、まるで自己分析によってエディプス・コンプレックスを自分の内面に認め、劇中の神意と神託を、無意識がつけている仮面をはがされ、その内心を暴き出されるかのように感じる」「人間はたとえ自分の悪しき衝動を無意識の中に抑圧して、それらの衝動に対して自分には何の責任もないと言いたくても、やはりその責任を、自分には理由のわからない罪悪感の形で、心の中に感じないわけにはゆかなくなってくる」と言う。

陽性と陰性のエディプス・コンプレックス

フロイトは、「幼い男の子は母親を独占しようとして、父親の存在を邪魔に思い、『僕はお母さんをお嫁さんにする』と母親に約束する。そのようなことはエディプスの犯した罪とその萌芽においては同一のものである」と言い、しかし、「この観察は、同じ子どもが他の機会には父親に大きな愛情を示すことがあるために、多くの場合はっきりしない。この相反する、アンビヴァレントな感情的態度は、子どもの場合には長期にわたってうまく併存し、互いに葛藤し合う」と述べて、エディプス状況における親に対する愛と憎しみのアンビヴァレンスを指摘した(『精神分析入門』)。

エディプス神話で描き出された陽性のエディプス・コンプレックス (positive Oedipus complex) とともに、常に陰性のエディプス・コンプレックス (negative Oedipus complex) も共存する。それは、子どもが同性の親に愛情を抱き、異性の親に憎しみを抱く心的布置で、実際にはこの二つの態度は種々の度合いで併存する。

陽性のエディプス・コンプレックスが陰性のそれを凌ぐ場合には、その人は異性愛的な志向を持ち、適応性のある大人になるが、陰性のエディプス・コンプレックスがより強い場合には、父親に受け身的で父親の愛情を受けたいという同性愛的な志向が続き、その後の対象選択に影響を与え、ひいては神経症の要因になる場合がある。そして、幼児期のエディプス・コンプレックスによって体験された異性の親に対する性愛は、大人の異性愛対象の中に再現される。恋人をすばらしい女性（男性）と思う男性（女性）の深層には、彼（彼女）の母親（父親）との関係を恋人との間で再体験するようになる。つまりエディプス・コンプレックスに固着している男性は母親に固着し、女性なら父親に固着し、自分の異性の親と似た人物を愛の対象に選ぶ。一方、父親に対するエディプス的な競争関係は、年長の男性との間で繰り返される。

フロイトは自己分析を通してこのように結論づけた。そしてエディプス・コンプレックスは、フロイトが各領域における人間の心の営みを考察する上で最も基本的な概念になった。

第一に、それは人間が小児性欲を父・母・子という親子関係を介して社会化すること、第二に、罪と罰、つまり倫理性の獲得を促すこと、第三に、男性性と女性性という性別の分化を確立すること、第四に、思春期における親離れを促し、異性の愛情対象に向かう心の成長を可能にすること。フロイトはこれらの概念を明らかにし、さらに、家族、文学、芸術、宗教を論ずる鍵概念へと発展させていった。

〔参考文献〕
『夢判断』『精神分析入門』「フロイト書簡集」（以上既出）
『「愛情生活の心理学」への諸寄与』一九一〇、高橋義孝訳、「著作集10」所収

2 小児性欲

「性欲」概念の拡大——性的（sexual）と性器的（genital）の区別

フロイトについては、無意識の発見とともにその「汎性欲説」が有名である。では、なぜ「汎性欲説」と呼ばれたのか。一つには、フロイトが、性欲の概念を拡張し、子どもにも性欲があると主張したためであり、二つには、性本能を無意識生活を動かす基本的な動

因とみなしたためである。

たしかに、当時の人々に衝撃と反発を引き起こした小児性欲論は、「性欲」の概念の革命であった。そしてそれは、「性的（sexual）」ということと、「性器的（genital）」ということを区別することによって展開された。そもそもフロイトは、人間の精神生活が意識だけでなく無意識によっても支配されているという仮説を立てて精神分析を創始した。そしてこのみずからの無意識の発見を、フロイト自身、コペルニクスやダーウィンの人類における意識革命に比した。

つまり、それまで人々は、「精神的」ということと「意識的」ということとを同義とみなしていたが、フロイトは無意識的な精神にまで「精神」の概念を拡大した。それと同じように、それまで人々が、同義的に考えていた「性的なもの」と「性器的なもの」を区別し、「性的なもの」を「性器的（生殖的）でない性的なもの」にまで拡大したのである。

一般に「性的」「性欲」「性愛」という言葉を使うとき、人々は、暗黙のうちに大人の性欲を思い浮かべる。つまり、最終的には、異性間の性器の結合による性交を目指し、相互のオルガスムをもって完了する、そのような性器的な性行為として性欲をイメージする。

しかし、小児の母子関係をよく観察すると、そこには、豊かな「性的」な快と満足の営みがある。その代表は、乳児の口愛である。いやむしろ、この口愛の快と満足こそ性欲の原型とも言えるのではないか、というのがフロイトの主張である。

口愛の発見

フロイトは、乳児の母親への愛着現象を口愛と呼んだ。母の乳房を求め、吸いつき、母親にしがみつく口愛行動は、口唇・舌・その周辺の皮膚から得られる強烈な快感を伴う。乳児が母を求めるのは、決して乳という栄養物を摂取するためだけではなく、この口愛的快感を繰り返し欲求するためであり、母からその満足が得られなければ、その代理物（おしゃぶり、タオル、自分の指）をしゃぶろうとする。はじめおそらくは、この口愛の満足感と、栄養摂取の満足感は未分化かもしれないが、やがては分化し、口愛的欲求はそれ自体の満足を求める独立した欲動として活動しはじめる。

フロイトは『精神分析入門』の中で、次のように言う。「乳児は、それ以上の栄養を（自己保存上）必要としないにもかかわらず、その栄養摂取の動作を繰り返そうとする。つまりこの場合、乳児は別に飢餓の衝動に駆られているわけではない。乳児が乳房をしゃぶりながら安らかな表情で眠りにつくのは、しゃぶるという動作それ自体が、乳児に満足をもたらすことを意味している」と。

もし乳児が、自分のこの体験を言葉であらわすことができるとしたら、母親の乳房を吸う動作は、生活の中で最も重大なことで、最大の快と満足をもたらすものだと言うに違いない。そして、このような快を求める口愛欲求の発見は、フロイトの小児性欲論の源泉となり、乳児の母親への愛着に関する現代の発達心理学を導き、方向づける指針の役割を果たすことになった。

口愛は性欲の原型

乳児の、口唇・舌・周囲の皮膚は、おびただしい快感感受性を備え、ひたすらこの快感獲得という目的のために、吸い、しがみつくように見える。そして母親の乳房を吸い、母親との接触がみたされた赤ん坊の恍惚、それに伴う外界への注意力の完全な消耗は、みち足りた赤ん坊を眠りへと誘い、オルガスムの一種ともみなすことのできるような運動性の反応をもたらす。しかも多くの小児が、おしゃぶりから小児性の手淫（おチンチンやクリトリスをいじる）へと到達することがある、という事実。大人になっても、この種の口愛快感（たとえば接吻と抱擁）が、すべての性的興奮と快感の発火点となる事実等々は、乳児の口愛と大人の性愛との何らかの連続性と脈絡を暗示してはいないだろうか。

そしてフロイトは、次のように結論した。「母親の乳房を吸うことは、性生活全体の出発点であり、後年のすべての性的満足のすぐれた原型となる。つまり母親の乳房は性的欲求の最初の対象としての意味を持つ」と（『精神分析入門』）。

小児性欲の概念

フロイトは口愛欲求だけでなく、この口愛期に引き続いて小児の成長に伴ってあらわれてくる肛門愛、男根愛という三つの発達段階を区分し、これらを小児性欲と総称した。つまり、口愛の場合は口唇、口腔の粘膜、周辺の皮膚が、肛門愛の場合は肛門やお尻が、そして男根愛の場合はペニス＝クリトリスが、それぞれ特別な快感・感受性を備えている。フロイトは、このような身体部位を性感帯（性愛部位）と呼び、小児が乳房を吸うときに、排便や排尿のときに、そしてオナニーをするときに感じる生理的快感を、大人の性的な快感と同質の快感とみなしたのであった（『性欲論三篇』一九〇五）。

たしかにフロイト以前にも、幼児の性的活動について、ペニスの勃起や手淫、性行為に類似した現象を記載した学者はいたが、彼らはいずれも、それらを例外的な現象、珍しい異常な変質現象として取り上げたにすぎなかった。ところがフロイトは、彼の言う意味での性的活動はきわめて普遍的なもので、むしろ先天的に定められた本能成熟のあらわれであり、そこには、口愛、肛門愛、男根愛という段階で発達する明確な法則性が見出される、と主張する。

フロイトはさらに、思春期における第二次性徴のあらわれ、いわゆる「性の目ざめ」をもってはじまる大人の性欲を性器性欲と呼んで、小児性欲と区別した。

つまり小児性欲は、性器性欲以前（pre-genital）の性欲である。そして、これらの小児性欲は、口愛も肛門愛も、そして男根愛も、それぞれ自分自身の身体的快感と満足だけを求める自体愛的な欲動であって、決して大人の性器愛のような異性の愛情対象を相手にしてはいない。性器性欲の段階になって、はじめて人は愛情の対象に性欲を向けるようになる。そのために人々は、あたかも「意識」だけを「精神」とみなしていたのと同じように、「性器性欲」だけを「性欲」とみなしてきた。

性器統裁

そこでフロイトは、これらの口愛、肛門愛、男根愛それぞれの小児性欲の部分的な構成要素を統合する性器統裁という概念を提起した。

このフロイトの考えをまとめて言うと、人間の性的な快感と関心は、乳房と口唇を主とする口愛から、裸になったり、大小便をためたり、排出したりする肛門愛を経て、ペニスやクリトリスに性的な快感と関心を向ける男根愛の段階へと発達するが、これらは思春期以後の大人の性器と性器の結合を目指すジェニタルな性器愛によって統合されるというのである。性器愛では、その愛の営みの際に、接吻、肌の接触、その他、あらゆるプレ・ジェニタルな性の快感がジェニタルなセックスに先行して、前駆的な快感（前戯）の形をとり、さらにこれらの興奮が最終的に性器的な性愛に統合して体験されるのが、正常な性である。このような性器愛は、思春期以後になってはじめて完成するが、この完成をフロイトは「性器統裁（genital primacy）」と呼んだのである。

このフロイトの観点から見ると、どんな人間もそれぞれ程度の差はあれ、倒錯的な傾向を持っているが、それは性器愛の愛と性によって統合されている。この統合が失われると、本来は部分的な要素であるべきプレ・ジェニタルな個々の性愛が肥大し、拡大し、また、それが究極的な目的になってしまうということが起こる。この場合を性倒錯と呼ぶというのがフロイトの性倒錯の定義である。肛門愛への固着が肛門性交への欲求を生み、男根愛への固着が露出症や自己愛的なオナニーへの固着を生むというのである。

フロイトは倒錯を、これらの欲動の倒錯（パーヴァージョン）と対象の倒錯（インヴァージョン）とに分けた。前者は露出症、窃視症（のぞき）、サディズム、マゾヒズムなどの、性器愛の統合を失った欲動への固着を意味し、後者は、異性愛の対象でない対象に対する性愛、つまり同性愛、幼児愛、近親姦などを意味した。

それでは、性器統裁とはどんな内容なのか。フロイトはそれ以上の説明を加えていないが、性器統裁の概念をその精神分析理論体系の基本に置いて、独自の性の革命論を展開したのが、『性格分析』で名高いW・ライヒ（Reich, W.）である。そして、この性器統裁の概念を受け継いで、もっと納得のいく形に発展させたのが、E・H・エリクソンの自我同一性論である。

エリクソンは、性器愛についてこんな定義を述べている。

第一に、前駆快感を統合した十分に性器愛的なオルガスム体験の能力。第二に、そのオルガスム体験を異性愛の対象との間で相互的に、または同時的に共有することのできる能力。第三に、これらの性器愛を人間的な愛情の中に統合した形で、継続的に維持する能力などである（E・H・エリクソン『自我同一性』）。

この意味での性器愛は、フロイト以後の精神分析における性愛の正常性を定義する基本理念としての役割を果たすことになった。

〔参考文献〕
『精神分析入門』、E・H・エリクソン『自我同一性』（以上既出）
『性欲論三題』一九〇五、懸田克躬・吉村博次訳、「著作集7」所収
W・ライヒ『性格分析――その技法と理論――』一九三三、小此木啓吾訳、岩崎学術出版社、一九六六

3 去勢——タブーの象徴

父性原理の象徴としての去勢

去勢は、かつては現実に行われた処罰であった。そして現代でも、去勢の脅かしは、処罰の不安を引き起こす親から子どもへのメッセージである。いや、この脅かしそのものが、すでに罰の心理的意味を持つこともある。とりわけ子どもの側が去勢される幻想を抱いている場合には、その脅かしはより現実味を帯びた処罰恐怖を引き起こす。さらに去勢は、社会共同体の秩序を守る上で必須の、タブーを犯す場合に加えられる処罰の象徴でもある。それは、原罪に対する贖罪の象徴が十字架であるのと同じように、タブーそのものを、そしてタブーを犯したものに対する罰を意味する象徴である。観点を変えると、それは父性原理の象徴である。

悪いことをしたら、おチンチンを切られる、家から追い出される、お仕置きをされる、(因果応報の原理で)仕返しされ、身体が傷つき、病気になる……この種の脅かしが去勢の脅かしであり、その結果、人々の心に生まれるのが去勢不安である。そして去勢の内面化が処罰恐怖型罪悪感であるが、この去勢の脅かしは、人間の行動を規制する原理として次のような特徴を持っている。

1、善、悪の区別が明確である。

2、脅かし（処罰）を加える側が、善悪について確信的（断言的）である。

3、罪と罰の因果関係がはっきりしている（たとえば、おチンチンをいじっている息子に対して、パパ、ママが、はっきりそれは悪いことと確信していて、そんなことをすると「頭がバカになりますよ」と脅かすとする。その場合、パパ、ママはオナニーを悪いことと確信し、はっきり脅かして止めさせなくてはと思っている）。

4、罪と罰は、罰を加えられる側に、絶対的（権威的）なものとして受け取られる。

5、別の価値（考え方）、別の権威から見れば必ずしも罪でないかもしれないし、罪と罰は実は相対的なもの、つまり仕返しとかその処罰者のエゴイズム（利害）に発するもの、といった見方の介入する余地がない。

したがって、

6、罰を受ける人（罪を犯す人）は、もし罪を犯す場合には、その罪を犯す責任を背負う覚悟が要求される。この原理は、秩序が確立した権威主義的な世界、厳しい強い父親が支配する父性的社会で執行される。

去勢をフロイトは、このような社会原理の執行とみなしたのである。

タブーに触れたハンス

そして、この去勢の脅かしは、子どもがエディプス・コンプレックスの段階にまで成長するとともに親から加えられるようになる。それまでは無邪気な男の子のママへの甘え、女の子のパパへの甘えが、にわかに性愛的色彩を帯びてくるからである。

小児性欲が一定の発達段階、つまり四、五歳になって男根愛が活発になると、それはタブーに触れる。子どもたちは、神聖不可侵の聖域たる父母の寝室に侵入し、その秘め事に首を突っ込み、父母の性愛の世界に割り込み、暴こうとする。彼らは小さなエディプスになろうとする。そうなると、父母の態度に大きな変化が起こる。それは、父母の心の中に内在している超自我――タブーに触れるからである。大人たち自身の不安・罪悪感・嫌悪・羞恥の感情を刺激し、厳しい禁止や脅しを誘い出す。

フロイトは、この去勢する父親に対する恐怖が、馬の恐怖に置き換えられていた五歳の男児ハンスを、その父を介して分析し、その心的状況を明らかにした(『ある五歳男児の恐怖症分析』一九〇九)。ハンスは、フロイトの小児性欲論とエディプス・コンプレックスを実証した症例として、精神分析の歴史に不朽の名をとどめた男の子である。

四歳を過ぎた頃から、最愛のママが、折さえあればハンスの愛情を斥け、おチンチンの楽しみを下品だ、悪いことだと叱り、しかもハンスを寝室から追い出して、パパと二人だけで寝るようになってしまった。四歳九ヵ月になったある朝のこと、ハンスは、ママがいなくなってもう抱いてもらえない、という不安な夢を見て両親の寝室にやってきた。その数日後、ママと外出中に泣き出して、「馬に噛まれるのがこわい、こわい」と訴え、「馬が部屋に入ってくる」と言って夜も脅え続けた。

これがハンスの馬恐怖症のはじまりである。

では、どうして急にハンスはそんなに馬がこわくなってしまったのだろうか。どうやらハンスの恐怖は、自分がおチンチンをいじると、パパにおチンチンを切られてしまうという去勢不安、ママと一緒に寝たいのにパパに邪魔される、ママにくっついているとパパに追い出されるという、パパへの怒りとおそれが馬に置き換えられた症状であることが少しずつ明らかになった。

ハンスのオナニーに次第に神経質になったママはそれを禁止しようとしたが、その際、おチンチンをいじると、パパに言いつけてちょん切ってもらうと言って脅かしていた。

そしてフロイト宅を一度だけ訪問したハンスが、そのパパと並んで座っているのを見たとき、フロイトは直観した。ハンスは、しきりに「馬の口のまわりの黒いもの」をこわがったが、それはくつわのことで、パパの口のまわりの黒ひげを連想するからこわいのではないか。フロイトがそう説明すると、この恐怖は消失した。頭を高く上げて通っている馬車の馬を見てハンスは、「威張っていて、倒れそうだからこわい」と言い、やがて自分がママのそばにいるとパパがとても威張るので、倒れてしまえばよい、そうしたらいつもママと一緒にいられるようになると思った、と語った。

ハンスのエディプス・コンプレックス

熱愛するママのベッドで、毎晩一緒に寝たい。邪魔なのはパパだ。シェーンブルン宮殿にある動物園のキリンたちが大好きだったハンスは、そのキリンの夢も見ていた。「夜、大きなキリンとくしゃくしゃのキリンが部屋に来て、くしゃくしゃのキリンを僕が引き離したら、大きなほうが高く啼《な》いた。やがて啼くのをやめたので、僕はくしゃくしゃのほうの上に乗っかった」。そしてこの幻想こそ、毎晩、毎朝、両親の寝室に侵入してくるハンス坊やの願望であり、その光景の再現であった。ママはそのたびに、ついつい坊やをベッドに入れてしまっていたのだが、パパはそれを禁じてママを叱りつける。

「パパはママの上に乗っかる」「自分もママの上に、パパを引き離して乗っかりたい」、これこそ父母の原光景への侵入、母への愛着と近親姦願望、父への憎しみと排除願望からなるエディプス・コンプレックスである。

フロイトの指導によって去勢不安が和らげられたある日、ハンスは空想の中で、自分は、ウンチや人形などの子どもたちの父であり、パパはその子どもたちのおじいちゃんで、子どもたちは自分とママの子どもである、と話すようになった。

つまり、この空想を物語ることで、ハンスは、自分のエディプス・コンプレックスに対して、合理的な自我を働かせることができるようになった。そしてハンスは、去勢不安を克服し、自分も立派な男の子、立派なペニスを持った一人前の男性であると、パパに宣言することができるようになる。

やがてハンス坊やは、パパを介して進められた約五ヵ月間の治療が終わる頃になって、新しいペニスをつけてもらう夢を見た。「職工さんが来て、鉗子で僕のお尻をとってしまって、その代わりに新しいのをつけてくれた。新しいおチンチンもつけてくれた」というのである。この間にハンスは、夢の中のこわい職工さん、つまり去勢(威嚇)者であり、ママとのライバルであるパパをおそれなくなっていた。いやパパは、フロイト先生の指導で、ただ叱ったり、隠したりしない合理的な態度をとるようになった。自分の恐怖症を治してくれて、新しいペニスをつけてくれるよいパパになった。

ハンスの男根愛とエディプス・コンプレックスは、フロイトの指導によって、合理的な態度で解決される。そして潜伏期への道を歩みはじめることになった。

もしハンス坊やが、父母の禁止やしつけ（追放や去勢の脅し）を受けないまま急に一人前の男になったらどういうことになるだろうか。あのエディプスと同じように母と同衾して近親姦を行い、同時に父殺しの罪まで犯してしまったのではないか。ハンスはまだ小さな可愛い男の子であり、その無心な母への愛着も、父を邪魔にしたり、おそれたりする敵意も、ただそれだけのこととして見聞すれば、エディプス悲劇の深刻さとはおよそ縁遠い、無邪気な甘えやいたずらにすぎないように見える。

しかし、あのハンス坊やの馬への脅えや泣き叫びに、もし大人たちが虚心に耳を傾けるならば、ハンス少年の恐怖症が、実はとても深刻なエディプスの苦悩の子ども版である事実を悟ることができるに違いない。とりわけフロイトがハンス坊やをそのノイローゼから助け出すことができたのも、ひとえに当時四十九歳だったフロイトが、厳しい自己分析の試練を通して、ハンスと同じエディプス・コンプレックスをすでに自己自身の内に発見していたからである。

〔参考文献〕
『ある五歳男児の恐怖症分析』一九〇九、高橋義孝・野田倬訳、「著作集5」所収

4 モーゼ——理想の父性像

父性優位の思想

フロイト思想は、父性優位の思想である。フロイトは、人類はかつて母権制であったが、やがては父権制の段階へと進歩したと言う。この母性から父性への進歩こそ、知性優位のフロイト思想の拠りどころである。そして、こう語っている。

「表象や記憶や推理過程などの知性優位の父権的な精神の新帝国が確立された。この新帝国は、それまで人類の心を支配していた感覚器官の直接の知覚を内容とする、もっと程度の低い心理活動である母性的な世界に対立するものとして創始された。たしかにこれは人間の精神の進歩の途上における最も重要な段階の一つになった。そして、父権家長制の社会秩序が、母権制的社会秩序にとって代わった。……母親から父親へのこの転換は、感性に対する精神性の勝利を、そして文化の進歩を示している。なぜならば、母であることは感覚の証言によって証明されるけれども、父であることは推論と仮説の上に構成された承認だからである。思考過程が感覚的知覚の上位に置かれている」

フロイトは、こうも語っている。「人類にはどうしても解けない謎が二つある。一つは、月に生物がいるかどうか。もう一つは、父親にとって自分の子どもが本当に自分の子どもであるかどうか、の謎である」と。

母と子のつながりはごく自明の自然の絆である。母にとって自分の胎内で育った子どもは、自分の子どもかどうか疑う余地はない。ところが、父と子のつながりは、父親にとって自分の妻の貞節、つまり自分と妻との契約を守る忠実さを信頼することによってはじめて成り立つ絆である。そこには、道徳とか契約とかの社会的な原理が介入している。それだけに、感覚的なものを超えたこの推論と知性で成り立つ父と子の世界は、感覚的直観的な、母と子の世界とは次元の違う、より高次の社会性のある世界である。

こう主張するフロイトは、母権制から父権制への社会秩序の移行を、感性から精神性への人類の進歩とみなし、父権家長制の側に完全に自分を置いている。

社会的・倫理的関係と原始的関係

真の意味での倫理的関係を持つのは、フロイトにとって父親と息子の関係である。女性が倫理の世界で役割を果たすのは、父親に対する妻としてであって、「母なるもの」は、こうした倫理的世界以前のものであった。

「たしかに人間にとって父親との関係は、社会的・倫理的にのみ成立し得るが、母親との関係は、それ以前のより原始的な自然の関係である。それだけに未開諸民族の母性神はいずれも原始的で生み育てる母なる大地であるが、同時に、死んでゆく人間を抱きかかえる死の女神をも意味する」。『小箱選びのモチーフ』で、運命の女神モイラについて論じながら、フロイトはこう語っている。

フロイトはまた、同じ悲劇を論じる場合でも、老いと死という自然の必然に逆らう人間の悲劇は、女神たち、ひいては母性神の文脈で論じ、倫理・社会の根源における悲劇は、もっぱら父と息子の文脈で論じる。このフロイトの態度は、自然を超えた倫理的人間としてその自我を全うしようとしたフロイトにおける父性優位の人間観の特質を見事に示している。

そして、フロイトは彼の理想的な父性像を、ユダヤの民に十戒をさずけたあの偉大なモーゼに見出した。

理想的な父性像モーゼ

モーゼはフロイト思想を解く上で、まさに鍵というべき存在である。モーゼは理想の父であり、それだけにフロイトのエディプス・コンプレックスの対象になり、ひいてはユダヤ教とキリスト教という二大思想を分ける岐路に立つ存在であった。

とりわけ、ローマの聖ピエトロ・ヴィンコーリ寺院にあるミケランジェロの「モーゼ像」は、フロイトにとって特別な対象であった。彼は四回にわたってローマを訪問するほど、この彫像に魅せられた。そしてフロイトはこのモーゼ像に、彼にとって理想の父性像の原型を見出した。フロイト自身、こう語っている（『ミケランジェロのモーゼ像』一九一四）。

「私は一体何回この礼拝堂を訪れて、モーゼの侮蔑と怒りを浮かべたあの眼差しを一身に浴びたことであろう……なぜ私はこの彫刻像を謎にみちていると言うのか……おそらくそれはモーゼの魂の状態について、そしてその姿勢に表現されている『見かけだけの平穏な静けさ』と『内面の激しい動き』との対立関係について、もっと突っ込んだ説明ができないものかという気持ちからである」

一般にこのモーゼ像は、堕落したユダヤの民に激怒したモーゼが、十戒の石板を投げつけようとしている姿とみなされている。だが、フロイトの解釈はそれとは異なる。

「怒りのあまり十戒の石板を投げる厳しい父親像ではなく、むしろこのモーゼ像は、堕落したユダヤの民が偶像を真ん中に踊り狂っている光景をながめているモーゼ像を表現しているが……このモーゼ像は飛び上がりもしないし、十戒の板を投げつけようともしない。われわれがこの像から読み取るのは、怒りへの前奏曲ではなく、むしろ過ぎ去ったある動きのなごりである」

つまり、フロイトはこのモーゼ像に、何とかしてみずからの怒りを克己しようと努力し、自分のこの感情に打ち克った瞬間のモーゼ像を見たのである。

「(ユダヤの民に対する) 怒りの発作が起こったとき、もちろん彼は怒りのあまりに十戒板のことを忘れそうになった。しかし、彼はその誘惑に打ち克った。いま、彼は制御された怒り、軽侮と混じり合った苦悩のうちにいつまでもそのまま静かに座っている。彼は板を投げ飛

ミケランジェロの「モーゼ像」
(聖ピエトロ・ヴィンコーリ寺院)

ばして、それを石に打ちつけて壊すこともはやない。なぜならば、まさにその十戒板のゆえに彼は怒りに打ち克ったからである。十戒板を救うためにこそ、その激情を抑えたのである……もう少しのところで十戒板は手から滑り落ちて壊れそうになった。しかし、そのことが彼を我に返らせた。モーゼは自分の使命を思い出し、その使命のために感情の爆発を断念した。手はかけ戻り、十戒板がすっかり落ちてしまう寸前に、落ちかかっているその十戒板を救った。そして、そのまま彼のポーズは凝固した。ミケランジェロが大理石に刻み上げたのは、霊廟の守護者としてのそのようなモーゼなのである……」

このフロイトの、自分の衝動と闘うモーゼ像は、フロイトがその内面に抱く理想の父親像であった。そして、フロイトはこう結論する。

「ミケランジェロはモーゼの性格の変革を企てた。彼は十戒板の破壊という主題をつくり変えて、むしろ怒ったモーゼに十戒板を壊すことをやめさせ、逆に十戒板が壊れるかもしれないという危惧の念によってその怒りをしずめさせる。しずめさせないまでも、少なくともそこまで行ってしまう途中でそれを阻止した。こうすることによって、ミケランジェロはモーゼ像にもっと新しいもの、超人間的なものをつけ加えた」

ミケランジェロの彫刻像に見出したこのモーゼ像こそ、フロイトにとって理想的な父性像であった。そして、この父性像こそフロイト思想の核心である。それは、掟に背く人々を厳しく罰する父親というより、みずからが法に従い、内面でみずからを克己する模範になるような父親像であった。
E・H・エリクソンは、ミケランジェロのモーゼ像に関する論文を読んで父なるものと出会い、フロイトの門をたたいたと言われている。

〔参考文献〕
『小箱選びのモチーフ』『ミケランジェロのモーゼ像』（以上既出）

5 原父殺害——罪悪感の起源

処罰型罪悪感と、怨みおそれ型罪悪感

フロイトの精神分析は、その自己分析の中で彼が得た、自分もまた一人のエディプスであるという自覚に発している。そして、亡父に対して抱く罪の意識の背後に、それまで自

覚していなかった母に対する近親姦願望と父親殺しの願望を、みずからの心の中に自覚したのであった。

この原体験からエディプス・コンプレックス論が発展したのだが、エディプス的な願望をめぐる罪悪感は、その核心である。そしてフロイトは、人類における罪悪感の種類と、それぞれの起源を明らかにすることを通して、人類における社会共同体の成り立ちの心的な過程に関する考察を展開した。そこでまず、罪悪感の種類と起源について述べると、フロイトは、大別して処罰型、怨み型、悔やみ型の罪悪感を区別している。

たとえばあのハンス少年の側に立って考えてみると、ハンスが父母にエディプス的な願望を向けるようになるにつれて、父母からしばしば去勢の脅かしを受けるようになった。なぜ、父母は父母の寝室にもぐりこみたがるハンスのような少年を寝室から追い出し、おチンチンいじりを去勢の脅かしによって禁止するのだろうか。その理由は、このハンスの母親に対する近親姦的な愛着と、部屋から父親を追い出し父にとって代わり、ひいてはその死を願うエディプスの衝動が、社会のタブーに触れるからである。

このタブーは、やがて去勢の脅かしによって子どもの心に内在化して超自我になり、タブーに触れる衝動が起こると、超自我の禁止が働くようになる。このタブーは、こうして父母から子どもへと伝達されていく。子どもがエディプス期になって、社会のタブーに触れるような衝動を親に向けるようになると、親は去勢の脅かしをすることによって、子どもの中に処罪型罪悪感をつくり出すのである。

つまり、この処罰型罪悪感は、教育としつけを介してつくり上げられる超自我の禁止や、叱責を受けることの予測や不安に発する罪悪感である。さらにフロイトは、敵を殺害した部族の兵士たちが、相手の霊を慰めるきよめの儀式に触れて、迫害型の「怨みおそれ型」の罪悪感についても論じている。この怨みおそれ型罪悪感から、怨み――怨念の化身としての幽霊や亡霊のたたりへのおそれも生まれる。

悔やみ型罪悪感――タブーの成り立ち

では、どのようにして社会共同体は成り立ったのであろうか。当然そこには、社会成員の共有するタブーを守る秩序が要求されるが、共同体が成り立ってからは、タブーに触れたとき人々が抱く処罰型罪悪感が共同体のルールを守る最も重要な規制原理として働く。それでは、それ以前の成り立ちを探ると、社会共同体はどのようにしてこのタブーをつくり守ることになったのだろうか。

この考察を進めるうちにフロイトは、人類における最も根源の罪悪感として悔やみ型罪悪感を明らかにした。

つまりそれは、罪悪感の本当の起源―原型というべき人間それぞれの心の内面に自発的に起こる罪悪感であるとフロイトは言う。フロイトはこの罪悪感を、強迫自責、つまり悔やみ型の罪悪感と呼んだ。悔やみは、それぞれの人の心に自発的に起こる「悪かった」「すまなかった」という気持ちで、良心の呵責や自責感、ひいては謝罪したい気持ちや償いたい気持ちとも重なる心情である。

「悔やむ」という言葉を辞典で引くと、二つの意味がある。一つは、「悔やしい」である。試験でも試合でも、どうして失敗してしまったのかと、うまくできなかったことについて抱く悔しい気持ちである。その背後には、ちゃんとやればこんな失敗は起こらなかったはずだという全能を求める気持ちがある。それだけに、失敗して悔やむとき、どうしてうまくできなかったのだ、と人は繰り返しその悔やみの気持ちを反芻する傾向がある。フロイトは、悔やみのこの傾向に強迫の心理と共通のものがあるという観点から、強迫的な自責と呼んだのである。

「悔やむ」のもう一つの意味は、相手の死を悔やむ心理である。それは、喪の心理の主題の一つであるが、どうしてあの人を助けてあげられなかったのか、あの人に生前もっとやさしくしてあげればよかった、どうしてあんなこと（ひどいこと）をしてしまったのか、という気持ちであり、「悪かった」「すまなかった」という気持ちに通じる。つまり悔やみは、喪の心理と罪の意識の重なり合う心理である。

そしてフロイトは、この悔やみ型罪悪感の起源を、『トーテムとタブー——未開人と神経症者との精神生活における若干の一致点について』(一九一三)で明らかにした。この著作は、「精神分析学の成果を民族心理学の諸問題に適用しようという」フロイトの最初の試みであるが、彼は、未開人、小児、強迫神経症者を比較考察しながら、次のような仮説に到達した。

原父殺害——死後の従順とアンビヴァレンス

そもそものはじめ、人類はダーウィンが想像したように、遊牧者の群をなして暮らしていた。それぞれの群は、強くて暴力を振るうような、しかも嫉妬深い原父の支配下に置かれていた。そしてその原父は、絶対的な権力を持った専制者として、すべての女を自分のものにし、自分にとって危険な競争相手になる息子を殺したり追放したりしていた。

ところが、ある日のこと、息子たちは力をあわせて革命を起こした。自分たちの敵であり、しかも同時に自分たちの偶像でもあった父親を征服し、殺害し、一緒になって食べてしまった。ところが、このようにして原父を倒してみると、息子たちは、互いに争い妨害しあって、誰もその遺産を継ぐことができなかった。やがて息子たちは、生前どんなに自分たちが原父に愛され、支えられていたかを思い出して、亡き原父への思慕の情を抱き、どうしてこんなことをしてしまったのか、という悔恨の情を抱くようになった。そして、亡き原父の残した掟を守ることを誓った。この心理をフロイトは「死後の従順」と呼んだ。そして、悔やみの中で、息子たちは互いに理性的になって、二度とこのような悲劇を繰り返さないようにと誓い、お互いが守るべき決まりをつくった。この悔やみ型罪悪感こそ人類が自発的に抱いた罪悪感の起源であり、この原父殺害の罪悪感こそ、いわゆる原罪の起源であるという。

そしてフロイトは、息子たちがこの悔やみ型罪悪感を抱いたのは、原父に対して抱いていた憎しみと愛のアンビヴァレンスのためであるという。憎しみに駆られて原父を殺害したが、いざ殺害してみると、生前から抱いていた父への愛がその心によみがえった。そして、どうしてそのような父を憎み、殺してしまったのだろうかという思いが心に浮かぶ。この父親対象に対するアンビヴァレンスこそ、人が抱く自発的な罪悪感の発生条件であるとフロイトは言う。そして、このフロイトの罪悪感をめぐる「対象に対するアンビヴァレンス」の着想は、児童精神分析学者M・クラインに継承され、彼女の「抑鬱ポジション」の理論の出発点になった。

人類はこの原父殺害の罪に対する悔やみから二度とこのような誤りを犯すまいという誓

いをともにすることによって、社会共同体を形成し、人倫の道を歩みはじめた。この原父殺害という原罪に発したタブーは世代から世代へと継承された。そして、このタブー伝達の場は、社会が一定の歴史的発達段階に達するや、権威的（父権的）家族になった。ハンスもその父親もまた、このような家族の中に位置づけることができる。

エディプス・コンプレックスとトーテム＝社会共同体の起源

原父殺害説によって原罪の起源を明らかにしたフロイトは、実は『トーテムとタブー』の論文で、トーテミズムの発生が原始共同体の発祥と時を同じくするという仮説を提起した。

そもそもトーテム（totem）は、北米ネイティブ・アメリカンのオジブリ族の言葉"ototeman"（彼は私の一族の者だ）に由来し、原始共同体はそれぞれの共同体ごとにそれぞれのトーテム動物を持っている。その共同体はトーテムと同一の祖先を持つという信仰で結ばれ、このトーテム殺害の禁止と、同一トーテム集団内の婚姻の禁止というタブーに支配されている（特に北米ネイティブ・アメリカンとオーストラリアのアボリジニーに見られる）。

そしてフロイトは、トーテミズムにおける自分たちのトーテム動物を殺さないというタブーは、あの原父殺害のあとに抱いた悔やみ型罪悪感に由来する父親殺しのタブーが置き換えられてできたタブーであり、同じトーテム族の女性との性交を禁止するというタブーは、近親姦の禁止を意味すると考察した。なぜならば、そこで禁止されたのは、父をのぞき去り、父の所有する女—母を自分のものにしたいという近親姦願望であり、この女たちを所有しようとする衝動こそ、女たちを専有する原父を殺害した真の動機だからである。つまり、トーテムのタブーはこの観点から見ると、実はエディプス・コンプレックスを禁止し、罰するタブーである。あの息子たちによる原父殺害は、まさにエディプス衝動に駆り立てられた行為であった。そして、この行動に対する悔やみが起こり、トーテミズムという機構をつくることによって、このタブーを社会規範とする一つの同胞種族がつくり上げられた。これがトーテム共同体の起源である。

社会共同体の無意識の中で、実は、殺してはならないトーテムは、死せる原父の象徴だったのである。それだけにトーテムは原父の絶対的な権力を継承し、偉大な偶像となり、トーテム種族の成員たちは、同じ父（トーテム）の子ども（同胞）として団結し、その社会のタブーを守ることを誓った。その結果、トーテムは、神聖不可侵の存在になった。

このようにフロイトは、原父殺害論の見地から、エディプス・コンプレックスを禁止するタブーの成立こそ社会共同体の理論であると主張した。そしてこの社会共同体、ひいてはそのタブーを継承した現代の家族の中では、ハンスが示したあの無邪気な小児性欲も、ひとたびそれが近親姦の願望、つまりエディプス衝動をあらわすようになると、去勢の脅かしによって処罰型罪悪感を植え込み、厳しく抑圧されねばならない。この処罰型罪悪感と抑圧は、社会共同体の一員として生きる以上、避けることのできないタブー共有の産物である。

そして、この処罰型罪悪感を心の内に備えた人々は、何か掟に背く欲望や衝動が心に浮かぶと、超自我が発する信号によって処罰型罪悪感を抱く。

悔やみ型罪悪感の主体的背景

自分たちの残酷な仕打ちや殺害をめぐって復讐に怯える迫害恐怖の中には、まだ罪悪感と呼べる以前のむしろタリオンの原理（報復の原理）の水準のものがある。

そして処罰型罪悪感も、まだ真に内面化された罪の意識というより、むしろ処罰をおそれる恐怖や不安と言うべき側面がある。ところが、悔やみ型罪悪感は、本人自身が自発的に抱くより内面的な罪悪感で、償いと自責の気持ちを担う罪悪感である。しかもそれは、多くの場合、喪の心理と重なり合う。社会共同体の起源を考察する途上で、フロイトが、人間本来の罪悪感の起源を、この悔やみ型に見出していた事実は、フロイト思想の主体的背景を理解する上で特筆すべき意味を持っている。

なぜならば、父の死に対する悔やみの気持ちの自己分析が、彼の喪の仕事とエディプス・コンプレックスの発見の出発点だったからである。

〔参考文献〕
『トーテムとタブー――未開人と神経症者との精神生活における若干の一致点について』一九一三、西田越郎訳、「著作集3」所収

第6章

心的外傷か内的幻想か

1　近親姦による心的外傷

性的虐待告発の先駆者として

フロイトは、近親姦による性的虐待が人間の心に及ぼす深刻な影響を、精神医学的にはじめて公言した最初の臨床家であった。フロイトはこのころ、つまり一八九〇年代半ばまでは普通の臨床医で、臨床経験についても、科学者的な態度でその研究所見を語っている。そして、『ヒステリーの病因について』(一八九六)で、幼児期における性的虐待の所見を、ヒステリーの女性患者十八例について報告している。その中でフロイトは、(1)見知らぬ男性から女児に加えられる性的暴行による恐怖体験、(2)近親者による性的誘惑による年余にわたる性的交渉=近親姦、(3)子ども同士の性関係を取り上げ、とりわけ(2)の関係の不平等性を強調した。そして、「子どもはなすすべもなく大人の恣意にさらされ、何の準備もないままにあらゆる敏感な感覚を目覚めさせられ、一切の幻滅にさらされる」と語り、「これらすべてのグロテスクでしかも悲劇的な不均衡が、その個人とその神経症のその後の発展の中の無数の持続的で深刻な影響をあらわす」と述べている。

その上でフロイトは、患者や子どもの側が受け身の立場で年長の近親者や大人から性的誘惑を受けること、そしてこの種の性的誘惑は、子どもの未熟な自我にとって心的外傷になることを主張した。子どもたちの幼い心の性欲動に対するコントロールを破綻させるからである。この場合、近親姦的な誘惑を行うのはもっぱら大人の側であって、子どもはその被害者とみなされた。この認識は、一九八〇年代以来の米国で、そして現代のわが国で社会問題になっているが、この見地から見ると、フロイトは子どもに対する性的虐待の実態を認識し、世に問うた先駆者なのであった。

当時のフロイトは、自分たちが子どもに向ける性的欲動はひたすら覆い隠し、表沙汰になるのを恐れる大人＝親の姿を暴き出すとともに、その一方で、子どもたちをいつまでも性的無知の状態のままにおいておこうとして性のタブーを教え込む偽善的大人の姿をも描き出している。このような親たちの偽善と、子どもたちの性的無知こそ、性に対する不合理な恐怖の源泉である。臨床医フロイトの使命は、親たちの偽善を暴き、子ども＝ノイローゼ患者たちを近親姦的な性の心的外傷から救い出し、合理的な自我による性欲動の支配を可能にすることにあった。

このように一八九六年、『ヒステリーの病因について』で性的外傷説を発表した当時、フロイトは、幼児期以来の一連の性的外傷がヒステリーの原因であり、しかもこの性的外傷は、大人（父母・乳母・家庭教師等々）の性的誘惑によって実際に起こった出来事の経験である、と確信していた。この意味でフロイトは、性的虐待の実態のみならず、この体験が及ぼす病理的作用に注目し、心的外傷論を唱えたという点でも先駆者であった。

しかしながらフロイトは、性的虐待と呼び得る被害があれば誰でもＰＴＳＤ（外傷後ストレス障害）になるとごく素朴に思い込むような――そうした傾向は現代の人々の中にもしばしば見られるが――単純な因果関係を考えていたわけではなかった。心的外傷論を発表すると同時に、フロイトは、一九九〇年代の米国で人々が改めてその問題意識を抱くようになった性的虐待に関する虚構の記憶（false memory）の可能性と、臨床家側の逆転移に関する警告を、すでにこの一九世紀末に行っていた。そしてフロイトは、この患者たちの性的外傷の訴えについて、「医師がこの種の性的場面の記憶をお気に入りの患者に強要したり、患者が故意につくり出した空想を医師が真実と思い込んでしまうことがあるのでは（ないか）……患者にこの種の回想を強制し、再生するように暗示をかけることは問題」と語っている。

幼児期の心的外傷が思春期以後の性体験を左右する

それだけではない。実はフロイトは、そもそものはじめから、なぜ思春期以後の女性の特定の性的経験が、ある人には心的外傷になり、別の人にはそうならないのか、その主体の側の条件の解明をめざしていた。たとえば、『ヒステリーの病因について』で報告されたフロイトの症例はすべて、思春期ないしそれ以後の患者で、「これらのヒステリー患者が性的印象に対して異常な反応を示すその根底には、常にこの種の幼児期の性的体験がある」というのがフロイトの主張なのであった。

すでにこの時点でフロイトは、ヒステリーの病因論としては、思春期以後になって性的な体験を持ったときに、その体験が外傷的に働くかどうかは、すでに幼児期に外傷的体験を持ち、その幼児期体験と、それ以後の体験の間に無意識的な記憶上の関連があるかどうかによって決まるという考えを抱いていたのである。その意味でフロイトのこの心的外傷のとらえ方は、その後もずっと一貫している。

ところが、この心的外傷説を唱えたその同じ一八九六年に、フロイトの父ヤコブが死去した。このことと相前後してフロイトは、夢の自己分析による夢解釈の方法と理論を確立した。そして、フリースとの自己分析の中で、この夢分析を深めていく。自然科学者フロイトは次第に、この自己分析を通して、心理学者フロイトへの道を歩みはじめた。それとともに、一八九六年にすでに口にしていた、「患者が虚構につくり出した空想も、医師が真実と思い込んでしまうことがあるのでは……」という疑問がますます大きくなって、フロイトを思い悩ませるようになった。

〔参考文献〕
『ヒステリーの病因について』一八九六、馬場謙一訳、『精神分析運動史』一九一四、野田倬訳、いずれも「著作集10」所収

2 心的リアリティと原幻想

心理学者フロイトの誕生

性的外傷論を発表してからわずか数年で、フロイトのこの臨床上の所見、すなわちヒステリーの原因は幼児期の性的外傷にあり、それは実際に起こった出来事であるという確信に深刻な動揺が起こった。なぜならば、ヒステリーの患者たちが回想する性的外傷(多くは父母からの近親姦的誘惑)の体験が、しばしば事実ではなく、虚構と現実の混合、半ば空想の

産物であるという事実にフロイトは気づいたからである。そしてこの臨床上の認識は、フロイト自身が「人生最大の」とその自伝(『自己を語る』)で語るほどの試練をもたらすことになった。あれほど戦闘的に、たしかな臨床上の所見として学会に発表していたのに、実は、患者たちの誤った思い込みに自分が動かされていたことに気づいて愕然としたフロイト。一体この誤りにどう対処したらよいのか。科学者、臨床研究者としてのフロイトの自信は大きく揺らいだ。

ところが、この危機のさ中でフロイトは、この自分の誤りをそのまま受け入れて、この事実の新しい認識に基づいて理論を再構成することに活路を見出した。そしてこの危機を通して、物的なリアリティ(materialistic reality)にその認識の拠りどころを置いた自然科学者フロイトから、心的リアリティ(psychic reality)にも物的リアリティと同等、いやそれ以上の存在権を認める心理学者フロイトが誕生した。

多くの女性患者が、父親からの性的な誘惑、その父親への性愛的な愛着の記憶を回想する。それは本当にあったことのようでもあるし、彼女たちの妄想や思い込みの産物のようでもある。そこでまずフロイトは、こう問いかける。「なぜ、こんなふうにどの患者も同じような虚構、同じような回想を自分に語るのだろうか」と。そして、みずからこの問いに答えて次のように述べた。

「たとえそれが過去に経験された事実でなかったとしても、すべての患者が現在この治療状況の中で同じようにそれを回想し、空想するという心的リアリティが観察されているのは、たしかな事実である」（『精神分析運動史』）

それまでのフロイトは、患者が回想する記憶が事実そのまま起こっていたと、その事実を素朴に信じ込んでいた自然科学者フロイトであった。しかし、いま、たとえそれが空想の産物や誤った記憶であっても、患者たち本人がそう思い、そう話すことに意味がある、そうとらえ直すことによって、心理学者フロイトになった。そして、この空想や誤った記憶を本人自身がそう体験し、そう思い込んでいるリアリティを、「心的リアリティ」と呼んだ。

「このこと（誤り）がわかったとき、最初に起こったのは、絶望的な困惑でした。精神分析は正しい道を辿って性的外傷説に到達したのに、それは真理ではなくなってしまいました。足場は真理を失って崩れ去ってしまいました。……しかし、いま新しく発見された事実は、彼女たちがそういう性的誘惑の情景を空想のうちにつくり出していることを意味することになります。心的リアリティは、事実の真理と同じように尊重されなければならないのです」

それだけに次のフロイトの言葉は、その意味で最も的確に精神分析の核心を突いている。「心的な産物〈空想〉も一種の現実性（リアリティ）を持っている。患者がこのような空想を生み出したこと、それは、あくまでも一つの事実である。そしてこの事実には、神経症にとっては、患者がこれらの空想の内容を実際に体験した場合とほとんど同じ意味がある。この空想は、〈物的な〉リアリティではなく、〈心的な〉リアリティを持っているが、神経症の世界では、心的リアリティこそ決定的なものである」（『精神分析入門』）

一八〇度の理論転回

いや、必ずしも神経症の人々だけでなく、誰でも人間には心的リアリティが物的リアリティ以上に重要性を持つ場合がある。物的リアリティには、社会的なもの、身体的なものもあるが、どんなに富を得ても、いくら身体的に健康でも、不幸な心的リアリティに悩む人がいる。

そうした事実を踏まえて、フロイトは考えた。このような普遍的な心的リアリティを、つまり性的誘惑や近親姦の回想や空想をどの患者も同じように抱くのは、どの患者にも共通した普遍的な願望や幻想が子どもの側にあるためではないか。彼らが父母、大人に性愛的にみたされたという記憶の回想や空想は、実はむしろ彼らの大人に対する性愛的な願望、とりわけ父母への近親姦願望の投影ではなかったのか。そしてフロイトは、エディプス・コンプレックスと呼んでいたこの普遍的な近親姦空想を、新たに原幻想（Urphantasie）と名づけた。大人たちに犯された被害者として子どもたち（患者たち）をとらえていたフロイトは、いまやこの一八〇度の理論転回によって、むしろ彼らを、かつて近親姦の罪を犯そうと激しく願望した小児性欲の主体＝エディプスとしてとらえ直すことになったのである。

実はこの学問的認識の転換は、第5章で述べたように人間フロイト自身の、愛する父の死（一八九六年）を契機に進められた彼自身の自己分析を通して達成されたものである。この自己分析を通して自覚した母に対する近親姦願望と、父に対するその死を願う願望、この衝動をめぐる罪の意識が決して自分一人だけのものではなく、人間誰にも――抑圧された形で――普遍的に抱かれている普遍的な原幻想によるものであると考えた。つまり、エディプス・コンプレックスとはこの原幻想であるという認識に達したのである。

原幻想はヒトとしての人間に、個体差、人種差を超えて先天的に抱かれる幻想である。エディプス・コンプレックスは、ドイツ人もユダヤ人も、日本人も誰もが必ず抱く幻想なので、原幻想と呼ぶのである。

原幻想理論の発展

このフロイトの原幻想の理論を受け継いだ二人の継承者がいる。一人は、M・クラインである。クラインはもっと早期の乳幼児期にすべての子どもが普遍的に抱く結合両親像、そして早期エディプス・コンプレックスを内容とする無意識的幻想を理論の中核に据えた。そして、ユングもまた、フロイトの原幻想の理論を普遍的無意識の考えに発展させた。

もちろん、原幻想だけが心的リアリティのすべてではない。むしろ原幻想は心的リアリティの一部であり、必ずしもエディプス・コンプレックスのみならず、すべての喜怒哀楽などの情緒や記憶・空想など、もっと広義の日常の主観的な体験をもフロイトは心的リアリティと呼んだ。たとえばフロイトは、かなり後年の『悲哀とメランコリー』(一九一七年)の中で、心的リアリティについてどこまでが実際に起こった出来事なのかなかなか判断が難しいと語り、一例として、うつ状態の人の罪意識や自責について、それが実際に起こったことなのか、本人の心の中の感じ方によるものなのか、容易には区別がつきにくいことを論じている。いずれにせよフロイトは、物的リアリティではなく心的リアリティとかかわるのが精神分析である、と規定することによって、精神分析、いやフロイトに続く精神医学、心理臨床学独自の領域を確立することになった。

〔参考文献〕
『精神分析運動史』『精神分析入門』『自己を語る』『悲哀とメランコリー』(すべて既出)

3　ファミリー・ロマンス(家族空想)

エディプス・コンプレックスと家族空想

フロイトは、どの人間も内的な欲動として普遍的にエディプス・コンプレックスという原幻想を抱いているという立場から、家族空想物語について論じている。

家族空想は、実の父と争ったり、邪魔にしたり、亡き者にしようとしたりする願望を抱き、現実の母親に愛着するというエディプス的な願望を正当化するための手段として用いられる。巧みに置き換えられたこの家族空想によって、原幻想に由来するエディプス的な願望を達成しやすくなると、フロイトは言うのである(『ノイローゼ患者の出生妄想』一九〇九)。

たとえば自分の父親を、継父であると思えば、その父親を憎みやすくなる。しかも、自分が父親の子どもでないと考えれば、母親と自分の絆はもっと強いものになる。このファミリー・ロマンスの論文でフロイトは、子どもに形成される父母に関する空想物語の幾つかの類型を提示している。

その第一は、もらい子・継子空想である。誰でも人は、このような空想を抱く時期を持つことがある。たとえば自分が実は父母の本当の子どもではなくて、よそからもらわれてきた子どもであるとか、本当は継子なのだという空想である。この空想の由来をさかのぼると、彼らは、自分が父母から愛されていない、あるいは無視されている、自分の父母に対する愛が十分に報われていない、なぜならば、自分が父母の本当の子どもではないからだ、という考えを抱いているという。このような考えを子どもが抱く背景には、子ども自身のエディプス・コンプレックスが潜んでいる。つまり、自分自身が父母に対して過度の競争心や敵意を向け、あるいはまた、父母が自分以外の同胞を可愛がることに対する怨みのために、自分はもらい子だ、継子だという空想を抱くのである。

第二に、血統空想がある。これは、実際の父母よりももっと偉い人物、高貴の人が自分の父母だという空想であり、「竹取物語」や「王子と乞食」の物語など、いろいろと例を挙げることができる。そして、この血統空想には、もらい子・継子空想よりさらにもっと積極的な意味がある。たとえば、男の子が身近な父親を憎み、自分はこんな卑しい親父の息子なんかじゃない、もっと高貴の生まれだと思うことによって、特別な貴族の父親を空想し、その高貴な父親に同一化して貴族的な態度をとることで、身分の卑しい父親に打ち克とうとする。あるいは、自分はお姫様だと空想して、そのお姫様に同一化することで、身近にいる身分の低い母親に打ち克とうとするような、娘のエディプス的な空想がある。

第三にしばしば見られるのは、母親と、父親以外の別の男性との結合空想である。フロイトは、母との絆は確実で身近なものだが、父親との絆は証明することのできない不確実さを持っていると言う。そのため子どもは、母は自分を生んだ母親なのだが、父親は実の父親とは違うと空想する。母が別のもっと高貴な、もっとすばらしい男性との間でつくったのが自分だという空想物語が、この結合空想である。

この結合空想は最も劇的に子どもたちのエディプス願望をみたす。なぜならば、この空想を持つことによって、眼前にいる父親を母と自分の絆から追放することが可能になるからである。同時に、母親を独占し、空想された高貴な父親、あるいはすばらしい父親、大金持ちの父親、大学者の父親を空想し、その父親と母の間にできたのが自分なのだと思うことによって、父親を蔑視したり、父親に優越感を抱くことができる。このような母と父親以外の別の男性との結合空想の中で、その結合対象となる別の男性というのは、自分がこうありたいという理想像であり、いつの間にか自分とは区別のつかない同一視がそこに起こっている。

しかし、以上の論議の結びに、フロイトはこう語っている。これらのファミリー・ロマンスにおける父母に対する不信は、実は見かけのものであって、そこで空想される父親像・母親像をさらに詳しく検討していくと、実は本当の父母についてもっと幼いときに理想化

（過大評価）していた父母像を、再生させようとする願望の所産という側面がある、と。

聖母マリアの処女懐胎空想

第7章「5　禿鷹ムト――両性具有の母性神」でレオナルド・ダ・ビンチの「三人づれの聖アンナ」の判じ絵分析を取り上げるが、そこでフロイトがクローズアップした、聖母マリアの処女懐胎のイメージもまた、エディプス・コンプレックス原幻想論の文脈から理解することが可能な一つの家族空想なのではないか。筆者はそう考えている。

まず最初に、男としての父親と女としての母親というイメージがあって、男としての父親を排除し、純粋に処女マリアのような、夫（父親）のいない母親を求めて、精霊による処女懐胎という神話が生まれる。まさにこのイメージ形成の順序は父を排除し、母と子の一体感を強調するエディプス衝動の所産と言うことができる。つまり、フロイトのファミリー・ロマンス論の文脈から見れば、処女マリアのイメージは、息子にとって最も容易に形成されやすい「母―自分」像、すなわち、母親との最も自己愛的なかかわりをあらわすイメージと言うことができる。この場合の父親は神であるが、生みの父親として神にまでは至らないさまざまな高貴な人物を思い描けば、フロイトのファミリー・ロマンスの文脈で処女マリア懐胎説を理解することができるというのが筆者の考えである。

処女マリアの母子像は、エディプス・コンプレックス原幻想の観点から意外にすんなり理解できる面を持っているのである。

〔参考文献〕
『レオナルド・ダ・ビンチの幼年期のある思い出』（既出）
『ノイローゼ患者の出生妄想』一九〇九、浜川祥枝訳、「著作集10」所収

4 戦争神経症と心的葛藤・疾病利得

第一次大戦と戦争神経症

ドイツの精神医学界は当初、フロイトの唱えた性的虐待による心的外傷説に対して厳しい非難を浴びせていた。だが、第一次大戦のさ中に、その心的外傷説を高く評価せざるを得ない事態に直面することになった。それは、第一次大戦中、ドイツ・オーストリア軍に

八万名の戦争神経症の兵士が発生したからである。戦争神経症は、戦争、特に戦闘場面での死の恐怖体験が心的外傷になって起こる異常な反応である。気を失う、朦朧状態になる、手足が麻痺する、大の大人が恐怖で泣き叫ぶ。それは、フロイトが女性たちについてあの心的外傷説を唱えたヒステリーの症状そっくりだった。またそれは、現代の精神医学から見ればＰＴＳＤの最初の記載であった。

もともとフロイトは、男性にもヒステリーがあると主張した。それに対して、ドイツ・オーストリアの精神医学者たちは、ヒステリーはギリシャ語のヒュステラ（子宮）が騒ぐ病気を言うのだから、矛盾しているといって反対していた。しかし、彼らも戦争神経症の兵士と出会うことで、フロイトの心的外傷説と男性ヒステリー説を評価せざるを得なくなったのである。

ところが皮肉にも、そのころフロイトは単純な心的外傷説から観点を転回して、内的葛藤説を唱えるようになっていた。そして、この観点に基づいて、死の恐怖から退却したい気持ちと、兵士としての責任を果たさねばならないという内面の葛藤が、戦争神経症の原因である、と主張した。一定の出来事が心的外傷になるのは、その出来事の体験がこの内的な葛藤と結ぶつくときである。そして、この葛藤の解決の逃げ場が病気であると言う。そこでは疾病利得が大きな役割を果たす。

疾病利得とは

疾病利得とは、病的な状態に陥ることによって病者自身が得る利得のことである。フロイトは、疾病利得を一次的なものと二次的なものに分けた。社会的、経済的、家族的な事情による疾病利得は、むしろフロイトの言う二次的なものである。たとえば、交通事故の被害者が加害者から賠償金を過大に期待するなど、利益を得ることによってその病的な状態が価値を持ち、疾病からの回復を遷延・固定させる。このような要因としての疾病利得である。

これに対して、一次的な疾病利得は「疾病への逃避」と呼ばれるものと同義である。つまり、何らかの心的な葛藤や、自分が制御することのできない激しい欲動や情動の興奮が起こったとき、これらの心的な状況に耐えることのできない自我が病的な状態に逃げ込むことで、その恐怖や葛藤に対する当面の対応を試みるメカニズムを言う（『精神分析入門』）。

フロイトは、第一次大戦当時のドイツ・オーストリア軍における戦争神経症について、このモデルでその機制を説明した。当時のドイツ・オーストリア軍では戦争神経症が多発していたのだが、ウィーン総合病院では、これらの戦争神経症を一種の仮病とみなしていた。そして仮病によって得られる患者の疾病利得を打ち消すような、強い電流による残酷な苦痛を与えることによって、戦場に戻れる状態に回復させるという非人間的な治療を行っていた。しかしながら、彼らは再び戦場に駆り出されると、戦場での恐怖は電流治療への恐怖を上回り、戦争神経症が再発するという繰り返しが見られ、しかもこの治療の結果としての自殺例などが見られるようになった。

仮病ではない！

「しかし」とフロイトは言う。フロイトの意見によれば、純然たる仮病の数は少数であった。そして、フロイトは軍の対策委員会に対して次のような意見を述べている（E・ジョーンズ『フロイトの生涯』一九五六）。

「精神分析はすべての神経症の原因を心的な葛藤に由来するものと考えている。戦争神経症の直接の原因は、この見地から見ると、軍事上の危険から逃れる欲求、つまり自己保存の本能と、これを認めることを妨げる義務感、服従への意志との間の葛藤である」

つまり、この当時のフロイトは単なる外的な侵襲・破壊的な出来事の体験が、直接、外傷神経症を引き起こすわけではなく、むしろこれらの体験が心的な葛藤と結びつくときに心的外傷になるというモデルを確立していた。そして、戦争神経症はこのような外的な体験と内的な葛藤との結合によって生ずるという意見を提出し、これらの人々は見かけ上はたしかに疾病利得を得ているにしても、明らかな仮病とは区別すべきであると委員会に強調し、患者たちの立場を擁護した。フロイトはそのとき、こう述べている。

「すべての神経症患者がある意味において仮病を使っているという一般論としては、戦争神経症の患者も仮病を使っているという意見に同意できるが、ただ、それは意図的な仮病ではなくて、無意識的にそうなのであるという点がいわゆる仮病とは違うのです」

そしてフロイトは、患者の利益を常に第一にする医師の義務と、患者を軍務に復帰させようとする軍当局の要求との間に立って、「皆さんは一体どちらの立場に立つのか?」と、当代一流の教授や医師たちからなるその委員会に迫ったのである。このフロイトの意見に対して激しい論争が続き、結局は全委員がフロイトに反対する立場に立つことになったという。

このフロイトの戦争神経症の委員会に対するエピソードは意外に知られていないが、軍事的な体制に対して、あくまでも病者の側に立つ、いかにもフロイトらしいこの一貫した医師としての態度を——安堵と快哉を叫ぶ気持ちとともに——私たちは心にとめておきたいものである。

なお、現代の代表的な心的外傷研究者J・ハーマン(Herman, J.)は、「男は軍隊、女は家庭の中で拘禁された環境状況の中で虐待—外傷を経験する」と述べているが、すでにフロイトはこの意見を先駆者的に先取りしている。戦争神経症の心的外傷は実は軍隊という拘禁状況の中で起こるところに特質があるとフロイトは指摘しているからである。「国民軍は戦争神経症の培養土であり、職業的な兵士、傭兵では戦争神経症のあらわれる可能性は少ない」。そこで破壊されるものは自己保存本能―自己愛で、それは特定集団への拘禁の中での心的外傷であり、その集団内の力学が大きな役割を果たす。子どもの場合にも、その虐待は家庭という周囲と隔たれた閉鎖的な環境の中で起こる点に特質がある。戦争神経症と近親姦の臨床についてフロイトは、これらの今日的な論議に先駆者的な洞察を抱いていたのである。

〔参考文献〕
『精神分析入門』(既出)
E・ジョーンズ『フロイトの生涯』一九五六、竹友安彦他訳、紀伊國屋書店、一九六九
J・ハーマン『心的外傷と回復』一九九二、中井久夫訳、みすず書房、一九九六
小此木啓吾『精神分析における心的外傷の意味とその位置づけ』一九九九、精神分析研究四三巻三〇号

5　固着と反復強迫

外傷体験への固着

人間には、意識の支配を超えた、無意識の繰り返し＝反復がある。ひとたび、ある外傷的な体験を持つと、何らかのきっかけでその外傷時の状態に逆戻りする傾向を持っている。一九一〇年代、特に第一次大戦で出会った戦争神経症の兵士たちの臨床を契機に、フロイトのこの認識は決定的なものになった。

戦争神経症は一般に外傷神経症と呼ばれるが、この外傷神経症は心的外傷による固着とその反復を明確な形であらわす。「外傷神経症はその根底にそれを引き起こした災害の瞬間への固着があることを明確に示している。……夢の中でいつも（いわゆるフラッシュバックのように）外傷の情景を反復する。同様に、ヒステリーでもその発作は、患者が完全にその外傷の状態に身を置いているのと呼応している。……この外傷の状況は、まだ克服されていない現実の課題として患者の前に立ちふさがる。神経症患者たちに固着・反復が起こっている体験も外傷的な体験と名づけたい気持ちになる。神経症は外傷的疾患と同等に取り扱われ得るものになり、あまりにも強い感情の結びついた体験を処理することができないために生ずる」(『精神分析入門』)。

そしてフロイトはこうも述べている。「神経症には心的外傷を引き起こした体験状態への固着がある。神経症患者は心的外傷を体験した状況の中にそのまま置かれていて、その状況を解決しないために、時間の流れが止まり、その状態がいつまでも心的現実性を持って、現在、そこに存続し続けるかのような状態に陥る」。

たとえばフロイトは、この見解の裏付けとして、新婚初夜に夫が不能だった外傷的体験の場面を強迫行為の中で繰り返す症例を挙げている。

ある夫人が夫と離婚したときに、繰り返し、わけもなく召し使いを自分の寝室に呼び寄せ、わざわざそのテーブル掛けに赤インクをたらし、そのシミを見せるという強迫行為を繰り返した。この強迫行為の背後には、実は十年前の新婚初夜の外傷的な体験があった。なぜならば、彼女の夫は性的不能であった。この事実を隠すために、彼女は寝室のシーツに赤インクをたらして、召し使いにそれを見せ、自分の夫が性的不能ではなく、自分はもうすでに処女ではなくなったということ、つまり婚姻が成立した事実を示そうとした。

この新婚の不幸がそのまま十年後の離婚に直結していた可能性があるのだが、そこでも、離婚の理由が夫の性的不能にあるわけではないという事実を強調しようとする無意識的努力が、召し使いを呼び寄せるという強迫行為の中に再現されていた。この場合にも、その新婚初夜の心的外傷が、このような強迫症状の形で繰り返されていたという。

転移と反復強迫の認識

フロイトは、治療中に患者たちが治療者との間で、かつての親との関係を繰り返す現象を転移と呼んだが、この外傷神経症における固着—反復の認識と相まって、実はこの転移は、幼いときの外傷的な親子関係の無意識の繰り返しであると考えるようになった。特に『想起、反復、徹底操作』という論文(一九一四)でフロイトは、多くの人々が過去を回想し語る代わりに、本人も無意識のうちにその過去の体験を繰り返し、それを行動化の形で反復するという臨床観察を持つようになった。そして、この意識の統制を失った無意識的な繰り返しを反復強迫と名づけた。フロイトによればこの反復強迫は、受け身で強いられた外傷的な体験を自分のコントロール下で能動的にやり直そうとする意図を持つという。次項で述べる道徳的マゾヒズムの研究は、無意識に不幸を繰り返す人々の宿命を明らかにしたが、彼らは、宿命神経症とか、運命神経症と呼ばれる。彼らもまた、過去の受け身で加えられた外傷的体験を、能動的な形での繰り返しを通してコントロールできるようになろうとするのだが、結局はまた同じ外傷体験の繰り返しになってしまう。これらの人々からフロイトは、反復強迫の何か運命的な力を実感したようである。

この固着と反復強迫というフロイトのとらえ方には、人間の宿命をじっと見つめる諦観、ペシミズム的な情感が漂っている。それは、知性と意志の優位に夢を託したフロイトが第一次大戦を契機に抱くようになった、人間性に対する絶望感の反映と見ることもできる。

〔参考文献〕

『精神分析入門』『想起、反復、徹底操作』(いずれも既出)

6 道徳的マゾヒズム

道徳的マゾヒズムとは

フロイトは、みずから不幸、災厄を求めるかのように行動する人々に注目し、その心の層に、本人も気づいていない無意識的罪悪感に由来する自己処罰心理が潜む事実を明らかにし、この心性を道徳的マゾヒズムと呼んだ。

マゾヒズムという言葉は当時、もっぱら性的マゾヒズムの意味で用いられていた。それは、傷つけられたり、苦痛を与えられたりすることで、性的に興奮し、性的な満足を得るという一種の倒錯心理としてのマゾヒズムである。

そして第二には、女性的マゾヒズムである。少なくともフロイト世代までの古い時代には、女性は男性に尽くし、献身し、自分のことをさしおいて、まず相手（夫や男性）の成功や幸せを優先するのが当たり前だと思われていた。女性は、いろいろな苦しみや悲しみに耐えながら男のために尽くしていた。このような傾向を女性的マゾヒズムと呼ぶ。特に、夫婦・男女関係の性の世界の中でも、ある種の女性的なマゾヒズムがこの時代にはしばしば指摘された。それは、種々の肉体的な苦痛にも耐えながら、それをも喜びとして性生活を営むという女性、そして妻のおつとめがその時代には美化されていたのである。

第三が、フロイトの言う道徳的マゾヒズムである。この心性の持ち主は、幼いときから自分のことを、罪を犯した、罪深い人間だという思い込みに取りつかれている。そして、あらゆる艱難辛苦を、自分のこの罪のために当然受け入れなければならない罰や報いとして受けとめようとする。どんなこともすべて自分が悪い、自分の犯した罪の報いであると思う。その背後には、フロイトが明らかにした無意識的罪悪感がある。本人は必ずしもそれを意識してはいないのだが、自分は罪人であり、幸せを得る資格はないとか、自分は完全な人間ではないとかといった劣等感や心の傷つきを心に秘めて暮らしている人々である（『マゾヒズムの経済的問題』一九二四）。

成功したときに破滅する人

フロイトは、道徳的マゾヒズムに由来する二つの性格のタイプを語っている。

それは、成功したときに破滅する人と、罪の意識から罪を行う者の二つである。両者ともあまりにも厳しい罪の意識を抱いている。この罪の意識があるために、満足や幸福を経験すると、やましさや苦痛が起こる。このやましさや苦痛を解消するためには罰を受けるほかはない。そのためには罰として不幸になったり、場合によると、わざわざ罰を受けるような罪をつくることさえするような人々である（『精神分析的研究から見た二、三の性格類型』一九一六）。フロイトは前者のケースの代表的な女性、男性を一人ずつ挙げている。

生まれ育ちのよかったはずのある女性は、両親の家を飛び出して冒険を積み重ねるような暮らしをし、最後にある芸術家と知り合いになった。たしかに彼女はとても忠実な伴侶になったのだが、どういうわけか彼女は、正式な結婚をしてみんなから妻として認められることを拒み続けた。何年か同棲した後、夫はついに口説き落として、彼女を法的な妻にする寸前までこぎつけた。

ところが、そのときから彼女の心に乱れが生じた。自分が女主人になるはずの家のことをほったらかしにして、彼女を家に迎え入れようとしている夫の親族たちに自分がいじめられていると思い込み、夫にもやきもちをやいて、別な女がいるのではないかと疑い、夫とベッドをともにすることを拒み、夫の仕事を妨げるという混乱状態に陥った。

彼女は、自分が日陰の身、正式な妻になれないという負い目を持つことで、幸せになることの罪悪感を軽減することができていたのだが、名実ともに妻になってしまうと、罪の意識をみたすような負い目がなくなって、心の調和に破綻が生じたのである。

フロイトはそう書いてはいないけれども、彼女の心をもう一歩分析すれば、おそらく彼女は、父親に愛され、母親をないがしろにした父と娘の濃厚な結びつきを持っていた。少なくとも彼女はそう空想した娘だったのだろう。そして、この父との愛着関係に深刻な罪悪感を抱き、家を飛び出した。家の外で苦労を積み重ねることで、その罪の意識を軽減させていた。その彼女に家を与え、結婚するという夫は、無意識の中で父親の代理であり、その夫が自分を妻にするということは、自分は〝父親〟と結婚するという罪を犯すことになる。このようなエディプス・コンプレックスに伴う罪の意識があまりにも強いために、マゾヒズム的な生き方をとらざるを得なかった。

もう一人は、周囲から尊敬される男性の例である。

彼は立派な大学教授であった。長年の間、自分を学問的に導いてくれた恩師の後継者になろうという願いを抱いていた。ところが、この恩師が引退して、同僚たちが彼に「どうやら君がいよいよ後釜に座ることになるらしいね」と告げたとき、彼は急に気後れがして、自分の業績をひどく卑下し、自分がこれから与えられるであろう地位に座るのに値しないと言い出した。彼は結局、メランコリーに陥り、そのために、その後数年間は何の仕事もできない人間になってしまった。

つまり、父をしのぎたいという願望があまりにも強すぎるエディプス・コンプレックスを抱いていたために、自分がみたしたい恩師の跡を継ぐという願望(無意識には父の地位を奪い取る)がみたされるその瞬間に発病して、貴重な機会を本当の意味で生かすことができなくなってしまったのである。これは、先ほどの女性が、母をしのいで父と結婚するという願望がみたされる状況で発病したのと、その罪の意識のあり方は一致している。

イプセン『ロスメルスス・ホルム』のレベッカの悲劇

さらにフロイトは、このタイプの文学上の主人公として、シェークスピアのマクベス夫人と、イプセンの『ロスメルス・ホルム』のレベッカを挙げている。

レベッカは、養父ウエスト博士によって育てられ、博士が死んだ後、彼女は名門のロスメルス・ホルム家に雇い入れられた。その家の主人は牧師ヨハネス・ロスメルで、その妻ベアーテは病弱で、夫婦の間には子どもがいなかった。

やがてレベッカは、この高貴な男の愛を得たいという荒々しく激しい欲望にとらわれて、自分の邪魔になる妻を亡き者にしようと決心し、それを実行する策謀をめぐらせる。道徳家であった夫に疑惑を抱きはじめた妻の心を揺さぶりながら、最後にレベッカはその妻ベアーテに向かって、「私はあなたの夫のロスメルとの人目をしのぶ仲を隠すために、近いうちにこの家を出る」と打ち明ける。レベッカの恐ろしい計画は成功し、ベアーテは徹底的に打ちのめされ、橋から身を投げてしまう。こうしてレベッカとロスメルは、幾年もの間、ロスメルス・ホルムに二人きりで、純粋に精神的な理想的な友情関係のうちに暮らしていた。

最後にロスメルは、レベッカに自分の妻になってほしいと切り出す。ところが、レベッカは、世のありとあらゆる幸福が両手を広げて私を待ち構えているという気持ちになったにもかかわらず、いつの間にか、自分がこの夫婦に対して犯してきた重い罪の意識を抱くようになってしまっていた。レベッカは、いざ結婚できるときになって、もはやロスメルと結婚することはできないという気持ちに取りつかれてしまったのである。そして、彼女はロスメルに自分の企みをすべて告白した。さらに、実は自分の中に罪の意識があって、自分はしょせんまともな結婚はできない存在だったのだということをも告白する。それは、育ての親と言われていたウエスト博士は、実は自分の本当の父親であって、自分はその私生児だったという事実である。しかも、レベッカはただ単に養女となっただけではなく、実はウエスト博士の情婦にもなっていた。

つまり、レベッカは自分の父親と通じるという恐ろしい罪を犯してきた。なんと彼女は、自分が何としても結婚したいと思っていたロスメルを自分のものにできるという段階になって、自分のこの心の秘密、心の中に潜んでいた重苦しい罪の意識をすべて告白することになったのだ。この罪の意識のために彼女は結婚することができない。自分は正式な結婚をするのにふさわしくない女だ、罪深い女だ、と。

この見地から見ると、ロスメルへの横恋慕、その妻に対する敵意、ロスメルス・ホルムで彼女の身の上に起こったこと一切が、実は自分の母親とウエスト博士に対するレベッカ自身の罪の意識と近親姦願望が原因となって、無意識のうちに繰り返されていたことだったのである。

ここで注目しなければならないのは、近親姦の犠牲になった女の子が抱き続ける罪の意識を、すでにフロイトが鋭く明らかにしていた事実である。現代社会において、特に米国では、父と娘との近親姦が深刻な社会問題になっているが、近親姦の被害を受けたこれらの女の子たちの苦悩を、フロイト、そしてもちろん文豪イプセンも、すでにこの時代に洞察していたのである。

罪の意識から罪を行う者

フロイトは、道徳的マゾヒズムのタイプとして、罪の意識から罪を行う者を挙げているが、フロイトのこの理解は、その後、非行や犯罪心理の理解に大きな影響を与えた。

盗みや詐欺や放火などの許しがたい罪悪を行った人々の話をよく聞いてみると、むしろ罪の意識が犯行から生まれたのではなく、逆に、犯行が罪の意識から生じたと言わざるを得ないケースがしばしば見られる。これらの犯罪者たちを、「罪の意識からの犯罪者」と名づけたいとフロイトは言う。

では、この犯罪行為以前にすでに抱かれている罪悪感は何に由来するのか。彼らは、自分が罰を受けるために悪い子になり、罰せられたあとでかえって心がしずまって穏やかになる。つまり、罰を求める罪の意識ないし自己処罰欲求に脅やかされている。

この罪の意識から罪を犯す人、その背後にある罪悪感の潜在、その罪悪感を正当化するために罪を犯すことなどの指摘は、フロイトによれば、ニーチェの『ツァラトストラかく語りき』にも述べられているという。

罪の意識から罪を行う者の心理と共通したマゾヒズム的心理のあらわれに、事故頻発がある。心の中に、重い、暗い自己嫌悪感がただよい、何か原因不明の重苦しい自己破壊的な気持ちに動かされているようなとき、人はしばしば事故を引き起こす。「どうしてあのとき、あの瞬間にもっと機敏に動けなかったのか」「なぜあのときハンドルを切り損ねたのか」「なぜあんな危ない高いところに上ろうとしたのか」などと、あとで冷静に考えてみると、それらの事故の原因にその人物が何らかの自己破壊衝動に駆り立てられていたとしか理解できない場合がある。

これらの無意識的罪悪感に由来する自己破壊衝動の研究は、反復強迫、そして「死の本能」論へと発展した。

〔参考文献〕
『精神分析的研究から見た二、三の性格類型』(既出)
『自我とエス』一九二三、小此木啓吾訳、『マゾヒズムの経済的問題』一九二四、青木宏之訳、いずれも「著作集6」所収

第7章　宗教、国家、民族からも自立して

1 科学的世界観――宗教との闘い

科学的世界観とは

フロイトは、みずからの拠って立つ思想を、キリスト教、ユダヤ教の宗教的世界観やマルクス主義世界観と対峙させて、晩年（一九三二）、『続精神分析入門』の中で「科学的世界観（wissenschaftliche Welt Anschauung）」と呼んだ。それは、一九世紀末から二〇世紀にかけて台頭した自然科学的な経験科学を拠りどころにし、フロイトの言う普遍的知性の連帯を求める心のあり方であった。

「科学的思考は、すぐ手に入るような直接の利益のない事物に対して興味を持ち、個人的因子と感情的影響とを注意深く遠ざけようと努め、みずから推論の基礎にする知覚を吟味して、その確実性を根拠として推論を進め、日常の手段では得られない新しい知覚を生み出し、これらの新しい経験の諸条件を、実験の中で分析してゆく。このような科学的精神の努力は、われわれの外部に独立して存在する現実との一致に到達することをめざしている。われわれはこの現実との一致を真理と呼ぶ。真理は科学的研究の究極目的である。……

そしてこの科学的精神、つまり知性が時とともに人間の精神生活における独裁権を獲得するであろうことこそ、最良の未来への希望である」(『続精神分析入門』)

フロイトにとって、彼の創造した精神分析もまた、この科学的精神を人間の心、とりわけ無意識の探究と治療方法に実現したものにほかならない。

宗教との闘い

そして、人間の心に科学的にかかわる以上、これまで人間の心を独裁していた既成の宗教との闘いは避けがたい。「従来の宗教の思考禁止のような、健全な人類の知性の発達を妨害するものは、人類の将来にとって一つの危険である」とフロイトは述べた。

たしかにフロイトの人生は常にこのような宗教的世界観との闘いであった。結婚式のとき、宗教抜きの結婚式を認めない当時のウィーンにおいて、心ならずも宗教的な誓いの言葉を暗誦し語らねばならなかったのは、フロイト一生の屈辱であった。そして、「このオーストリア帝国では、かつて一つの言葉がはやった。『それはただの反対ではない。それは(政府、教会に対する)不逞な反対だ』」と古い社会体制を批判している。このような党派的な発言が流行した社会の姿勢こそが、フロイトを、そして精神分析を弾圧し迫害する、古き時代の真理圧迫の態度であった。フロイトは言う。

「近代科学の歴史はまだ若い。真理の探究とその自由な発表を自分たちに対する不逞な反対とみなす偏見と因襲と闘いながら、ゆっくりと忍耐強く、辛苦の道を辿らねばならない」

科学的知性への希望

たしかにフロイトにとって、またフロイトを生み出した時代精神にとって、人類の科学的知性こそ、古きもの、悪しきものを滅ぼし、新しきもの、善きものを発見する未来を約束する輝かしい希望であった。医学界のパスツール、コッホ、エールリッヒと、物理学のキュリー夫妻など、これらの科学者はすべて、人類の幸福と科学の進歩は一つのものであり、偏見を越えた自由な真理の探究こそ、人類の進歩の原動力であると明るく信じていた。少なくとも第一次世界大戦の勃発までは、である。

晩年のフロイトと親交の厚かった同じウィーン生まれのユダヤ人で、フロイトと同様にナチスによってウィーンを追われ、ロンドンに亡命した文学者シュテファン・ツヴァイク(Zweig, S.)は書いている。

「フロイトは、人間の理性こそ最高の尊厳の根拠であると考えた。旧来の『被い隠すこと』に対して『開き示すこと』を、『無視』に対して『確認』を、『看過』に対して『明確化』を確立した。衝動はそれを正しく認識している者だけが制御できる。そしてフロイトは、抑圧された『性』を偽善から科学へと移した」と（S・ツヴァイク著『フロイト』一九三一）。

既成宗教の心的機能

宗教は、個々人の死という否定しがたい経験的事実に対して、霊魂（自己）の存続、不死や永生の幻想を説く。この宗教的幻想への信仰とそれによる思考の禁止は、知性による個の自立を妨げている。その結果、人々を死に対しても、宗教（つまり父母）なしにはいられない無力な小児的無力と不安の状態のままに留め置いている。

しかも既成の宗教は、思考の全能と集団幻想に拠りどころを置く。フロイトは、内面の心の働きや祈りや儀式で外界を動かすことができるという迷信を「思考の全能」と呼んだが、宗教はこの「思考の全能」の産物であり、突き詰めるとそれは、原始人に見られるアニミズムとさして変わりのない原始心性の所産であると言う。さらに宗教は、教会などを介して共有される集団幻想によって人々を支配する。集団幻想は、個々人の自立した知性を麻痺させ、情動の亢進と催眠的な暗示作用による指導者への同一化を生み、集団メンバー相互の同一化によって特有な集団心理をつくり出す（第3章「5 同一化とほれこみ」参照）。

宗教はまた、知的欲求の満足（宇宙論）、不安からの救済（永生や霊魂の不滅）、倫理的要求の保持（罪と罰の教え）の三つの機能を歴史的に営んできた。ところが、いま、近代科学の進歩は、これらの機能を次第に宗教から奪い去り、宗教的世界観は漸次崩壊の一途をたどっている。そして科学的世界観がそれにとって代わる時代が到来している。いやむしろ、旧秩序と結びついた因襲と偏見の擁護者であった既成宗教は、人類の啓蒙と進歩にとって、いまや最大の妨害者になってしまった。そしてフロイト自身もまた、ユダヤ教をも含めた既成宗教勢力こそ、自己の「科学的世界観」が闘うべき最大の敵対者とみなしていた。

それだけにフロイトの求める境地は、これらのすべての宗教幻想に頼ることなしに、みずからの知性と意志によって、死の現実を直視し、その現実に耐える勇気を持つことであった。フロイト自身、そのガンとの闘病と死を迎える状況の中で、この信条を身をもって全うした（第1章「5　死の本能——「死」への迂路としての「生」」参照）。

宗教の心的機能——思考の全能・集団幻想・大洋感情

自らの宗教観を論じたフロイトの著作『ある幻想の未来』（一九二七）を送られたロマン・ロラン（Rolland, R.）は、その返信（一九二七年十二月五日付）で、絶対的なもの、無限なものに対する信仰の源泉となる独特な感情、つまり、永遠なるものとの一体感の感覚を「大洋感情」と名づけた。それは純粋に主観的な事実ではあるが、無数の人々の中に遍在していて、すべての宗教信仰を否定している人にも体験される宗教感情ではないか、とフロイトに書き送った。

ところがフロイトは、『文化への不満』（一九三〇）の冒頭で、ロランに答えてこう述べている。「私自身はこの『大洋感情』なるものを、自分の中に発見することができない」と。そしてロマンの言う大洋感情、つまり宗教感情は、乳幼児の自我が外界（母親）から分化する以前の、外界と自我の一体感への幼児的な憧憬であるとした上で、大洋感情の役割は、このような幼児的な無制限のナルシシズムの回復への努力、つまり自我の全能感が肥大した幼児的状態の再現を求める希求にすぎないと断定した。

このようにフロイトは、既成宗教を支えるその権威と神秘のヴェールを一つひとつ除き去ろうとした。そして序章にも触れたように、ロマン・ロランにこう書き送った。「私は生涯の大部分を、人類の幻想を破壊することに費してきました」と。

マルクス主義とその失敗の予言

では、反宗教の立場に立つフロイトは、マルクス主義をどうとらえていたのであろうか。

フロイトは、新しい社会科学としてのマルクス主義に対しては、むしろ精神分析と同じ科学的世界観の範囲にあるものとして大きな期待を寄せていた。そして、みずからの精神分析学との科学的な地平における統合の可能性を示唆して、「自然を支配する人間の力の進歩が、人間の社会関係に大きな影響を及ぼすというマルクス主義の認識、経済関係が上部構造を規定するというマルクスの認識を承認する」と語っている（『続精神分析入門』）。

しかし、フロイトは、社会における人間の行動を決定する動機としての心理的因子――本能――を無視する点でマルクス主義を批判した。

「普遍的な人間の本能、多様な人種・文化の特殊形態が社会的階級、経済的諸条件、生産力などの諸制約のもとに、どんな動き方をするかを解明することができなければ、マルクス主義はより現実的な社会学たりえない」と。

さらに、マルクス主義がもしも社会科学的な分析の範囲を越えて、一つのイデオロギーや世界観たろうとするときには、それは旧来の宗教的世界観にとって代わる新たな集団幻想と化するおそれがある、とも述べている。

このようなフロイトのイデオロギーに対する批判的態度は、いかなるイデオロギーからも政治的集団からも自立した個の確立をめざす彼の科学的世界観の思想に発していた。このような自立が個々の主体によって確立されていない限り、どんなにすばらしいイデオロギーも、現実には主体そのものの弱さによって、その真理を現実のものとしては実現し得ないのではないか。この立場から見ると、キリスト教のみならずマルクス主義もまた、宗教的世界観にとって代わる新しい集団幻想になる運命を持ってはいないか。そして言う。

「実践的マルクス主義は、自己自身が科学の立場に立って情け容赦なく一掃したはずの、あらゆる観念論的体系や幻想と同じものになってしまった。つまりそれは証明しがたい幻想を発達させ、ロシアに見られるような批判や思考の禁止を引き起こしてしまった」

熱狂的なマルクス主義者たちは、人々をその幻想によって煽動し、狂信に陥れてしまった、とフロイトは断じ、次のように予言した。

「おそらく未来はこのマルクス主義の実験が時期尚早であり、社会的秩序と人間の根源的変革は、もっと新しい諸発見が人類の自然力の支配を高め、ひいてはわれわれの欲求満足を容易にしない限り、成功の見込みはあまりないだろう」

以上のフロイトのマルクス主義観とその失敗の予言は、まだマルクス主義とその革命が人々に多大の夢と期待を与えていた一九三〇年代になされた。それは、フロイトならではの先見の明と言わねばならない。

ただし、革命の主体となる人間における個の確立を説いたフロイト思想は、文化革命と自己変革を視野に入れたマルクス主義者、トロツキストたちに多大の共感を呼び、さらに一九七〇年代のニューレフト運動で再び脚光を浴びる時代を迎えた事実をも特記したい。

そして、宗教にも、社会政治やイデオロギーにも距離を置く、フロイトのこの科学的世界観の立場は、二〇世紀の人々が夢を抱き、その実現に駆り立てられる現代文明社会の未来に対しても、鋭い、それだけにいささか悲観主義的な洞察と予言を残すことになった。

〔参考文献〕
『文化への不満』「フロイト書簡集」（既出）
『ある幻想の未来』一九二七、浜川祥枝訳、「著者集3」所収
『続精神分析入門』一九三二、古澤平作訳、『フロイド選集　改訂版』第三巻、日本教文社
S・ツヴァイク『フロイト』一九三一、佐々木斐夫訳、『ツヴァイク全集12』所収、みすず書房、一九七三

2　国家悪と戦争の告発

第一次世界大戦による絶望と不信

第一次世界大戦は、かつて若きフロイトが、あれほど夢みた近代科学による人類の幸福と、科学的知性による原始的衝動の克己を、はかない夢と化してしまった。

「いまだかつて、このように多くの高価な人類の共有財産を破壊した出来事はない。最も

すぐれた英知がかくも多くのものをまどわし、高貴なものをこのように徹底的におとしめた出来事はほかになかった。学問すらも冷静な公平さを失い、学者たちは、学問を武器として用いて、敵に打ち勝つことに貢献しようと努めた」（『戦争と死に関する時評』一九一五）

第一次大戦によるこのフロイトの人間への絶望と不信は、彼の思想をますますペシミスティックなものに変えた。世界に君臨する偉大な科学的知性を身につけた西欧諸国民だけは、国家間の不和や利害を、戦争という野蛮な方法によらずに解決することを心得ているに違いない。最後までフロイトはそう期待していた。彼らは技術的進歩によって自然を支配し、偉大な芸術や科学的文明を創造してきたからである。

それにもかかわらず、そのような人類の科学も文明も、人間の心の進歩にはまったく貢献しなかったのか。フロイトの年老いた心を最も傷つけたのは、彼の生涯の拠りどころだったはずの近代的知性に対する失望であった。なぜならば、この第一次大戦という人類の危機に直面するや、最も優秀な頭脳すらもが、理性の欠如、頑迷さ、徹底的な論議の忌避を示したからである。フロイトは嘆く。

「われわれの知性を自立的な能力とみなしたり、その知性は感情生活に支配されないと信じていたのは間違いだった。知性は、激しい感情興奮から遠ざかっている場合にだけ、信頼する働きをする。そうでないときには、知性は衝動の手先にすぎなくなってしまう。知性は利害の世界ではまったく不毛である」

国家悪の告発

そしてフロイトは、近代国家そのものの持つ国家悪を告発する激烈な批判を展開した。もともとユダヤ人として国家からの保護を期待できない身の上で、個の自立を拠りどころとせざるをえず、国家は個を脅やかす存在だとみなす傾向があっただけに、第一次大戦を契機に発表した国家悪の告発である『戦争と死に関する時評』は、「個」しか頼みにできないというフロイトの心情をとても激しく訴えている。

なぜ、一人ひとりとしてはあれほど高い道義心をもち、知性による自立を身につけているかに見えた個々人が、いざ国家のこと、民族のことになると、まるで熱病にでもかかったかのように熱狂し、興奮して我を忘れてしまうのか。

フロイトによれば、それは、一切の個々人の美徳がすべて国家・民族によって搾取され悪用されてしまうからだ。いやむしろ、その目的に奉仕し搾取するためにこそ、高邁な理想も個人道徳も美化されているのではないか。その遵守を強制されているのではないか。

「国家が暴力を禁じたのは、それを絶滅しようとしてではなく、塩や煙草と同じように、それらを国家が専有するためである。この真理を人々は、今度の世界大戦で改めて悟って驚愕している。戦争をおし進める国家は、個人であったら汚名を浴びせられるであろうようなあらゆる悪徳、あらゆる暴力を、敵に対してほしいままにすることをなぜ許されるのであろうか。近代国家は、その国民に極度の従順と犠牲を要求し、過度の秘密主義と報道や意見発表に対する検閲によって、自主的な思考と批判について国民をある種の禁治産者にしてしまう。……そして国家は自己の所有欲や権力欲を公言してはばからない。愛国心の名のもとに、これらの個人としては認められない悪しき欲望を、国民が是認することを要求している。人々が批判をやめるとき、国家は悪の欲望に対する抑制力を失い、残酷で陰険な行為、裏切りと野蛮の行為を犯す」

フロイトに告発されたこのような国家悪は、第一次大戦から第二次大戦を経て、二〇世紀後半、そして二一世紀に入ってもなお、まかり通っている。

そもそもわれわれの良心とは、何ら高尚な内面化された自立性を持つものではなかったのだ、とフロイトは言う。その実態は、国家の批判にたよる権威主義道徳の産物にすぎなかった。自己規制は、社会権力からの制裁に対する外罰的なおそれと不安によるもの以上の何ものでもなかったのだ。

国家の内部では、個々人に対して高い道徳的規範が掲げられ、各個人が文明共同体に参加しようとすれば、この規範のもとに自己の生活を律してゆかねばならないが、この圧力は時にはあまりにも厳しく、多大の自己抑制や欲求満足の放棄を各個人に要求している。このような道徳的規範こそ、近代国家の存立の基盤である。実はこの道徳秩序は、各個人の人間的エネルギーを、国家間の戦いへと転化する搾取機構そのものなのだ。

そしてフロイトは、次のような慨嘆の言葉を語る――。

第一次大戦は、二つの幻滅をわれわれに呼び起こした。その一つは、国家内では道徳的規範の番人として振る舞う国家が、外敵に向かったときに示す道徳性の欠如によって国家悪の本性を露呈したことである。そしてもう一つは、近代文明への参与者として、合理主義モラルを身につけたはずの個々人が、戦争の中では信じられないほどの残虐性を発揮するという、その本性を露呈したことである。

そして不幸にも、第二次世界大戦は、このフロイトの告発をさらに悲惨な形で裏づける災厄をもたらす結果になった。

見せかけの道徳性が白日のもとに

二〇世紀に入って、人々は一見して、合理主義モラルを身につけ、近代的自我を確立してゆくかのように見えた。フロイト自身、そう信じ、科学的知性の普遍的連帯に心の拠りどころを求めた。しかし、第一次大戦の勃発によってそんな近代人の知性もモラルも見せかけの道徳性にすぎないことが暴露された。

そもそも人類は、自己中心的な原始的衝動を自然から与えられているが、その利己的な破壊衝動が親たちのエロス（愛情）によって中和され、社会性のあるさまざまな欲求へと転化されるならば、愛情豊かな内面的なモラルが発達するはずである。ところが、第一次大戦は、まだ決して人々がそのような本物のモラルを存立の基盤にしていないことを証明した。

むしろその道徳性は、国家・社会権力によって原始的衝動を無理に抑圧した強制の産物である。だからその道徳性は、心から納得してその衝動を断念した結果確立されたものではない。外的な強制が内的な強迫に転化したものにすぎない。無意識では、利己主義なのに、意識では献身的な市民のように生活する人々。無意識ではサディストなのに、意識では同情心あふれた人道主義者のように振る舞う人々。このような人々は、無意識では常に、原始的衝動に脅やかされている。いやその内面では、この原始的衝動とその反動形成とのアンビヴァレンスの相克が繰り返されている。だから本心からの欲求で善を行うのではなく、善を行うことで利己心を満足させることができ、同情することでサディズムを満足させることができるという理由で、善を行い、同情するにすぎないのである。

たしかに近代国家は、多くの人々を封建社会に比べてより合理的にしたかのように見えるが、実はこれらの人々は、決して人間の心の本性の変革によってこのモラルを自分のものにしていたわけではなかった。見せかけの合理主義。見せかけの道徳性。その見せかけを保ち続けようとする内的な強迫。封建社会の外的強制からの自由と外的権力への屈従からの解放は、そのような自我の偽善を大量生産してしまった。この見せかけの道徳性は、第一次大戦によって暴露され、進歩の幻想ははかなくも幻滅へと変わってしまった。

人間性への不信

フロイトのこの幻滅は、人間性そのものに対する不信にまで深刻化した。『戦争と死に関する時評』でフロイトは、何とかしてその絶望から立ち直ろうともがきながら、再びフロイトらしい結論を下す。つまり、人類の知性にははかない幻想を抱いていた自分がおめでたかったのだ、しょせん人間とはこういう存在にすぎなかったのだ、と。

「この戦争で味わったわれわれの悩みや悲痛な幻滅は、そもそもわれわれが抱いていた誤った幻想＝知性に対する理想化にとらわれていたための幻滅である。何も急に世界の市民たちがひどく堕落したわけではない。なぜならば彼らは、もともとわれわれが信じ込んでいたほど立派だったわけではなかったのだから」

第一次大戦という戦争は、人々を背伸びさせていた、その抑圧された原始的衝動を集団的狂気の中で解放しただけなのだ。

不幸にも、ヨーロッパの人々は、このような集団的狂気を二度と繰り返してはならないというフロイトのこの知性の叫びに耳を傾けなかった。いやむしろ、人々の知性の声は次第に弱められ、ついにはヒトラーのあの絶叫が甲高く響きわたる時代を迎えた。そしてこの絶叫は、フロイトが最もおそれたナチスの集団狂気によるユダヤ人迫害と第二次大戦という絶望的な破局へと人々を駆り立てた。

それにもかかわらず、ガンとの闘いのさ中、フロイトはひとり知性の闘いを続けた。精神分析の拠りどころを科学的世界観と呼び、集団幻想、宗教、社会主義との対決を進め、やがてフロイトは、ユダヤ人とキリスト教の根源的な対立の起源にまでその自己洞察を深めてゆく。それは、ユダヤ人であることさえも含む、あらゆる集団幻想から自由な「個」としての自己の探究であった。

〔参考文献〕
『戦争と死に関する時評』一九一五、森山公夫訳、「著作集5」所収
『戦争はなぜ』一九三二、佐藤正樹訳、「著作集11」所収

3　ユダヤ人フロイト

フロイトにおける非ユダヤ的ユダヤ人

フロイト思想はやはり、ユダヤ人フロイトと向かい合うことなしに語るのは難しい。いかなる人種的・宗教的偏見からも自由になるためには、そもそものはじめに、フロイト自身が、ユダヤ人固有の人種的・宗教的偏見からも自由になっていなければならなかった。もしフロイトが、ユダヤ的な因襲と偏見に無批判に同一化したままのユダヤ人であったなら、あのような科学的知性を身につけることはできなかったに違いない。

その意味で、フロイトはその人となりにおいて、ユダヤ人の中で最もユダヤ人らしくないユダヤ人になろうとする非ユダヤ的ユダヤ人であった。

I・ドイッチャー（Deutscher, I.）は、その著『非ユダヤ的ユダヤ人』の中で、この脱ユダヤ化（より普遍的なものに同一化する努力）そのものが、ディアスポラ（世界各地に散在して暮らすユダヤ人）の人々に共通の傾向であるという。たとえば一九世紀—二〇世紀の、科学的知性の普遍的連帯を求めたドイツ系ユダヤ人の思想家としては、フロイト、マルクス、アインシュタインが挙げられる。

そこで、このフロイトにおける科学的知性主義の起源をさかのぼると、まず第一に、フロイト自身が幼少期から卓抜な知性の持ち主であった事実、第二に、彼が生まれ育った当時のウィーンにおける啓蒙期の時代精神の影響がある。つまりフロイトは、啓蒙期の合理主義的な時代精神に同一化することによって、ユダヤ人としての偏見や因襲を超え出ることができた。しかも、フロイトのこの科学的知性を医学・生物学的な研究技術（たとえば病理組織標本のつくり方一つにしても）や、臨床家としての観察技能（神経症学的な診断一つにしても）という技術的次元で、類い稀なほどに吸収し身につけていた。

フロイトは、ドイツ医学は言うに及ばず、パリのシャルコーらを通して、当時のヨーロッパの医学者としては最高の技能を習得していたのである。そして、この科学的観察の眼と技術の習練は、彼の思想全体を方向づけた。

ドイツ化したユダヤ人

実は科学・技術の次元においてのみならず、人間フロイトの心情の奥底には、〝ドイツ的なもの〟が、深く深く根をおろしていた。生まれたときから語る言葉、読み書く言葉はドイツ語である。たしかにフロイトは、幼いときから英語、スペイン語、ラテン語にも熟達してはいるが、日常の言葉はドイツ語である。

しかも、フロイトのそのドイツ語による文筆の表現力は、ドイツ文学最高の栄誉であるゲーテ賞を受賞したほどであった。つまり、彼はユダヤ人でありながらドイツ語で学び、ドイツ語で思考し、ドイツ語で表現することしかできなかったという意味で、完全にドイツ(語)化したユダヤ人であった。ドイツ精神医学界から、一方ではあれほどひどい目に遇いながら、ぎりぎりになるまで、ゲーテを生み出したほどの優秀なドイツ民族がヒトラーをのさばらせるはずがないと確信していたのも、ドイツ語人間フロイトにしてみれば、まことに無理からぬ心情であった。

さらに、フロイトはユダヤ人でありながら、ユダヤ人の母国語であるヘブライ語とイディッシュ語については、若いときには習っていたが、年をとるにつれて忘れてしまう程度の素養しかなかった。「私はまったく非ユダヤ的な教育を受けたので、今日ではあなたの明らかにユダヤ文字で記された献辞を読むことさえできません。長じてから私はこの点の無教養をしばしば嘆いたものでした」(一九三〇年一二月二十二日付、A・A・ローバック宛の手紙)。

このような脱ユダヤ=ドイツ化ユダヤ人であったフロイトは、時によってユダヤ人たちの〝ユダヤ人らしい〟言動を、ひどく不快に感じ、非ユダヤの人々にそれを見られるのを恥ずかしく思うことさえあった。

たとえば、一八八三年九月十六日付の恋人マルタ宛の便りでこう書いている。それは、結婚一ヵ月で自殺した友人の葬儀での出来事であった。夫の遺族は、自殺に追いやったのは新婚の妻であると言って妻及びその実家を非難し、妻の実家は、新妻を残して自殺した夫とその家族を非難して争いになり、お互いに遺体を前にして罵り合っていたのである。

「そのときの彼らの声には、粗暴で無慈悲なユダヤ人の情熱が込められていた。僕らはみな、参列者の中のキリスト教徒たちを前にして、憤りと恥ずかしさのために硬直してしまった。これではまるで僕らが愛の神ではなく、復讐の神を崇拝していると思われても仕方がないではないか」

このフロイトの眼差しは、ユダヤ人を見る脱ユダヤ人の眼差しである。

誇り高きユダヤ人としての一面

しかしフロイトは、その一方で、迫害に断固として闘う誇り高いユダヤ人の一面も兼ね備えていた。

「夜、三等の汽車で旅行するのは、いつも思うのだが、快適なものではない。……ドレスデンとリーザの間で、僕は最初の大きな事件に出会った。それは体験したときには不愉快なことだったけれど、いまになってとくと考えてみると、むしろ愉快なことに思われてくる。……僕はいつでも新鮮な空気を渇望しているので、車両の中では必ず窓を開けたい気持ちになる。だから、そのときも僕は窓を開けて、気分をよくしようと思って頭をそこから突き出した。すると、何人かの旅客が、窓を閉めろ、そっちは風上だぞ、と叫んだ。ことに一人の男が大声でそう叫んだ。閉めろ、閉めないを言い合っているうちに、後ろのほうから叫び声が聞こえてきた。『ふん、ユダヤ人めが』と。この罵り声で事態はまったく違った方向に展開してしまった。最初に僕を非難した相手もユダヤ人排斥論者に変わり、こんなことを言った。『われわれキリスト教徒は公益というものを優先して考えている。あなたも公益に従わなければならない』等々と。そして僕の第二の相手は、『おまえに目にもの見せてやるために座席を越えてそっちへ行くぞ』と罵った。僕は冷静に、一方の男には、空虚な一般論はやめてほしいとお願い申し上げ、もう一人の男には、しかるべき返答をしたいから、僕のところまでご足労願えないかと言ってやった。僕は彼を撲り殺してやる覚悟でいたのだが、彼はやって来なかった。……僕は自分が雄々しく振る舞い、利用できる手段は勇気を持って利用し、しかも品位を落としはしなかった、と信じている」(一八八三年十二月十六日付、ライプツィヒより。マルタへ)

この種のユダヤ人体験は、ウィーン大学医学部内でさえ起こっている。

「いとしいマルタ

病院は上を下への大騒ぎだ。日曜日はコラーが当直だった。彼は仕事上のごく些細なことで、手術医の男と諍《いさか》いを起こした。この男が彼に向かって突然『ユダヤの豚野郎』と言ったのだ。彼は相手の顔に一発お見舞いした。懲らしめの一撃を食らったこの男は逃げ去って、コラーのことを院長に訴えたのだが、院長は彼を厳しく叱責し、はっきりとコラーが正しいと認めた。この断罪を知って、われわれはみな解放宣言を聞いたような気持ちだった。ところが、二人とも予備将校ときている。だから互いに決闘を申し込まざるを得ないはめになってしまった。そしてちょうどいま、実に面倒な条件つきでサーベルの果たし合いをしているところだ。……決着がついた、喜ぶべき結果だ、マルタ。わが友はまったく無傷、一方、相手は二太刀のしたたかな傷を負った。われわれはみな、本当に喜んでいる。今日はわれわれにとって誇らかな日となった。われわれはコラーに、この勝利を長く記憶にとどめるために贈り物をするつもりだ」(一八八五年一月六日付、ウィーンより)

これらのユダヤ人体験におけるフロイトの態度は、かなり戦闘的である。男としての自分＝ユダヤ人としての自分を、一歩もゆずるまいとする強い自我の主張を貫いている。フロイトは、ユダヤ人に迫害的態度をとるウィーン人やオーストリア政府に対する敵対意識を隠そうとしない。たとえば、すでに精神分析の創始者として、国際的名声を得ていた五十七歳のフロイトに対して、ウィーン税務署が「あなたの名声ははるか国境を越えて広まっているのに、それにしては収入が一向に増えていないようだが?」と言ってきたとき、フロイトは痛烈な返事を書いた。

「政府が私を何らかの形でお認めになったのは、これがはじめてであります。この点に対して感謝いたします」

そして、皮肉な抗議をつけ加えた。

「政府は、私の名声が国境を越えて広がっていると書いていますが、私の名声は、国境のあるところから(つまりオーストリアの国境を越えたところから)はじめて認められているのであります」と。

青年フロイトのユダヤ教的なものとの闘い

ここで知性の優位と自由を求める進歩的な医師フロイトの、封建的なタブーや偏見との闘いの跡をたどるなら、精神分析創立期の一八九〇年の臨床医フロイトの役割は、封建的な性のタブーと偏見からの女性たちの解放と、性に対する合理的な自我の支配権の確立を助けることにあった。フロイトのこの自我の歩みは、キリスト教的あるいはユダヤ教的な性道徳が絶対的な支配力をふるっていた既存社会の枠組みの中では、医療次元を超えた権威への挑戦を意味していた。

そして、この闘いに先立って、実はすでに若きフロイトは、家族からの個の解放と自立を主張して行動していた。特にフロイトのこの改革合理主義は、ユダヤ教の因襲に従う妻マルタの実家ベルナイス家の律法主義と激しい「対立」――「抗争」を引き起こした。

医学部卒業とともに、何としても経済的に独立せねばならなかったウィーンの青年医師フロイトと、遠く離れてハンブルクで暮らさねばならなかった恋人マルタ。フロイトはこの四年三ヵ月の婚約期間中に九百余通の書簡を送ったが、この時期にフロイトがマルタに向けた激しい支配欲と嫉妬はあまりにも有名である。

しかし、この時代のフロイトにとっての真の大敵は、むしろマルタの家族、中でも家長の座にある未亡人の母親エメリーネ・ベルナイスであった。なぜならば、ベルナイス家はユダヤ社会の中でも特にすぐれた家柄で、依然としてユダヤ的権威的家長制家族主義を固守しており、エメリーネはマルタに対して家長としての権威を振るっていたからである。

彼女は正統ユダヤ教の厳格な規律を守り、子どもたちにも同じ信仰を守ることを要求していた。その上マルタは、この母のききわけのよい娘で、母親に対しては徹底した献身と服従を捧げていた。たとえばマルタは、物を書くことを禁じられている安息日には、母の感情を気にして、その面前でペンとインキを用いるのを避け、こっそり庭に出て鉛筆でフロイトへの手紙を書いていた。

これに対してフロイト青年は、かなり強引にマルタをこの家族拘束から連れ出そうとした。マルタが従おうとするさまざまな掟を迷信扱いし、母に従う彼女を弱虫呼ばわりした。ユダヤ教への異常なまでの敬虔さや、断食の習慣などのために、マルタが萎黄病（一種の栄養不良）にかかったとき、フロイトは彼女がさらに健康を害することを心配し、そんな習慣はやめてしまえと命令した。そしてマルタに繰り返し訴えた。

「君は『家』から出るべきである。お母さんと決別すべきである。僕とあなた方一家の争いでは常に僕の側に立つべきで、すべての宗教的偏見を捨て去らねばならない」

このようなフロイトだけに、宗教嫌いは有名だった。フロイトは、大嫌いなユダヤ教による一切の儀式を拒否し、このことでベルナイス家の人々と対立していたが、よくよく調べてみると、当時のウィーンでは宗教抜きの結婚式は認められていないことが判明した。そのため一八八六年九月十三日に行われた結婚式で、フロイトは不本意のあまり唇をかみしめながら、ヘブライ語の祈禱をとなえねばならなかった。

フロイトはこのときのことを一生の中で最も屈辱的な出来事だったと語っている。いかなる宗教的結びつきからも、何らかの組織化された集団的結びつきからも自由になろうとしていたからである。彼はマルタへの書簡の中で、自分はユダヤ人として、彼女と宗教で結びついているわけではないことを強調している。「私は常に不信仰者であり、宗教抜きで教育されたからです」。

このフロイトの心情は、一九二〇年代から三〇年代にかけてフロイトが発表した知性優位の科学的世界観による宗教批判と集団幻想論の提起と深くかかわっている。

ハシディズムの影響

しかしながら、ユダヤ的世界を超えた普遍的知性への同一化は、もしもフロイトが、ユダヤ的な伝統が頑なに保たれ、その因襲に強く固執する家族の中で成長したとしても、なおかつ可能だったであろうか？

実は幼いフロイトは、社会変動とユダヤ人迫害によってすでに四歳で故郷フライベルクからウィーンへの移住を余儀なくされた。そのとき幼いフロイトは、はじめて「弱い父親」の姿を知った。父ヤコブは、ユダヤ人であるというただそれだけの理由から、自分個人の力では家族の危機に対処しきれず、家族に対しても子どもたちに対してもその弱さを露呈せざるを得なかった。社会に対する保護者・依存対象としての父は突然弱者になり、父への尊敬と依存は脅やかされ、住み慣れた故郷の喪失が深刻な根こぎ体験になった。

当時の中部ヨーロッパの社会変動と移住は、ユダヤ教的な家族制度を揺るがし、旧来のラビ＝ユダヤ人識者（ユダヤ的な学問・道徳の師）は次第にその地位を失い、知性あるユダヤ人の最高の地位は、律法者から医者に移ったという。

そして、父ヤコブとその息子ジグムント父子の力関係も、まさにこのユダヤ人家父長制家族の崩壊の典型的な一ケースである。それだけにジグムント・フロイトが医師—科学者の道を歩んだのは、当時としては必然の成り行きであった。

さらに、D・バカン（Bakan, D.）及びD・C・マクレーランド（McClelland, D. C.）らの社会学者が指摘するように、フロイト一家は何らかの形でハシディズムの影響下にあった。ハシディズムとは、一八世紀にポーランドに起こったユダヤ神秘主義とラビ主義（律法主義）を統合しようとする運動である。

そもそもユダヤ教の教えによれば、こまかな律法を守ることによってのみ、ユダヤの民は神の恵みを受けることができる。つまり、神の命令に従い、神の命令を実践することとひきかえに、神はユダヤの民を愛で、選民として扱うことを約束していた。だが実際のユダヤ人、東部、中部ヨーロッパのユダヤ人は絶えず迫害に苦しみ、特にその迫害は一七世紀以降に頂点に達して、多数のユダヤ人が虐殺された。そして、これらのユダヤ人たちの、律法に従って暮らしていれば神の恵みが与えられるという信仰は揺らぎ、自分たちのユダヤ教的な努力のむなしさを痛感するようになった。こうした体験の積み重ねから、ハシディズムは、どんなによく律法を守っても、それだけでユダヤの民が救われはしないと主張し、個人の充足と集団の救済は、むしろ直接的な神との接触によって得られると説いた。これらの指導者は、正統派のユダヤ教の場合のように、ユダヤ法典に関する詳細な学識によって名をあげるのではなく、むしろ奇跡的な治癒力、人々を苦難の重荷から解放する能力によってその名声を得た。ハシディズム運動によって、正統派の厳しく冷やかな合理的な律法尊重主義に代わって、情緒的な解放の気風が高まったのである。

そしてフロイトの精神分析は、「特に一九世紀の後半に、中部ヨーロッパのハシディズムの中に花開いた、ユダヤ神秘主義の伝統と重量感をもって結びついている」という(D・バカン『ユダヤ神秘主義とフロイト』一九六五)。フロイトは、たとえ無意識的にではあるにせよ、このようなハシディズムの流れを継承するユダヤ人であった。

ちなみに、フロイトの弟子たち、つまり精神分析の初期の指導者たちは、そのほとんどすべてが、程度の差はあっても、みなユダヤ教正統派に反逆するユダヤ人たちであった。バカンが論じているように、彼らは意識的には宗教を拒否していたが、それにもかかわらず彼らは、その成育環境に幅広い影響力を持っていた神秘主義の伝統にその多くを負っていた、という。

また、あのフロイトの働くことによる自立の生き方にも、ユダヤ人ならではの厳しさがある。ナチス迫害の状況を迎え、亡命を余儀なくされたとき、フロイトはかなり高額の金貨をひそかに貯えていた。それは、明日をも知れぬ身の上のユダヤ人にとって必須の心構えだったのである。

ユングとの闘い——精神分析はユダヤ的か普遍的か

一九〇〇年代になってから、少なくとも第一次世界大戦までの間は、ユダヤ人であることを超えたものへのフロイトの同一化はますます強まっていく。そしてフロイトは、自分がユダヤ人であるために精神分析までもユダヤ的であると言われることを最もおそれた。「精神分析は客観的な科学である。だから、ユダヤ人フロイトという個人から切り離しても成立し得るはずだし、誰にも学ぶことができる」という事実を、特に強調した。実際、ウィーン及びドイツはともかく、世界各国の人々からの精神分析に対する評価は次第に高まった。フロイトが念願する科学と知性による国際的普遍的連帯は実現し、人種、国家を超えた普遍的な科学としての精神分析を学ぶ超ユダヤ的な人々の集まりであるべき国際精神分析学協会（IPA）の第一回大会が開かれたのも一九一〇年のことであった。

この種の適応主義政策の一つとして、フロイトは、ウィーンのユダヤ人たちからなる身近な弟子たちをさしおいて、れっきとしたアーリア人種であり、当時のヨーロッパ精神医学界の名門であったチューリッヒ大学のブロイラー教授門下のユングを、国際精神分析学協会の初代会長に祭り上げた。ユングを自分の後継者に仕立てあげようとしたのである。ユング＝非ユダヤ人が自分の跡を継いでくれれば、精神分析は、ヨーロッパのアカデミックな精神医学の世界にも正当な評価を得て、その所を得ることができるだろう。ユダヤ人の学問という偏見からも解放されて、ユダヤ人、アーリア人といった民族・人種の差別を超えて受け入れられるようになるに違いない。フロイトはそう考えたのであった。

しかし、このフロイトの学会政策はユダヤ人である弟子たちの反発を受け、やがてユングとの決別（一九一三）によって挫折した。そしてナチス時代を迎え、この国際精神分析学協会は、ユダヤ人結社として解体の危機に見舞われる。ナチスのゲーリンク副統領の甥であったゲーリンク博士は、国際精神分析学協会に対抗して設立された国際精神療法学会会長E・クレッチマー教授に、この学会からすべてのユダヤ人を排除し、エディプス・コンプレックスをはじめとする一切の精神分析用語の使用を禁止する旨を命令した。そしてこのナチスの暴挙に抗議して会長を辞任したクレッチマー教授のあとを継いだのが、ほかならぬユングその人だった。

「アーリア人の無意識は、ユダヤ人のそれよりも、はるかに高度の潜在力をそなえている……。ユダヤ的なカテゴリーを無差別にキリスト教徒、そしてゲルマン人やスラブ人に適用することは、精神分析の最大の誤りである。精神分析は魂の深層の偉大な創造性といったゲルマンの心性を子どもっぽい混乱と決めつけてしまった。だから私は反ユダヤ人主義者ではないかと疑われながらも、あえてこのような過ちをただす警告の叫びを続けてきた。そしてそんなふうに私を疑う張本人はフロイトである。フロイトは、模倣以上の真のドイツ魂について、何もわかっていない男だ。……いまや全世界が驚異の眼をみはって注目しているナチスの偉大な奇蹟はこうした輩に、素晴らしいことを教えてくれたのではなかろうか？」（中央精神療法誌、一九三四年一月十日刊）

しかし、ユングのこの主張は、なにもナチス時代になってからなされたものではない。むしろユングのこの学問的主張をナチスが利用したのであろう。なにしろユングは、今日のいわゆる比較文化論的見地を精神分析の世界に導入した先駆者であり、精神分析そのものの比較文化的背景に眼を向けた最初の人物だったからである。それにもかかわらず、フロイト及びユダヤ人の弟子たちが、当時の状況の中で、この種のユング（非ユダヤ人）の考えを反ユダヤ主義的とみなしたのもやむを得ないことであった。

フロイト思想の広がり

やがてナチスドイツのユダヤ人迫害はますます本格化し、第二次世界大戦が開始された。この大変動のさなか、フロイトの弟子たちはすべて、ドイツ、オーストリア、ハンガリーの国外に——大部分は英国と米国に——亡命した。それは精神分析学そのものの、ドイツ語圏から英語圏への大移動であった。おそらく一つの学問が特定の民族に対する迫害によってこれほど大規模に移動するという現象は、それだけで一つの文化移動研究の絶好の課題である。

もっとも、英米のみならず、南米各地に移住したユダヤ人精神分析家たちもいた。そしていま、ブエノスアイレスを中心に、南米における精神分析は繁栄の時代を迎えている。もちろんわが国の例を挙げるまでもなく、精神分析そのものはユダヤ人の文化をはるかに超えた普遍的な精神科学であるが、フロイト思想、そして精神分析がこれらの二〇世紀のユダヤ人の運命と深く結びついていたのは、厳然たる事実である。

〔参考文献〕
『続精神分析入門』「フロイト書簡集」、E・ジョーンズ『フロイトの生涯』（いずれも既出）
I・ドイッチャー『非ユダヤ的ユダヤ人』、鈴木一郎訳、岩波新書、一九八九
D・バカン『ユダヤ神秘主義とフロイド』一九六五、岸田秀他訳、紀伊國屋書店、一九七六
D・C・マクレーランド『精神分析と宗教的神秘主義』、望月衛訳、『国民性の心理』所収、誠信書房、一九六九

4 神の子キリストと父なる神モーゼ殺害

フロイトとモーゼ

モーゼは理想の父性像であった。しかし、このフロイトのモーゼ像は、旧来のユダヤ教におけるそれとは、その質に決定的な違いがある。

ユダヤ教のモーゼは、恐ろしい神＝父親である。全能の力をふるうだけに、もし人が罪を犯すなら、怒り狂って容赦なく天罰を加えるモーゼである。ところが、フロイトがミケランジェロのモーゼ像に見出したモーゼは、自己の内面の怒りに耐え、まず自分自身が法に従う、範を示すような父性像である（第5章「4　モーゼ――理想の父性像」参照）。旧来の恐ろしいモーゼを民の側から体験するならば、モーゼの怒りと罰＝去勢をおそれるあまり、反抗的になり、時にはモーゼ殺害を企てるような衝動に駆られるかもしれない。しかし、フロイトのモーゼ像は、無言のうちにその民の反抗を受けとめる父性像である。そのとき民が抱くのは、フロイトが原父殺害説で論じたように、原父を殺害した息子たちによみがえった死後の従順――原父へのアンビヴァレンスからよき父親、原父像を回想して、悔やみ型罪悪感を抱くに至ったあの息子たちの心情――と一脈通じる、自分たちの反抗に対する悔やみ型罪悪感だったに違いない。

そしてフロイトは、この原父殺害―悔やみ型罪悪感とモーゼ殺害―悔やみ―償い心理へとたどり、このユダヤの民たちの心情にキリスト神話の起源を見出した。死の迫る八十二歳になったフロイトは、キリスト教とこのような形で向かい合うことを通して、自分自身のユダヤ人アイデンティティを改めて問い直す悲壮な最後の闘いに一身を賭けた。しかもそれは、キリスト教の起源に関する分析という形によってである。

キリスト論と『人間モーゼと一神教』

キリスト教神話における人間の原罪とは、疑いもなく父なる神に対する罪である。キリストがみずからの命を生贄にすることによって人間を原罪の重荷から救済したという事実は、父なる神との和解を招来すると同時に、その償われるべき罪がエディプス・コンプレックスによる父親殺し以外のものではあり得なかったことを意味しているとフロイトは言う。そしてフロイトは、ガンの進行とナチスのユダヤ人迫害による危機が迫る極限的な状況の中で『人間モーゼと一神教』(一九三九)を発表し、その中でこのキリスト論を世に問うことになった。しかも、ただこのキリストの意義を論じただけでなく、むしろこのキリスト論を通してフロイトは、「なぜユダヤ人は迫害されねばならないか?」というユダヤ人フロイトにとって最も根源的な問いに答えようとしたのである。フロイトはその著作の中で次のように考察している――。

ユダヤの民は、偉大な指導者モーゼに率いられてイスラエルの民となったが、十戒をさずけることによって彼らにさまざまな衝動の放棄を命じたモーゼに対しては、おそらく数々の激しく血なまぐさい反抗を繰り返し、ついにモーゼを殺害してしまった。この父なるモーゼ殺害は、ユダヤの民たちに巨大な罪の意識を引き起こしたが、やがて、このモーゼ殺害の事実は完全に忘れ去られ、偉大なるモーゼ像=父なる神への愛と畏敬のみが残った。そして、この抑圧された罪の記憶から発する得体の知れない罪悪感を鎮めるために、ますます厳しく、狭量な道徳的禁欲を課す恐ろしい旧約の神への信仰と、その神から特別に愛される神の選民であるという幻想が、ユダヤ民族を支配するようになった。

ところが、ユダヤ人パウロは、自分たちの無意識の中に抑圧されていたこの罪の記憶に気がついた。「我々は父なる神を殺害したために、このように不幸なのだ」という認識が生まれ、原罪の意識に目覚めた。だからこの原罪は、神の息子キリストの犠牲死によって償われねばならない。なぜならば、かつて神=原父を殺害したのは、その息子たちであるユダヤ人だったからである。このようにして、原罪及び犠牲死による救済が、使徒パウロのつくり上げた新宗教＝キリスト教の礎石となり、あのキリスト物語がつくり上げられたのである。
キリストは、神なる父に対して、かつて息子たち（ユダヤ人たち）が犯した罪を一身に引き受ける息子代表になると同時に、その犠牲死によって、父なる神と和解した真の神の息子として、人々の信仰の対象になった。

なぜユダヤ人は迫害されねばならないか？

ところが、この父親信仰から息子信仰への進歩を受け入れたのは、ユダヤ民族のごく一部であった。そして、それ以後この新宗教＝キリスト教を拒否した人々が、〝ユダヤ人〟と呼ばれるようになった。彼らユダヤ人は、この新宗教を信仰する〝非ユダヤ人〟たちから「お前たちは、神＝原父を殺害したのに、その償いをしていない。そればかりか、未だに神＝原父を殺害した原罪を認めまいとしている」との非難を受け、やがては「お前たちは罰せられるべきだ」との理由から、彼らの迫害の対象になった。そしてキリスト教徒は言う。「われわれは、自分たちの罪を認め、告白し、キリストを信ずることによってその罪をきよめられている」と。
つまり、キリスト教徒の自我は、ユダヤ人が認めまいとしている神（父）へのエディプス・コンプレックスを自覚し、その罪を認め、きよめようとしているという点で、ユダヤ人たちよりも、倫理的に一段階進歩したのだ。多くのユダヤ人は、未だにユダヤ人特有の家族主義と近親姦的な愛着を解決しきれぬまま、強迫的な罪意識に苦しみ、厳しい禁欲や戒律で自分たちを責め続けている。つまり、フロイト自身は、このユダヤ的な集団幻想からの「個」の自立をめざす道を、自己分析によるエディプス・コンプレックスの洞察と罪の自覚という、キリスト教とは別の形で見出していた。

死の直前に書き終えた『人間モーゼと一神教』の結びで、フロイトは改めて問いかけている。

「このような倫理的進歩をともにすることが、なぜユダヤ人にとっては不可能だったのであろうか?」と。

このフロイトの問いかけには、ユダヤ人としてのあらゆる苦難の根源を、みずから創始した精神分析、とりわけエディプス・コンプレックスとその罪悪感の理論によって、ユダヤ人の心性そのものの内に見出そうとする、フロイトの諦観が込められている。

当時、ナチスのユダヤ人迫害が日毎に険しくなり、フロイト自身の身の上さえ、ユダヤ人であるために危なくなったその社会状況の中で、なぜ、あえてフロイトはこの自己のユダヤ人論をあたかもユダヤ人迫害を正当化する理論づけを与えるかのような形で公にしたのか？　それは、まさにそこにこそ、あくまでもみずからの精神分析の見出した真理に忠実に、自己の身の上を直視しようとするフロイト思想があったからだ。

〔参考文献〕
『ミケランジェロのモーゼ像』（既出）
『人間モーゼと一神教』一九三九、森川俊夫訳、「著作集11」所収

5　禿鷹ムト――両性具有の母性神

鷹の頭を持つエジプトの神々

フロイトは、「本当のところ、心理学よりも考古学をより多く読みました」と語り、さらに、「エジプトの骨董品は……私をよい気分にしてくれるし、遠い時代や国々を偲ばせてくれます」と、フリースに書き送っている（一八九九年八月六日付）。

子どものころから考古学や古代史に魅力を感じていたフロイトの書斎や診療室には、古代ギリシャからエジプトに至る骨董品が置かれていた。これらの骨董品は、ただ単に観賞や装飾の目的のためというより、フロイト自身のその豊かで複雑な内面を具象的な形で反映していた。とりわけ彼が生涯に自分で収集した二千三百点あまりの骨董品のうち、六百点ほどはエジプトのそれであった。彼のウィーンの診療室の患者の寝椅子の上の上手いっぱいには、アブ・シンベル大神殿の大きな写真が張り付けられていた。患者たちは神殿の入り口を見上げ、凝視することになった。神殿の入り口の傍らには、ファラオ、ラムセス二世の四つの巨大な座像が配置され、その上には鷹の頭をした太陽神が君臨していた。壁にはギザのスフィンクスの大きな絵が掛かっていた。

フロイトの書庫へ通じるドアは、ずっしりとしたエジプトの石造りのレリーフでつっかいをして開かれていた。そのレリーフには冥界の神オシリスとその家族が彫られていて、彼らの上には鷹の翼が影を落としている。棚には何百もの古代エジプトの小彫像や、ブロンズの小立像で溢れていた。これらはウィーンではフロイトが分析の面談中に座る椅子の隣に置かれていた。

お気に入りの小立像の列は机の上にも並べられていて、フロイトを見つめていた。明らかに、これらの特別の像たちは、フロイトがそのとき、そのときに寵愛していた立像であった。「一番最近の骨董品の買物（大抵は小さな彫像）を、夕食のテーブルに持っていき、食事中に自分の目の前に置いて相手をさせ、あとで机上に戻すにしても、買ってから一日二日は夕食の相手をさせる」（E・ジョーンズ『フロイトの生涯』）という習慣さえあった。

とりわけ、フロイトが亡くなったときにあった三十五体のうち二十二体はエジプト産で、古くは紀元前六〇〇年の物まであった。その中にはオシリスの像が二体、イシスとホルスも二体ずつあった。フロイトにおけるエジプト神話の意味を解明してユニークなフロイト研究を提示している英国の精神分析家ジョアン・ラファエル＝レフ(Joan Raphael- Leff)は、とりわけ机の真ん中に置かれたブロンズ製のイシスの像に注目している。イシスは、左の乳房を五歳ぐらいの幼いホルスに与えている。ホルスはややこわばった姿勢でイシスの膝に座り、自分の指を唇に当てている。このジェスチャーは、自己充足的な口唇満足をも表象しているように見えるという。そして、一九三〇年代初期に手に入れられたこのブロンズ像で、イシスは三つに分かれた禿鷹の髪飾りを頭に戴いているという。

こんなふうにフロイトがエジプトの神々に惹かれていた具体的な証拠があるにもかかわらず、また彼の蔵書に見出されるエジプト神話に関する数多くの書物にもかかわらず、そして彼の幼児期の唯一知られていて記録に残っている夢には、なんと鷹頭のエジプト人が登場したという事実が語られているにもかかわらず、古代エジプトは、彼の最後の著作『人間モーゼと一神教』ではじめて主題になったにすぎない。そして古代エジプトに関する記述としては、もう一つ、エジプトの禿鷹の女神「ムト」が、『レオナルド・ダ・ヴィンチの幼年期のある思い出』(一九一〇)の中で登場するのみである。なぜ、エジプトへの膨大な関心を示す大量の確たる証拠があるにもかかわらず、理論上の思索でフロイトはまったくそれを語らなかったのだろうか。

この謎を探るうちにわれわれは、父性優位だったはずのフロイト思想の深層に秘められた、両性具有の全能の母性像と出会うことになる。

レオナルド・ダ・ヴィンチ「三人づれの聖アンナ」

一九一〇年に発表された論文『レオナルド・ダ・ヴィンチの幼年期のある思い出』においてフロイトは、レオナルドの有名な「三人づれの聖アンナ」の画像について、隠し画の絵解きのお手本とも言うべき試みを行っている。

この「三人づれの聖アンナ」は、聖母マリアと幼児キリスト、その祖母である聖アンナ(マリアの母)を描き出しているが、この絵画についてのフロイトの分析は、聖母マリアと幼児キリストの母子関係を取り上げる。そして、このくだりは、フロイトが聖母マリアとキリスト、ひいては、処女懐胎について触れた唯一の記述なのである。

フロイトは、母マリアと祖母アンナがこの絵画の中で下半身融合していて、しかも聖アンナが、祖母というよりはあまりにも若々しく描き出されていることなどを挙げて、私生児であったレオナルドの実母カタリーナと継母ドンナ・アルビエーラという二人の母を暗黙のうちに描いていたのではないかと言う。しかも、この絵画の中で、容易に判じがたいマリアの衣服の描写の中に、禿鷹の輪郭を発見したオスカー・プィスターの研究に注目する。この禿鷹空想こそ、レオナルドが幼児期以来思い描いていた空想であり、フロイトはその起源をレオナルドの幼児期記憶にさかのぼることができるとしている。

「三人づれの聖アンナ」
(ルーブル美術館所蔵)

そもそもレオナルド・ダ・ヴィンチは、実母カタリーナに五歳まで養育され、その後、実父と継母のもとに引き取られて養育された。そのためにレオナルドは、同じ私生児であるキリストと自分を同一視していたとフロイトは言う。つまり、フロイト自身も明確に「私生児キリスト」という観念を抱いていたのである。そして、レオナルドの私生児キリストとの同一視が「三人づれの聖アンナ」を思い描かせ、しかも実母と継母に加えて禿鷹空想をその絵の中に描き込ませたのだとフロイトは分析した。

両性具有の禿鷹空想と処女懐胎

レオナルドは幼いころ、一羽の禿鷹が舞い降りて尾で彼の口を開き、何度も何度もその尾で彼の唇を突いたという記憶を持っていた。この禿鷹空想は、私生児レオナルドにとってきわめて根源的な意味を持っている。彼のこの空想は、一方で、男根を持った禿鷹との間の口愛的な性関係（フェラチオ）の空想をあらわし、それが後年のレオナルドの同性愛的対象選択に深い影響を残しているとフロイトは言う。

一方、古代エジプト人の神聖な象形文字では、母は禿鷹の形で書かれている。エジプト人たちは禿鷹の頭を持った母性神を崇拝していた。その女神の名は「ムト」と呼ばれていた。ドイツ語のムッター（母）と発音が似ているのは単なる偶然だろうかとフロイトは言う。

しかも、母性の象徴としての禿鷹は、ただメスだけがあってオスはないと信じられていたという歴史を持っている。では、禿鷹がすべてメスだったら、禿鷹の受胎は一体どのようにして行われるのか。これについてはレオナルド研究家のホラボルロが見事な説明を行っている。「鳥どもは飛びながら空中にとどまり、膣を開き、風によって懐妊する」と。つまり、禿鷹はオスのいないメスだけの、風による懐胎という、私生児レオナルドがその出生の由来について抱く空想にぴったりな受胎イメージを提供している。

フロイトは「このホラボルロの意見は、神父たちに多大の感動を呼び起こした。つまり、神父たちは処女懐胎を否定する人々をこの自然の事実に証拠を求めることによって反論した」と言う。

フロイトによれば、この禿鷹の空想にまつわる言い伝えが、聖母マリアの聖霊による処女懐胎を証明する一つの根拠となったのだという。そして、レオナルドが抱く根強い禿鷹空想は、処女のままキリストを身ごもりその幼児キリストを抱く聖母マリアを、いつの間にか、父親なしに自分を産み育てた実母カタリーナと同一視するようになっていた事実の証しである、というのがフロイトの解釈である。

「レオナルドが私生児として生まれた事実が彼の禿鷹空想と合致している。私生児であったからこそ、彼は自分を禿鷹の子に擬し得たのだ」

哀れな未婚の母と全能の母幻想

実は、この実母は見捨てられた哀れな未婚の母だったのだが、その母とともにいる間に、レオナルドはこのような全能の母幻想を発展させた。フロイトは言う。

「この禿鷹空想の中にあらわれている母性神は、エジプト人によって多くの場合、男根を持ったものとして描写されている。乳房によって女性であることが示されている身体は、同時に、勃起状態にある男根をも備えていた。つまり、母性と男性の性格が合一していた。母性的禿鷹の原型は男女の両性具有的な性格を抱いていた。この半陰陽神ないし両性具有神こそ、男性的なものと女性的なものとを一緒にしてのみはじめて神の完全さが正しく表現されるという考えをあらわしている」

このような両性具有的な全能の母性神のイメージは、去勢コンプレックスが成立する以前の幼児が抱く母親に対する幻想、つまり、ペニスを持った母親にその起源を持っている。このような母親像をレオナルドが思い描く上で、私生児であった事実がその契機になっている。私生児の場合、母と二人きりで暮らし、父は視野の外にある。それだけに、父親による去勢の脅かしとか去勢不安を経験することなく、つまり去勢コンプレックスを体験せずに済ますことができる。しかし、そうなるといつまでも、母親が両性具有の全能の母親として心の中に存在し続ける。

フロイトは、父親の存在が去勢を与えることで母親に対する全能の幻想を破壊するという心の発達を進歩とみなしていた。それだけに、この禿鷹ムトのみならず、古代エジプトの神々への強い憧憬を抱きながら、そして禿鷹の頭を持つエジプトの神々の立像に囲まれて日を送りながら、それでもなおフロイトは、ギリシャ—ローマの父権的父性優位の世界こそ人類の進歩という思想に身を置いた。そして、両性具有の全能の母親像と一体の自己を母なるものから切り離し、男性、女性としての性別を持ち、父、母、子の三者葛藤の世界の次元に達し、さらにエディプス・コンプレックスを超えた世界をめざすところに、父性優位のフロイト思想の本質があった。

　では、父性優位の思想を確立していながら、なぜフロイトはあれほどにエジプトの神々に囲まれて仕事を続けていたのだろうか。もしもフロイトが、このエジプト神話の世界に投影された自己の深層を洞察し、彼の精神分析理論をこの全能の母、そしてその分離と葛藤まで視野に入れたものにしていたならば、どうだっただろうか……。

　しかし、この展開にはフロイト以後の母子関係重視の精神分析の発展を待たねばならなかった。それだけに、このフロイトの限界の探究は、逆に、フロイト思想の深層に新たな光を当てることになる。これについての考察は、終章「裏から見たフロイト思想」で述べることにしたい。

〔注〕フロイト以後の精神分析学者は言う。幼い子どもは、両性具有的な全能の母親像を抱いている。ところが、発達とともにこの母親との分離が進み、ペニスのない母親を正確に認識するようになる。この認識を通してはじめて、男性である自分、女性である自分について明確な性別アイデンティティを獲得する。

またそれは、それまで幻想的な全能の自己を思い描いていた子どもが、男性、女性それぞれの肉体を受肉する体験である。現実の女性としての母、男性としての父が視野に入るのと並行してはじめて、男の子、女の子としての自分が誕生する。このような観点から、フロイトがすでに明らかにしていた、両性具有的な全能の母性像を論じるのが現代の精神分析である。

〔参考文献〕

『レオナルド・ダ・ヴィンチの幼年期のある思い出』「フロイト書簡集」、E・ジョーンズ『人間フロイト』（以上既出）

J・ラファエル＝レフ『もしエディプスがエジプト人だったら』一九九〇、堀宗正他訳、『イマーゴ』五巻九号、青土社

第8章 フロイトからフロイト以後の精神分析へ

フロイトから現代の精神分析へ

現代の精神分析が、フロイト思想を源泉にしているのはもちろんだが、本書が取り上げたキーワードの中で、特に現代の精神分析において主役として活躍することになったものを挙げておきたい。

第2章の「3 空想することとプレイすること」は、D・W・ウィニコットの「プレイすることと現実」の論考を経て移行対象論へ、第3章の「5 同一化とほれこみ」は、M・クライン派の投影同一化論とH・コフート（Kohut, H.）らの自己愛論へと発展した。

第4章の「5 事後性――記憶は書き換えられる」は、喪の仕事、隠蔽記憶の再構成とともに精神分析治療の治療機序を論ずる主役になっただけでなく、心的外傷と反復を扱う上での中心的な課題となり、この面で現代の神経心理学的記憶論との接点をなしている。また、第7章「5 禿鷹ムト――両性具有の母性神」は、現代の母性優位の精神分析とフロイトの接点をなしている。この論議は、とりわけ性別同一性の分化と病理の理解に重要な役割を果たすことになった。

この第8章では、あえて「自我の分裂も受容して」だけを取り上げ、フロイト思想の到達点とその後の再生を読者とともに考えてみたい。その上で、終章をお読みいただければと思う。

自我の分裂も受容して

漂う自我の無力感

普遍的知性と個の自立を信条としたフロイト思想の拠りどころは、知性と意志の主体としてのIchであった。また、それは思想史的に見れば、近代合理主義を担う自我であった。本書も、この意味でのIchに「自我」という訳語をあてて話を進めた。

ところが、フロイト自身、晩年(一九三〇年代)になって――ここが最もフロイトらしいところなのだが――この自分が拠って立っていたはずのIchを、それが思っていたほど統合されたものではない、ともすれば統一性を欠く分裂《スプリット》した不完全なものとして語るようになった。自我はこれまで思い込んでいたほど全能ではないのだ!

フロイト自身の心の中にも、自我の無力感がひそかに漂いはじめる。どんなに苦痛・不快な現実であっても、あえてそれを直視し続ける現実自我こそ、フロイトの生涯の拠りどころのはずであった。しかし、その生涯には常にもう一つの自我、快楽原則に駆り立てられる快感自我がつきまとう。たとえばタバコのやめられない自分がいる。第一次大戦中、最もフロイトを苦しめたのは、この葉巻欠乏であったが、その当時（六十歳）、彼はこう書いている。「昨日、最後の葉巻を吸ってしまい、それ以後ずっと不機嫌で疲れています。動悸が起こり、口蓋の腫れ物が悪くなっています。……ところが患者が五十本持ってきてくれて早速一本つけたら、口蓋は急に楽になりました」。

葉巻との因果関係がこのようにあらわなこの口蓋の腫れ物こそ、六年後のガンへと転化する前ガン状態なのであった。しかもフロイトは語っている。「喫煙が、ある種の精神的問題を考え抜くことから自分を逃避させた」と。そして、その肉体を滅ぼす快楽（口愛）に屈した脆弱な快感自我も、耐えがたい病苦と最後まで闘い、鎮痛剤をのんで考えられなくなるくらいなら、「苦痛の中で考えたほうがましだ」と主張し続けた現実自我も、ともにフロイトの自我なのであった。

自我・エス・超自我

そもそもフロイトは、Ichという言葉をどんなふうに用いていたのか。

『自我とエス』（一九二三）を刊行する以前も、Ich は頻繁に用いられていたが、それは、普通の言葉遣いであって、英語の I に相当する。それは、Ich liebe dich！の Ich つまり「私」ないし一人の人格の主体という意味の Ich であった。

ところが、『自我とエス』によっていわゆる心的構造論が提起された。この場合の自我についてフロイトは、「われわれは、個人の精神過程の脈絡ある一体制を考え、それを『自我』と名づけた。意識は、この自我に結合し、運動機能への通路、すなわち外界に興奮が排出される通路を支配している。それは、精神のあらゆる部分過程の調節を行い、夜になると眠りに落ちるが、それでもたえず、夢の検閲を続けている。抑圧もこの自我から生じる」と言う。そして、エスについて、「われわれは、知覚体系に由来する本質――それはまず前意識的である――を『自我』と名づけ、自我がその中で存続する他の心理的なもの――それは無意識的であるように振る舞う――をグロデックの用語にしたがって『エス』と名づける」と述べている。

自我は、エスに対する外界の影響とエスの意図を有効に発揮させるように努力し、エスの中で拘束されずに支配している快感原則の立場に現実原則を置こうと努力している。自我は、われわれが理性または分別と名づけるものを代表し、情熱を含むエスに対立している。自我のエスに対する関係は、奔馬を統御する騎手に比較される。

そして超自我についてフロイトは、「自我の中の一段階、自我理想、あるいは超自我と呼ばれるべき自我のこの部分が、自己批判と良心、すなわちきわめて価値の高い精神活動を無意識のうちに行うが、この超自我は、両親との関係を代表する。われわれは、幼い子どものころに、より高等なこの道徳の本質を知り、それに感嘆し畏怖し、のちになってそれをわれわれ自身のうちに取り入れたのが超自我である」と定義した。

この心的構造論ないしシステム論の用語が、精神分析全体に普及するとともに、フロイト全集の英語版の訳者J・ストレイチーは、Ichをegoと訳し、フロイト以後の英米圏の精神分析の世界では、Ichをego＝自我として用いるようになった。

Ichの訳語問題

ところが、ウィーンから米国に移住しドイツ語のフロイトに親しんでいた精神分析家たち、特にE・H・エリクソンと、渡米後自閉症治療でも高名になったB・ベッテルハイム(Bettelheim, B.)は、Ichをegoに英訳すると、人々はどうしてもIchをこの心的構造論の自我の意味で用いてしまうが、フロイトのIchは、人格の主体としての「私」、「自分」、などを含んでおり、『自我とエス』の心的構造論をはるかに超えた多義的な意味を持っているという。

とりわけ晩年になって用いたIchのスプリット（Ich–spaltung）——ここでは自我の分裂（ないしスプリット）と訳して話を進めるが——の場合のIchは明らかに心的構造論の自我egoではない。むしろ人格の主体としてのIchという意味の自我である。本書でも、人格の主体を意味するIchの場合でも「私」と訳さずに「自我」と翻訳してきたが、だからといって心的構造論の自我＝egoのつもりで用いてきたわけではない。

ではフロイトは、その晩年からフロイト以後に向けて、自我の分裂についてどんな論議を残したのか？

自我の分裂とは

晩年のフロイトはこう語る。「思っていたほど自我は完全なものではない」「みんなが思っているほど、人間の自我は強くもないし、全能でもない……」と。その背後には、分裂した自我を見つめる諦観がある。『現実を否認する快感自我と現実を承認する現実自我の併存という自我の分裂を統合することは難しい」（『防衛過程における自我の分裂』一九三八）。

たとえば子どもの自我は、一定の欲動満足としてオナニーを続けていくと重大な危険が起こるという脅かしや、そのために起こる去勢不安を経験した場合、自我はこの危険を承認して、そんなことが起こったら大変だと怖くなって欲求を断念するか、そんなことはないと去勢の現実を否認して不安を解消し、欲求の満足を確保するかという葛藤状況に置かれる。

そして人間には、一方で現実の危険を否認して欲求満足を続ける快感自我と、他方では現実の危険を承認して欲動満足を断念しようとする現実自我があり、この二つは同一の人間の心の中で、互いに分裂し、お互いを無視したまま併存している。このような自我の分裂が時とともに拡大されると、自我の統合、ひいては人格の統一性に大きな障害を引き起こすことになる。

実はこのフロイトの認識は、すでに第3章の「3 夢解釈」でその夢を引用したウォルフマンの分析の中で得られていた。

一般に男の子は、去勢の脅かしによって、去勢(の可能性)をおそれるようになるが、このおそれを現実に証明するのは、女性の性器を目撃する経験である。たしかに女性(母や姉妹)には、おチンチンがない。これは、確実な現実認識である。四歳のときのウォルフマンは、あのオオカミの不安夢を通して回想した、父母の原光景(性交場面の目撃)の際に、父のおチンチンが母の性器の中に入っていくのを見ている。母にはおチンチンがないこともたしかに見たはずである。

この瞬間にウォルフマンの自我は狂いはじめた。彼の自我は、この現実認識を否認し、母（女性）にもおチンチンを幻想したのである（M・クラインは、原光景を目撃した際、母の性器に入っていく父のペニスを、母のペニスと誤認することによって、「ペニスを持った女性」のイメージがつくり上げられるという）。そして、母にもペニスがあると思い込むとき、つまり、母にペニスがないという認識を否認するとき、ペニスをとって母や女性のようにされてしまうという去勢の脅かしは、虚構となって、その権威を失う。そうなると、自我も性愛も去勢不安から救われ、その結果、依然としておチンチンをいじり続ける（オナニーを続ける）ことも可能になる。

「これらの患者は、自分自身が去勢される可能性の証拠として体験されるところの、女性におけるあの恐ろしいペニスの喪失という事実を承認しない……。そのために、彼は女性器におけるペニスの欠如を示す自分自身の感覚的知覚を否認し、その反対の（女性にもペニスがあるという幻想的）確信に固執するようになる」（『精神分析学概説』）。

しかしながら、いくら快感自我が去勢の現実を否認し、幻想を抱いても、現実を認識する現実自我は、そのまま存在し続ける。つまりウォルフマンには、それからというもの、去勢の現実を否認する快感自我と、去勢の現実を認識する現実自我が併存することになった。この併存が自我の分裂である。

「このように子どもは、一方で現実を否認し、自分に対して何一つ禁止を加えたりしない快感自我によって快を求め、幻想に耽る。その一方で、同時に、現実の危険を承認する自我は、その危険に対する不安を防衛するために、この快感自我をスプリット(分裂)させてしまう。つまり、自我そのものを分裂させることを防衛に使ってしまう」。そしてフロイトは言う。「これはとても巧妙な困難の解決方法である。欲求も満足できるし、現実にもそれなりの敬意を払うからである」。フロイトはこう述べた上で、「ただしこのような解決は、〝自我の分裂〟という犠牲によって、はじめて達せられるもので、この分裂は決して再び癒えることがなく、むしろ時とともに拡大されていく。……われわれは自我のさまざまな過程は統合されるのが当然と思っていたために、この自我の分裂という現実は大変奇異に見えるが、実は自我の統合は、常にこれらの障害によって阻まれるものなのだ」と語るようになる(『防衛過程における自我の分裂』)。

つまり、このような自我の分裂は、何もウォルフマンだけに存在するものではない。しかも、この自我分裂は外界の対象に対してだけでなく、自己認識そのものについても起こる。

たとえば自分を「神」と妄想する自我と、一患者として病院の掃除にせっせと精を出す自我が併存し、この矛盾にはわれ関せずの精神病の人々。あるいは、空想の中でライオンになっている男の子は、同時に、大人に対する無力な子どもである。自分を「強いライオン」と空想する自我と、「自分は子ども」という現実がわかっている自我が併存し、時にはこの現実を否認し、時には承認するのが子どものプレイ心理である。

スプリットした自分との他者を介しての出会い

フロイトが問題提起した、この自己像や自己認識における自我の分裂は、さらに新しい課題をわれわれに残した。それは、自分がスプリットして否認している自分は、むしろ他人には一目瞭然という事実である。いくら禁欲や節制を説いても、葉巻のやめられないフロイトがいることは誰の目にも明らかで、このフロイトの自己矛盾は、本人以上に他者の目に鮮明に映し出される。

実は、自分との出会いの一つの基本的な心理構造は、他者の中の自己イメージとの出会いを通して、自分と出会う、自分を認識する、という形の自己認識である。そもそも精神分析治療は、無意識の自分との出会いをめざしている。フロイトは患者たちとの治療の過程で、本人たちが自覚していない、いわゆる無意識の自分と出会う場を設定した。それが精神分析治療であった。フロイト自身も、フリースという他者に自分を映し出す形ではじめて自己分析が可能だった。

分析者フロイトは、被分析者は勇敢に自分自身の心の中にある悪い自分と分析者を介して出会い、その悪い自分をも自分の一部として受け入れることが治療であるという立場で治療を進めていた。

ただし、このときには、患者の心の中のメカニズムだけが課題になるわけではない。むしろここで大事なことは、本人が気づかない、あるいは否定したい、スプリット・オフ（排除）しておきたい自分を、自分の全体像を把握している治療者を通して、患者が自分のものとして受け止めるようになる体験である。そういう治療者とのかかわりが重要である。

つまり、全体の自分に出会おうとするならば、どうしても他者や治療者のまなざしが必要だという事実を認めなければならない。他者がイメージしている自分を自分として認めることによってはじめて、自分は自分の全体像に出会うことができる。自分を発見することができる。そういう自己認識の構造がある。

しかも多くの場合、それまでスプリット・オフしていた自分は、直視したくない自分（悪い自分）である。実はフロイトには、このことがちゃんとわかっていた。自分とまったく同じ自分に出会う体験を二重自我人格体験というが、この際に出会う自分は多くの場合、日ごろ自分が自分の意識からスプリットしている悪い自分の投影であると、フロイトは語っているからだ（『無気味なもの』一九一九）。

精神分析が果たした重要な機能は、このような意味での、自分が自分に対して認めたくない悪い自分、いやな自分、人に隠しておきたい自分、そういう自分に出会い、そしてまた、それを自分の一部として受け入れる作業にどう助力するかという仕事である。

だが、思っていたほど自我は完全なものではない。そう嘆いた晩年のフロイトは、自我の分裂を認識したが、みずから創始した治療関係の中で、この自我の分裂がどのような関係性を分析者と被分析者との間につくり出しているのかについては、明確な洞察を得ないで終わった。なぜならば、あくまでフロイトの心のモデルは、自立・自営を理想とする個体論モデルだったからである。それだけに、その主体である自我の分裂を直視することは自分の拠りどころの不完全さを直視し、限界に直面することを意味した。

この現実に出会ったとき、フロイトはフロイトらしくこの自我の〝無力さ〟という現実を受容した。そして、自我にさえも全能の幻想を抱くべきではない、自我に対してこれまで抱いていた全能幻想までも、人生の終わりに破壊するのもまたやむを得ない、と悟った。それがヒトの無力さを受容し、すべての全能感を断念するフロイトらしい自我に対する究極的な態度であった。

エルンスト坊やの自己鏡像プレイ

ところで、フロイトの晩年の自我への失意を裏付けるようなメッセージを、実はあのエルンスト坊やが、フロイトおじいさんの前で演じたプレイを通して伝えていた。

このプレイは、「自己鏡像体験」と呼ばれる。第4章の「3 フォルト・ダー」でも触れたが、孫のエルンスト坊やは、鏡に映った自分の姿を、低くかがみ込んで隠すことによって「いない、いない、ばあ」の遊びを演じていた。

このプレイからわれわれは、人間の自己認識の構造について、ごく当たり前ではあるが改めて直面すると衝撃的な事実に出会うことになった。それは、「人間というものは自分一人では自分の全体像に出会うことはできない。自分では自分のすべてを見ることはできない。むしろ鏡に映っている自己の全体像を通してはじめて、自己全体を認識することができる」という、ヒトにとって恐るべき無力な現実である。

フロイト自身も、このことを体験してはいた。あるとき、夜行列車に乗っていて、トイレに行こうと立ち上がった。目の前に老人がいるので、「おじいさん、どいてください」と声をかけようとして、はたと気がついた。その〝老人!〟は何とガラス窓に映った自分、日ごろそう認めたくない年老いた自分の姿だったのだ。そして「このときの現象がとても不愉快なものであったことをいまも覚えている」と述懐している(『無気味なもの』)。

しかし、フロイトの中では、エルンスト坊やのプレイも、二重自我人格体験も、ガラス窓体験も、フロイトなりの自己鏡像論には発展せず、自我の分裂を結びつける洞察と理論にまで達しないで終わった。そこに老フロイトの失意と諦めもあった。

自己鏡像とフロイト以後の流れ

では、エルンスト坊やのこの自己鏡像体験は、フロイト以後、どんな流れをたどることになったのか？

ここでは、現代の精神分析をつくり出したＪ・ラカン、Ｄ・Ｗ・ウィニコット、Ｍ・クライン、Ｈ・コフートを挙げる。

ラカンは、フロイトが晩年に身にしみて自覚した自我の無力さの認識をさらにおし進め、自我の虚構性・幻想性＝無にまでその洞察を深めた。それは、本書で私がライトモチーフにしているという意味での、最もフロイディアンらしい学風と言うことができる。しょせんヒトは、自己を自己として自分ではその全体像を認識することはできない。われわれが自己と思い込んでいるのは、他者のまなざしに映った鏡像を、「それがおまえだ」と言われて、そのつもりになっているものにすぎないのではないか？　幻を自分と思い込んでいるのではないか？

かつてラカンは、一九五〇年代のある日、日本の精神分析の父と言うべき旧知の古澤平作に一通の書簡を送った。そこには、「虚構の自我を精神分析の体系の基礎に置く自我心理学が欧米の精神分析を誤った方向に導いている。自我が幻想であり無であることの洞察は、仏教の最大の悟りのテーマである。仏教徒であり精神分析家でもある日本の分析家たちには、この私の考えとの親和性が高いのでは……」という趣旨が書かれていた。

これに対して、母子の相互関係に陽性な価値を見出して評価するウィニコットは、乳児にとっての初期の自己鏡像は愛にみちた母の眼差しの中の自己であるとして、「赤ん坊は母を見ているが、同時に自分を見ている母を見ている」と語った。つまり、この自己鏡像体験に、母子相互関係における自己の根源的な起源を見ているのである。

またクラインは、というより現代クライン派の分析者たちは、自己鏡像体験から次のような少々複雑な治療関係を明らかにした。すなわち、被分析者はまず、自己からスプリット・オフ（分裂・排除）した自己の部分を、分析者に投影同一化することを介して分析者に投げ入れる。この投げ入れられた被分析者の自己の部分は、分析者の心の中に映し出されて解釈が行われる。そして、そこで解釈を加えられたものを伝え返してもらうことを通して、被分析者はスプリット・オフしていた自己と出会うという関係である。

そして米国の自己心理学者コフートは、自己鏡像体験から子どもの発達についての考察を進めた。子どもには成長を求める積極的な自己があり、父母が鏡となって、かつ陽性の情緒を込めて映し出す（mirroring）という形で行われる自己―対象の心理機能に、子どもの自己の陽性な発達の源泉を見出したのである。

ラカン以外のこれらのフロイト以後の流れは、いずれも、フロイトの個体論を超えた相互関係論を展開することで、フロイトの自我に対する失意を癒すことになった。しかし、そのような相互関係に支えられる安易な（!）自我のあり方を、果たしてフロイトは受け入れるであろうか？

〔参考文献〕

『快感原則の彼岸』『無気味なもの』『精神分析概説』『自我とエス』、J・ラカン『私の機能を形成するものとしての鏡像段階』、小此木啓吾・妙木浩之『精神分析の現在』（いずれも既出）
『防衛過程における自我の分裂』一九三八、小此木啓吾訳、「著作集9」所収
E・H・エリクソン『乳幼児とその後の人生』、小此木啓吾訳、『乳幼児精神医学』所収、岩崎学術出版社、一九八八
B・ベッテルハイム『フロイトと人間の魂』、藤瀬恭子訳、法政大学出版局、一九八九

終章

裏から見たフロイト思想

フロイト思想の限界と独自性

これまで本書は、フロイト思想を、フロイト自身が語り、行っていたことに基づいて述べてきた。筆者としては、その意味で、ここまでお伝えしたフロイト思想を、正統的なフロイト思想としてまずは読者に受けとめていただきたいと思う。

しかし、筆者のライフワークの一つというべきフロイト研究の見地から見ると、フロイト自身が抑圧したり、スプリット（排除）して隠されていた事実がいくつも見出されている。その多くは、理論上はフロイト以後の精神分析の研究によって、資料上はフロイトに関する伝記的研究によって明らかにされているが、フロイトが提起した考古学的再構成の方法をそれらの研究や資料に応用することによって、フロイト思想の裏側とでも言うべきある種の制約や限界も浮かび上がる。

しかしまた、この試みがフロイト思想の独自性、そのフロイトらしさをさらに鮮明にライトアップする可能性もある。こういう試みをフロイト自身に当てはめることができるところに、フロイトのつくった精神分析の醍醐味もある。読者もそんな気持ちで、さらにフロイト思想の理解を深めてほしい。

エディプス物語の読み直し

たしかにフロイトは、一八九六年に心的外傷説を唱え、子どもを性的に虐待する親を告発する歴史上最初の精神医学者、心理学者になった。ところがその後は、この性的外傷説を主張した自己自身の臨床上の認識に大きな転換を行い、性的虐待の記憶は子どもたちに普遍的に抱かれるエディプス願望の投影であって、事実半分、幻想半分の場合が多いという見地から、その臨床経験を理解するようになる。そして、この半ば虚構の記憶があるという事実を知ったフロイトは、それまでの素朴な心的外傷説に加えて、独自の内的幻想説を展開した。むしろ、その幻想性を心的リアリティとして扱うことが精神分析の役割とみなすようになる。

フロイトはこの見地から、夢はどんなふうに願望充足の産物であるかを明らかにし、さらに、願望＝欲動の発達を小児性欲論の形で体系化した。この文脈の中で、彼の理論展開の中心の役割を常に果たしてきたのが、エディプス・コンプレックスである。だがしかし、このフロイトのエディプス・コンプレックス論は、ギリシャ神話におけるエディプス物語の全体に依拠するものではなく、もっぱら後半部分だけを取り上げている。

この点について、フロイト以後の精神分析学者から、なぜフロイトはエディプス物語の前半部分を取り上げることなく、もっぱら後半部分だけに目を向けたのか、という疑問の声が上がるようになった。とりわけこの傾向は、一九八〇年代、米国精神医学ひいては米国社会において、性的外傷による外傷性精神障害に関する臨床上の認識が高まり、広がったことによって促進された。ベトナム戦争によって心的外傷を受け、PTSDになった帰還兵士たちのベトナム症候群の研究が進むとともに、フェミニズム運動の高まりとも相まって、男性から受ける暴力、レイプ、虐待などによって女性の受ける心的外傷に関する社会意識が急速に広がった。そして、この傾向を背景にして、なぜフロイトはあの当時、性的外傷研究の道をもっと先まで進まなかったかという批判も沸き起こったのである。

たとえば、当時、私の友人の精神科医M・ストーンがサンフランシスコで、いわゆるノーマルな女子大生たちを調査したところ、一五～一六％が幼いときに父親に性的な誘惑や接触を受けた経験者であることが明らかになった。また、精神科を受診する女性患者では三〇％がそうした経験を持っているとの結果が出るなど、日本の私たちには信じられないようなデータが次々に報告された。米国の社会・家族に二〇世紀の世紀末的な崩壊が起こっているから、そういう現象が広がっているのか、それとも、われわれ日本の臨床家もまた、そのようにものを見る目を持つと、やがて隠された真実が見えてくるのか。いずれにせよ、親による子どもへの性的あるいは暴力的な虐待の臨床に対する関心の高まりとともに、先駆者フロイトの経験と理論を改めて検討し直すことが精神分析の現代的な課題になった。

この動向はさらに、エディプス幻想論の再吟味を迫った。一九九〇年代に入ると、米国における性的外傷ブームも落ち着きを見せ、事実の回想（recovered memory）か、虚構の回想（false memory）かの論議も活発になった。全体の趨勢としては、子どもが抱く内的欲動に由来する幻想や葛藤と、親による外的な誘惑体験がどう結びつくのか、その結びつき方こそ臨床上の最も重要なテーマになるというとらえ方が、現代の臨床家たちの主流を占めるようになった。そして、これらの動きと並行して、フロイトにおけるエディプス物語の読み取り方そのものに精神分析家たちは目を向けるようになったのである。

エディプス物語の全体像

ここで、古代ギリシャにおけるエディプスの物語の全体を振り返ると、次のようになる。

エディプスの父ライウスは、その青春時代に故郷を捨てて、ペロポネソス半島の王宮に旅人として迎えられたが、彼はその恩人から受けた恩をあだで返してしまった。つまり、ペロポネソスの美しい息子クリュシュポスをだまして祭りに連れていき、そしてこの美少年を性的に誘惑してしまった。しかも、この過ちを悔いたクリュシュポスは自殺してしまう。そのためにライウスは男色、少年との同性愛の元凶とさえギリシャ神話では見なされている。

　やがて、テーバイの王となったライウスはイヨカスタと結婚したが、そこでデルポイの神託に伺いを立てたところ、一人息子が生まれるであろうが、ペロポネソスの地でライウスがクリュシュポスに対して犯した罪の呪いのために、その息子はほかならぬライウス自身を殺すことになるだろうと告げられる。

　ライウスはこの神託を信じ、長い間、妻と別居生活を送った。にもかかわらず、エディプスをその妻が身ごもるに至ったのは、ライウスが酒に酔って妻と性関係を持ってしまったためである。そのため、息子エディプスが生まれたときに父母はその息子の足を留め金で刺し、キタロンの山麓に捨てるように羊飼いに命じた。ところが、エディプスは不憫に思った羊飼いに助けられ、子どものいないコリントの王ポリュポスに渡され、育てられ、のちに、自分の父とも知らずにライウスを殺し、母と知らずにイヨカスタを妻にする。やがて、事の真相を知ったエディプスは、みずから目をえぐって盲目の罪人《つみびと》として放浪の旅に出る。

　これがエディプス物語の全体であるが、フロイトは、エディプスがその父を殺し、母を妻としたその罪の自覚に力点を置き、エディプスが誕生してからの後半の物語だけを取り上げた。

では、なぜフロイトはエディプス物語の前半の部分を割愛したのか。フロイト以後、この事実についてのフロイト研究者の研究が活発になった。

フロイトにしてみれば、そもそもエディプス物語が先にあって、その物語に従ってエディプス・コンプレックス理論を提起したわけではない。むしろ彼自身の自己分析の中で、母に対する近親姦的な欲望、父を亡きものにしようとする衝動、そして罪悪感をその内面に洞察し、この自分自身の個別的な体験を普遍的なものとして主張するとき、その普遍性の証しとして、あるいはその表現の形式として、エディプス物語の中のこの部分を引用したのだ。

フロイトの意識体験をそのまま受け入れるなら、まことにそのとおりであろう。しかし、もし、フロイト自身が創始した精神分析の手法をフロイトのこの割愛の心理に適用するならば、なぜ物語の後半部分だけを取り上げ、それに先立つ父ライウスと母イヨカスタが息子エディプスに向けた子捨て、子殺し衝動、いや実際に行った虐待行為を割愛したのか、その経緯を明らかにする試みが、さまざまに行われるのは至極当然の成り行きである。その結果として誰もが次の点に目を向ける。それは、フロイト自身が、親が子どもに心的外傷を与えるという心的外傷説から子ども自身の近親姦願望という内的幻想説に理論を転回したことと、エディプス物語の読み取りにおいて両親から虐待された部分を割愛し、もっぱら子ども＝エディプスの側の願望とその罪の意識を取り上げたこととの、あまりにも見事な対応である。

そしてフロイト以後の研究は、ただ単なる臨床上の認識の修正として転回が行われたわけではなく、この転回の主体的背景として、人間フロイトの心が出会ったいくつかの事情を推測している。

悪い父親像を否認したかったフロイト

第一に、親による性的誘惑説に対する当時の学界、そして社会全体からの反発が挙げられる（フロイト研究者マッソンによる）。

第二には、親たちがそんなにも性的誘惑的倒錯的ではあり得ない、というフロイトの心情が指摘できる。この心情は、特にフロイトの自己分析における父ヤコブに関する洞察の過程で起こったと言われている（もしそうなら自分の父もおかしかったことになる）。

しかしこの点については、フロイトの父ヤコブは実際には、フロイトが考えていた以上に女性関係について種々の問題があったという事実を明らかにする試みが行われて、さらなる展開が見られるようになった。

幼いフロイトの家族状況を振り返ってみると、フロイトが自己分析の中で抑圧、またはスプリットすることによって、はじめてフロイト自身の自我が救われるような父母に関する事情があったのではないか――。こうした推測に基づいて、現代のフロイト研究者M・バルマリ(Balmary, M.)、M・クリュル(Krüll, M.)らの研究が進み、まずはフロイトの母親アマリエの身の上についての新しいいろいろな事実が明らかになった。アマリエは二十歳のときに、先妻サリー亡きあと、二番目の妻としてフロイトの父ヤコブのもとに嫁いだ、というのが従来の理解であった。ジグムントはとても祝福された誕生の子どもであり、占い師に、この子は末は博士か大臣かと言われたとか、後妻に来た若いアマリエは最初の息子であるフロイトをことのほか熱愛した、などの逸話が語られている。

しかし、事実は違った。バルマリやクリュルの調査によると、フロイトの父ヤコブには、最初の妻サリーとアマリエの間にもう一人の妻レベッカがいた。この第二の妻レベッカの存在をめぐっては、さまざまな憶測がなされている。そもそもこの事実について、フロイト自身、本当はどのくらいのことを知らされていたのか。レベッカは行方不明になった、あるいは自殺したとされており、しかもそれは、ジグムントの若い母親アマリエが家に入ってきたことと深い関係があるのではないか……。加えて、フロイト研究者の間では「女たらしの父」(フランスの精神分析家S・レボビシィ)との評が口にされる。

フロイトの行った自己分析は、そのような父の実像、ひいては父母関係と自己の出生の由来を明らかにすることにつながるかもしれない部分の分析を回避し、一転して、フロイト自身、つまり子ども側の内的幻想説にのめり込んでいった、というのが現代のフロイト研究の一つの趨勢である。

二人の妻をはべらせたモーゼ像と隠された妻レベッカ

そしてこの推測と驚くほど符合する秘密が、あれほどにフロイトが敬愛した聖ピエトロ・ヴィンコーリ寺院のミケランジェロのモーゼ像に隠されているというのが、バルマリの研究である（M・バルマリ『彫像の男』）。

バルマリは、あの「三人づれの聖アンナ」についてフロイトが試みた判じ絵解読の手法を応用し、ミケランジェロのモーゼ像に、二人の妻を連れたモーゼ像と、そこに隠されたもう一人の妻レベッカを発見する。バルマリはフロイトの解釈方法を、二人の妻をつれたモーゼ像に適用したのである。

そして、この観点からあの理想の父性像「ミケランジェロのモーゼ」を見直すと、フロイトが三人の妻を持った父親ヤコブのイメージを、このモーゼの彫刻像に意識的にか、無意識的にかはともかく、重ね合わせて見ていた事実が明らかになる。

バルマリが指摘しているように、素朴にこのモーゼ像と対すると、モーゼの左右には、レアとラケルという二人の女性がはべっている。この二人の女性はどちらも聖書中の人物で、彼女らは姉妹であり、同じ男と相次いで結婚した。しかも、レアとラケルの夫というのは族長ヤコブである。ヤコブという名前が、フロイトの父ヤコブ・フロイトを思い起こさせるのはごく自然である。そして、公にはジグムント・フロイトの父ヤコブもまた、最初の妻サリーと、サリー亡きあとジグムントの母となるアマリエという二人目の妻を持っていた。正式には第一の妻が亡くなって、アマリエが後妻になってから、ジグムントが生まれたということになっている。

モーゼの左右には二人の女性がいる

ここから先がバルマリの分析である。すなわち、フロイトはなぜあのモーゼ像に父親像を見て、しかも、なぜあのように魅せられたのか。そこには、父親とその妻たちの関係について、フロイトの、表にあらわれていない裏の真実に対する無意識の探究心も働いていたのではないか。そしてそれは、自分では知らぬままに気づいていたこと、つまり、ジグムントが抑圧しなければならなかった「あること」を、モーゼ像がジグムントに暗示していたためではないか、とバルマリは言う。

この謎は、フロイトの母アマリエとヤコブの最初の妻サリーとの間に、レベッカという第二の妻がいたという事実と深い関係がある。ジグムント・フロイトは、この第二の妻レベッカの存在をモーゼ像の背後に見出そうとしていたのではないか。先述のように、レベッカは亡くなったのか、家出をしたのかがよくわからないままになっていた。もしかすると、父ヤコブが若い娘アマリエを身ごもらせた結果、あるいは妻として家に入れようとした結果、レベッカは家を出たか、自殺したのかもしれない。別の見方をすれば、レベッカは、ジグムントの若い母アマリエを危うく未婚の母にし、ジグムント自身を私生児にする運命さえもはらんだ存在であった。

そしてたしかに、この推理を裏付ける歴史的事実がある。聖書物語の中での族長ヤコブの母の名前がレベッカなのである。つまり、ヤコブはレアとラケルという二人の妻を持ち、その母がレベッカであった。フロイト家にあっては、父ヤコブには公にはサリーとアマリエという二人の妻がいて、さらにレベッカという隠された妻がいた。ジグムントが知らなかったはずの父の隠された妻レベッカの存在を、実はフロイトは、モーゼ像＝ヤコブの背後に無意識のうちに思い描いていたのではないか。

もしそうなら、モーゼ像へのフロイトのあの執心には、自己の出生の由来、ひいてはその母子関係の実像を探ろうとする動機が潜んでいたという推測が成り立つ。

さらに、バルマリの分析によると、聖書におけるこのヤコブの第二の妻ラケルの長男はヨセフといい、夢の解釈家としてつとに知られた人物だったという。それは当時、夢判断を自分のライフワークと考えていたジグムントが、自分自身と強い同一視を引き起こして当然の存在であった。

現代のモーゼとしてのフロイト

おそらく、フロイトの意識の中ではあくまでもミケランジェロのモーゼは偉大な父性像であり、モーゼ像にはべる二人の姉妹は否認しスプリットされていた。しかも、あれほどに理想化したこの父性像モーゼに、晩年のフロイトは強い同一化を起こしていたふしがある。

家庭内そして弟子たちに対してかなりの家父長的態度をとっていたフロイトは、その心の奥底では、ひそかに自分自身を、科学的世界観が宗教的世界観にとって代わる時代の社会にふさわしい〝現代の精神指導者モーゼ〟とみなしていたのではないか。私自身、何度かロンドンのフロイト宅を訪問し、晩年のアンナ・フロイト先生と面談したが、この末娘の心に抱かれている父親フロイト像は、決して単なる臨床家や分析家ではなかった。もっと偉大な思想家であること、その気品と威厳はむしろ神聖な宗教指導者にも比すべきものであったことが、彼女から伝わってきた。

実は『人間モーゼと一神教』でフロイトは、キリスト教がエディプス・コンプレックスを自覚し、その罪を償う心理に目覚めた点で、ユダヤ教に比べて倫理的な進歩を遂げていると記す一方で、科学的世界観の時代を迎え、キリスト教もまた宗教としての限界を超えることのできない運命にある、と語っている。そこには、エディプス・コンプレックスの洞察に基づいてみずからが創始した精神分析こそ、これからの人類において、宗教にとって代わる人間の倫理性を保証する新しい使命を担う思想であるという自負の念が込められていたのではないか。

しかも、少々立ち入った話になるのだが、この理想化したモーゼ像と同じように、フロイト自身の私生活にも、実は二人の姉妹をはべらせたこのモーゼ像との微妙な符合が見られる。家庭外の女性とのかかわりにはきわめて道徳的・禁欲的であったフロイトではあったが、妻マルタとの結婚生活の中で、彼は一貫して、マルタの妹ミンナとの親密なかかわりを続けていた。ミンナが私設秘書的な役割を果たしていたこと、二人で旅をしたことなどはよく知られた事実である。そればかりか、ウィーンのベルクガッセに住んでいた時期からのお手伝いでロンドンの移住先にもついていき、アンナ・フロイトが没するまで四十年余にわたってフロイト家と寝食をともにしたパウラさん——精神分析家の仲間うちではつとに有名な女性で、私自身も面識があった——の語ったところでは、ミンナの寝室とフロイトの寝室は自由に行き来できたという。

フロイトもまた、ミケランジェロのモーゼ像と同じように、実はマルタとミンナという二人の姉妹を終生はべらせていた。しかし、このような姉妹との関係は、フロイトがミケランジェロのモーゼ像から二人の姉妹の存在をスプリットしたように、フロイト自身の私生活の盲点にもなっていた。フロイトがユングと決裂したことの契機は、ユングにミンナとの間柄を問い詰められたことにあったとも言われている。そして、このフロイトと〝二人の妻〟との関係は父ヤコブのそれをも思わせる。だがフロイトは、父ヤコブの夫婦関係を自己分析の中で取り上げ得なかった。取り上げ得なかった未解決な分だけ、父との無意識の同一化を生み、結局は二人の妻(姉妹)をはべらせ続けることになったのではないだろうか。

ライウス・コンプレックスの提起

二人の姉妹をスプリットして、中央に君臨する偉大な父モーゼ像をひたすら理想化し同一化したその心理の中に、フロイトにおける父になること、父であることをめぐる未解決な葛藤が隠されていたのではないか。そうした考察を出発点としたフロイト以後の研究が提起したのが、ライウス・コンプレックスである。そこでは、父としてのフロイトにおける抑圧が指摘される。それは、エディプス物語を、フロイトのように息子エディプスの側からでなく、むしろ父親ライウスの側の視点から読み直す試みでもある。この息子に対して父が向ける不安と子殺し衝動を現代の精神分析家J・M・ロス（Ross, J.M.）はライウス・コンプレックスと名づけた。

ライウスは、生まれてくる息子エディプスに殺されることをおそれて、エディプスを殺そうとし、キタロンの山麓に捨てるように命じる。このライウス・コンプレックスを一言で言えば、エディプスの父ライウスへの神託、「息子エディプスはその父を裏切ることになるであろう」というメッセージに象徴される。つまりそれは、自分の次の世代、自分を後継する者に対する羨望、自分に対する裏切りへのおそれ、不信、不安、怨念からなっている。E・H・エリクソンはこの視点を視野に入れて、そのライフサイクル論の中にエディプス・コンプレックスを位置づけている。父に対してエディプス・コンプレックスを抱いた息子が父になり、やがては息子に対して、父としてのエディプス・コンプレックス（ライウス・コンプレックス）を抱く。一方でそのような不安や不信感が高まれば高まるほど、後継者にと思う人物を支配しよう、コントロールしようとする願望が高まる。

エリクソンは、フロイト自身に解決されていなかったのは、親になり、子どもや弟子を育てる generativity（次の世代 generation を生み育てる）発達課題をめぐる葛藤であったという。つまり、フロイトが父親の中にライウス・コンプレックスを認識することを回避したのと並行して、自分自身の内面のライウス・コンプレックスにも適切な態度がとれなかったのではないか、というのがエリクソンの見解である。

フロイトが、愛する弟子たちとの間で繰り返した愛と憎しみの葛藤は常に、彼らのエディプス衝動によって自分の創始した精神分析を越えられるのではないか、奪われるのではないかという不安であり、この不安から何人もの弟子たちを破門したり、彼らと喧嘩別れしたりした。その最も典型的な実例が、かつて「わが息子」と呼んでいたユングとの悲劇的な結末であった。

また、フロイトにはV・タウスクという四十歳で自殺した天才薄幸型の弟子がいたが、そのタウスクと、やはりフロイトの弟子だったルー・アンドレアス＝ザロメは愛人関係にあり、しかもザロメはフロイトと精神的に深い絆で結ばれていた。そのザロメによれば、フロイトはタウスクが自分の着想を先取りしてさらに進んだ理論を発表してしまうのではないかと大変に心配していて、タウスクがゼミでどんな着想を講義しているか教えてほしいとザロメに真剣に頼んだ、という。弟子に自分の着想を奪われ、理論を先取りされはしないか、自分の指導力が失われるのではないかという不安は、つねにフロイトを脅やかしていたようである。

この傾向は、フロイトが精神分析の創始者としての自信を深め、現代のモーゼとしての思想史的使命に自負を抱くに従って、ますます高まったように見える。自分こそ、現代のモーゼとなるべき重大な使命を担っている。偉大な父性像モーゼへの敬愛は、晩年のフロイトの心の中で、このようなモーゼへの同一化に発展していたのではないか〔注1〕。

フロイトにおける母との葛藤の抑圧

このフロイトのライウス・コンプレックスの背後には、強い同性愛的な傾倒と、その幻滅—破綻があった。それは、若いころのフロイトの先輩でウィーンの高名な開業医のブロイアーやフリースなどとの間で、さらには精神分析家として一家をなしてからのユングや、ハンガリーの精神分析家フェレンツィらとの間で繰り返された。そしてその背後には、実は、フロイトにおける母子関係の葛藤の抑圧があったのではないか。フロイト自身、『レオナルド・ダ・ヴィンチの幼年期のある思い出』で、二人の男の子がお互いに母に同一化して相手を母のように愛するのが同性愛の起源であると語っているが、もしそうなら、フロイト自身の同性愛傾向の中にも、当然、この意味での母との同一化、ひいてはそこに母との葛藤が秘められていたはずである。

　ところが、フロイトはみずからの母との愛と憎しみ、また葛藤についての自己分析では、何ら深い洞察を得ないで終わっている。

　彼の自己分析の中では、母のこととなると、「裸でいるところを見た」「自分がどんなに母に寵愛されたか」の記憶ばかりである。そしてフロイトは驚くべき言葉を残している。「ある期間持続する二人の親密な感情関係は、すべて愛と憎しみのアンビヴァレンスにつきまとわれるが、母と息子の関係、そして飼い主と犬の関係だけは例外である」と。

　母から寵愛された全能感は、その息子にとって生涯にわたって揺るぎない自信となる。そう自分のことを語ったフロイトは、息子の母への、母の息子への憎しみや不安を、遂に自分の無意識の内に見出さなかったのだろうか？　フロイトは、現代の精神分析ならどんな母子関係にも見出す母と子のあの激しい愛と憎しみの葛藤をまったく自覚していなかったのだろうか？

　フロイトの母アマリエは、かなり気性の激しい女性だった。フロイトは母アマリエについてこんなエピソードを語っている。

　六歳のときフロイトは、「死んだらどうなるの？」と、母親に尋ねた。母親はちょうど団子をこねていた。彼女は突然、団子を人間の形にこねあげ、幼いフロイトに掌のこねカスを見せて、「人間もこういうカスでつくられているだけなのよ」と言って、掌からカスを払い落とした――。

母親のこの、「人間は土からつくられていて、土に戻らねばならない」という教訓は、おそらくフロイトの死に対する態度と、「死の本能」論に決定的影響を及ぼしていたと考えられるが、この記憶の中に登場する母アマリエには、厳しく恐ろしい現実にいとも無造作に息子を直面させる怖さがある。

母のことをフロイト家では「つむじ風」とあだ名していたという。お母さんが現れると、周囲を巻き込んで大変になる、というイメージである。

しかし、フロイトがこのやや共感性を欠いたらしい強力な母にとって、その期待に立派に応える最愛の息子であったことはたしかである。すでに八十歳代になっていた母のもとに通う六十歳代のフロイトを、その母は mein goldner Sigi（私の大事なジギ坊）と呼んでいた。そしてフロイトは、その母が亡くなったとき、「もはやこれで自分が生きてゆく理由はなくなった」と嘆いた。フロイトは、激しい母の脅かしやパワーあふれる圧力に対する心の痛みは抑圧し、ひたすら母を理想化し続けたように見える。

しかし、それだけに、もしかするとフロイトには、情緒的な共感や甘えのような、母と子の通い合いを素直に肯定し言葉にすることに、どこかためらいと言うか、禁欲的なものがあったのではないか。怖いことがあったり、さびしいことがあっても、その気持ちをくみとってもらえないで、一人で頑張ってひたすら才能と努力で母の期待に応えようとする、よい子のジグムント少年がいたのではないだろうか。

そのこだわりゆえに、母に対する情緒的な親密さと性愛的なものが、一つになってしまうことへのとらわれがつくり出されていたのではないだろうか。

この推測を裏付けるようなエピソードが残っている。中欧にありながら、しかもフロイトの時代には、オーストリア・ハンガリー帝国をなしていたあのハンガリーの人々は、もともとアジア人種の血を引くと言われている。そのためかハンガリーの人々は、父性原理的なウイーンやドイツの人々に比べて、よりアジア的、より母性原理的である。このハンガリーの首都ブダペストに、S・フェレンツィを指導者とする精神分析の流れが生まれた。フェレンツィは、ユングとともに「わが息子」と呼ばれるほどのフロイトの愛弟子だった。しかし、そのフェレンツィと、病没する少し前のフロイトとの決別が決定的になった最後の会見の記録がある。

「私は、フロイト教授を訪ね、自分の技術上の新しい見解を述べた。『私は、患者たちが、母親あるいは両親などから、どのように拒否されてきたかを発見し、患者が、その幼児期にどんなに愛情のこもった世話を切実に求めたかに共感し、理解しようと努力しました。

それは、彼の自信を健全に発展させるような母や父のような人間的な愛情のこもった世話や養育なのです。患者は誰でも、やさしく世話され、支持されるという、いろいろな経験を必要とするものです。……分析者は患者が切実に求めた愛情のこもった扱いを絶えず探し求め、これに応じた積極的な応答を向けねばならないのです。この過程は試行錯誤の過程であって、熟練と機転と愛情のこもった親切さのすべてを備えた分析者によって恐れることなく追求されねばならないのです……』と。フロイト教授は、私の説明を聞くうちに次第にいら立ち始め、ついに、私が精神療法の合理的な習慣や技術から根本的に離れようとしていると私に警告した。……『そのような情緒的な依存性を打ち破るのは、分析者の情緒的なひかえめだけなのだ。未熟な分析者の手にかかれば、あなたの方法は、父母の献身の表現であるよりも、性的な溺愛へと導きやすい』と……」（E・フロム『フロイトの使命』中に引用されたフェレンツィの、その弟子フォレストへの書簡の一部）。

フェレンツィはこの会見で、「もはやこれまで」というさびしい気持ちでフロイトと別れたという。

フロイト以後の精神分析の動向を見ると、このフェレンツィの主張が、各学派を越えて、筆者がフェレンツィアンと呼ぶような流れを生み出している。フロイトの思想とも言うべき、単身ただ一人、「死イコール無」に立ち向かう自我の背後に、あの六歳のときの母の教え（脅かし？）を心に抱き、その母の期待に応えて、理想的な自己を全うせねばと頑張るジグムント少年がいたのではなかろうか？

そして、この理想化された母の背後には、実はもっと深刻な、ジグムント少年が否認していた危うい母親の姿が隠されていたふしがある。それは、未婚の母と私生児になる可能性のあった、アマリエとジグムントの母子関係である。

未婚の母アマリエの理想化と阿闍世《あじゃせ》コンプレックス

実は、エディプス物語の前半には、もう一つ、エディプスの母イヨカスタのテーマがある。

イギリスの精神分析家J・ラファエル＝レフは、筆者の阿闍世コンプレックス研究〔注2〕のために執筆してくれた『エディプス神話と阿闍世物語――イヨカスタの息子フロイト』という論文で、エディプスの母イヨカスタの、息子を持つことをめぐる葛藤を取り上げ、フロイト自身の出生の由来の研究にこの視点を適用している。

呪いをおそれて夫婦の営みを避けていた夫ライウスを、イヨカスタは酒に酔わせて誘惑し、エディプスを身ごもる。王妃の座を保つためか、女性としての子どもが欲しいという欲望のためかはともかく……。しかし、呪いを聞いておそろしくなり、夫と共謀して赤ん坊のエディプスを捨て、殺そうとする。エディプス物語の前半には、エディプスの出生の由来、父母が子どもを持つことをめぐる葛藤が描き出されている。

ところがフロイトには、このような子捨て・子殺しの葛藤や衝動を抱く母親はまったく視野に入っていなかった。むしろフロイトは、危うく未婚の母になったかもしれない母アマリエと、当然、その若い娘アマリエが身ごもったときに抱いたかもしれない子捨て・子殺し衝動との葛藤や、自分の出生の由来などについての真相を否認し、ひたすら理想化していたと思われる。

人間の心には、その人間がこの世に生まれ出る以前に定められていた世界、本人は知ることのない無意識の世界がある。しかもフロイトは、この自分の心を超えた無意識の世界を、無意識に探ろうとする。その一つの兆候が、私生児レオナルド―キリストとジグムントとの同一視をうかがわせるフロイトの探求である。

そこで描き出されるのは、レオナルドの母、そして私生児キリストの母マリアにおける禿鷹ムトに象徴されるような両性具有の全能の母親像であった。そしてフロイトは、母アマリエにもそのような全能の母親像を見ていたふしがある。そして、フロイトにおけるこの母の理想化は、その背後に隠された母親の側の子どもに対する愛と憎しみのアンビヴァレンス、とりわけ、子どもが欲しい、しかし子どもが邪魔、殺したいという妊娠前アンビヴァレンス（preconceptive ambivalence、メキシコの精神分析家L・フェダー〔Feder, L.〕および筆者の考察）の否認を引き起こし、同時に、子どもの側の母に対する愛と憎しみのアンビヴァレンスの抑圧までも引き起こしていた。

フロイト以後の精神分析は、まずM・クラインが、子どもの側の母に対するアンビヴァレンスを理論の中心に置くことで展開した。そしていま、日本の精神分析、阿闍世コンプレックスの研究は、子どもに対する母韋提希《いだいけ》の側の子どもを持つことに対するアンビヴァレンスと、子ども阿闍世の側の母に対する未生怨（生まれる前から抱いていた怨み）と愛と憎しみのアンビヴァレンスの相互関係を理論の中心に置く動向を発展させている。特に筆者は、この阿闍世コンプレックスの見地から、フロイト思想の限界を明らかにする試みを行っている。

なお、この未生怨の研究は、一人の「個」の内界に働く無意識を超えた、無意識の概念の拡大が前提となっている。すなわち、母と子、あるいは分析者と被分析者の間の関係性の中で働く無意識、ひいては自己の出生以前に父母から自己へと伝達される無意識の世代間伝達にまで、その概念の拡大が進められたことによって、はじめて未生怨の研究が可能になった。この動向と、エディプス出生以前のエディプス物語の読み直しの動向は、その軌を一にするものである。

〔注1〕最近のエディプス物語研究の一つとして挙げておきたいのは、イギリスの精神分析家J・スタイナー（Steiner, J.）による研究である。それは、ソフォクレス最後の劇で描かれている、盲目となって放浪する年老いたエディプスの心理である。その劇では、コロノスの地にたどり着いたエディプスは盲目であるがゆえにあらゆる真実に目を閉ざし、頑なに真実の否認を続け、それまでに自分が犯した罪についての罪悪感すらもすべて捨て去ってしまっているという。そしてスタイナーは、エディプスが罪悪感を感じない理由を次のように挙げている。

第一に、自分の殺した男が父親であるとは知らなかった。第二に、その男が急襲をかけてきたので、自己防衛のために殺した。第三に、その父親は彼が赤ん坊のときに自分を殺そうとしたのであるから、仕返しをする権利がある。

同じソフォクレスの戯曲でも、フロイトの読み取ったエディプスと、あまりに対照的である。スタイナーは、このコロノスのエディプスに病的な自己愛の心理を見ているのである。

〔注2〕古代インド、マガダ国の王子アジャータシャトル（漢訳仏典では阿闍世）の母は、容色衰え、王妃の座に不安を感じて、子どもを欲しいと思った。そこで予言者に尋ねると、森の仙人が三年後に生まれ変わってあなたの胎内に身ごもると言われる。だが、不安のあまり三年待つことができなかった王妃は、その仙人を殺してしまう。殺された仙人は死ぬときに、「おまえの息子になって不幸災厄をもたらし、おまえの夫（父親）を殺す」と言って息絶えた。その直後に身ごもったのが阿闍世なのだが、仙人の話を聞いていた母親は、今度は胎内の子どものことが恐ろしくなってしまう。生まれてきたらどんな恐ろしい災いが起こるかわからない。そのため、堕ろそうと思ったり、産むときにも、高い塔の上から産み落として殺そうとしたり

する。このような出生の由来について抱いた怨みを未生怨と呼ぶ。そして、そうした未生怨を無意識に抱いていた阿闍世は、青年期になって真相を知り、怨みに駆られて父を幽閉し、母を殺そうとするというのが阿闍世の物語である。

未生怨は、自己の成り立ち、ひいては自分の誕生以前の父母に対する怨みである。父母がその子をつくり、産むか産まないかについて抱いた葛藤が、無意識のうちにその子どもにどんなふうに伝達され、さまざまな展開を遂げるかは現代の精神分析の課題であるが、詳しくは、小此木啓吾・北山修編著『阿闍世コンプレックス』を参照されたい。

〔参考文献〕

『人間モーゼと一神教』(既出)
D・ベルテルセン『フロイト家の日常生活』、石光泰夫・石光輝子訳、平凡社、一九九一
E・フロム『フロイトの使命』一九五八、佐治守夫訳、みすず書房、二〇〇〇
E・H・エリクソン『フロイト―ユング往復書簡における〈大人であること〉という主題――』、西平直訳、「みすず」366、みすず書房、一九九一
J・スタイナー『こころの退避』、衣笠隆幸監訳、岩崎学術出版社、一九九七
J・ラファエル＝レフ『エディプス神話と阿闍世物語――イヨカスタの息子フロイト』一九九〇、貞安元訳、『阿闍世コンプレックス』所収
L・フェダー『妊娠前アンビバレンスと外的現実』一九八〇、貞安元訳、『阿闍世コンプレックス』所収
M・クリュル『フロイトとその父』一九七九、水野節夫・山下公子訳、思索社、一九八七
M・バルマリ『彫像の男』一九七九、岩崎浩訳、哲学書房、一九八八

P・ローゼン『ブラザー・アニマル』一九六九、小此木啓吾訳、誠信書房、一九八七
Ross, J. M.: *Oedipus Revisited : Laius and the "Laius Complex"*, 1982, in Pollock & Ross, The oedipus Papers, 1988, The Chicago Institute for Psychoanalysis.
S・レボビシィ『幻想的な相互作用と世代間伝達』小此木啓吾訳、精神分析研究三四巻五号、一九九一
小此木啓吾『精神分析における心的外傷の意味とその位置づけ』一九九九、精神分析研究四三巻三号、日本精神分析学会編
小此木啓吾・北山修編著『阿闍世コンプレックス』創元社、二〇〇一

あとがき

フロイト思想を、フロイト自身が書き、行った事実と、伝記的資料に沿って、できるだけフロイトの考えそのものを、フロイトに代わって読者にお伝えするつもりで、本書を執筆・編集した。キーワード集であるから、フロイト自身が用いていて、しかもフロイト思想を適切に表現するような言葉を三十項目くらい選ぶというのが、当初の心づもりだった。

しかし、編集・執筆しているうちに欲が出て、これも入れねば、これも入れたいと、予定より項目が増え、より大きな本になってしまった。キーワードも、たとえば、「フォルト・ダー」とか、「禿鷹ムト」「モーゼ」のような言葉で揃えたらもっと楽しくなったと思う。しかし、いざとなるとなかなかそうもいかず、フロイト自身の使った用語でカバーするのがやっとだった。そのために、一見して、キーワード集というより書き下ろしの一冊という形になったが、実際には、一つひとつの項目それぞれが独立したキーワードの説明になっているので、どの項目からでもお読みいただける読み切りの形になっている。

そうはいっても、本書を一貫するライトモチーフがある。序章の「フロイト思想エッセンス」に要約したのがそのモチーフだが、第2章で述べたヒトの〝無力さ〟、そして、本書の冒頭に掲げたフロイトの言葉「断念の術さえ心得れば人生も結構楽しい」という言葉が、キーワードの中のキーワードである。そして、この観点からキーワードが選ばれ、章立てが行われているので、これまでのフロイトの「精神分析入門」のような目次編成とはまったく装いを新たにしている。おそらく他に例を見ないと思うので、その点に本書のオリジナリティがあると自負している。

ただし、奇妙な言い方だが、本書は臨床的な〝精神分析〟を学ぶための本ではない。やはり「フロイト思想」の本である。転移、逆転移、抵抗、解釈技法などをあえてキーワードとして取り上げなかったのは、そのためである。しかし、臨床に携わる方にも、また、現代の精神分析を学ぶ方にも、ぜひその源泉を知るために本書のような「フロイト思想」が身近なものになってほしい。もちろん「フロイト思想」にも、他にいくつものとらえ方がある。私自身もさらに何冊かのフロイト論を書く可能性もある。たとえば、男根羨望、去勢コンプレックス、一孔仮説など女性論をめぐるキーワードを入れていないのは、次の機会に、との思いによる。ただ、いま現在の私にとっては、それなりに有意義な「フロイト論」になっているのはたしかだと思う。

終章「裏から見たフロイト思想」でその一端を語ったとはいえ、それでもまだ本書は最先端を行くフロイト研究の本とは言えない。もっと本格的な現代のフロイト研究をお読みになりたい方には、本書を土台にした上で妙木浩之著『フロイト入門』（二〇〇〇、筑摩新書）をお勧めする。この本は、『フロイト入門』とタイトルしながら、実際には最もすぐれた「フロイト研究」の本だからである。

なお本書は、執筆がようやく半ばに近づいたところで、筆者の身の上に不測の事態が生じ、かなり特殊な状況の中で完成された。講談社現代新書出版部の髙橋明男氏にもこのことでご迷惑をおかけし、また、後半の執筆には周りの方々の絶大なサポートがあった。ここに感謝を捧げたい。

しかし、この困難な執筆状況の中で、二つ、改めてわかったことがある。

一つは、これまで、フロイトが六十七歳直前から十六年間、ガンとの闘病の中であれだけの著作を書いたことに畏敬の念を抱いていたが、あるとき突然、「いや、話は逆だ」という考えがひらめいた。あのように書くことが、少年時代からのフロイトにとって自分を自分で支え、ストレスを解消する最良のコーピング（対処）になっていた。つまり、書き続けていたから十六年もの闘病が可能になり、八十三歳までの長寿も可能になったのだ。この理解は、第1章「6 書くこと」に書いたとおりである。

もう一つは、同じ自己保存本能を語る場合、フロイトは、不安の際に繰り返される出生外傷体験については、呼吸―窒息の観点から終始話をしている。ところが、願望の充足―

その経験の再生―幻覚―幻想の心的過程を語る際には、おっぱいをのむ哺乳を例に挙げている。どこまで意識的かはともかく、私にはとても身近な発見だった。

最後に、本書作製の背景について一言説明したい。本書は多年にわたる筆者のフロイト研究の蓄積に基づいている。それだけに、一部に、これまで刊行した筆者のフロイトに関する著作論文からの引用・再利用がある。また、少なくともその論旨はこれらの著作論文によるものもある。

左記に、すでに刊行されているこれらの著作を列記したい。本書のそれぞれの項目に関連する参考文献はその都度掲げてあるが、より深い説明を求める読者は、これらの著作をお読みいただければ幸いである。

小此木啓吾『精神分析の成り立ちと発展』一九六一、弘文堂（一九八五）
小此木啓吾『エロス的人間論』一九七〇、講談社現代新書
小此木啓吾『フロイト――その自我の軌跡』一九七三、NHKブックス
小此木啓吾『フロイト』一九七七、「世界の思想家像」所収、平凡社
小此木啓吾・馬場謙一『精神分析入門』一九七七、有斐閣
小此木啓吾『フロイトとの出会い』一九七八、人文書院
小此木啓吾『対象喪失――悲しむということ』一九七九、中公新書

小此木啓吾『現代精神分析の基礎理論』一九八〇、弘文堂（一九八五）
小此木啓吾『笑い・人みしり・秘密――心的現象の精神分析――』一九八〇、創元社
小此木啓吾『現代人の心理構造』一九八六、NHKブックス
小此木啓吾『フロイト――その批判と応用』一九八九、「現代のエスプリ」、至文堂
小此木啓吾『フロイト』一九八九、講談社学術文庫
小此木啓吾『エディプスと阿闍世』一九九一、青土社
小此木啓吾『ヒューマン・マインド』一九九一、金子書房
小此木啓吾・妙木浩之編『フロイトとの再会』一九九四、新人物往来社
小此木啓吾『精神分析は語る』一九九五、青土社
小此木啓吾・妙木浩之編『精神分析の現在』一九九五、「現代のエスプリ」別冊、至文堂
小此木啓吾『父と母と子、その愛憎の精神分析』一九九七、講談社＋α文庫

なお、これらの中で、フロイトの内面を伝記的に読むものとしては、『フロイト――その自我の軌跡』を、彼の自己分析をたどるには『対象喪失――悲しむということ』、フロイトの精神分析を学ぶには『現代精神分析の基礎理論』と講談社学術文庫版の『フロイト』をお勧めしたい。

講談社現代新書　1585

フロイト思《し》想《そう》のキーワード

二〇〇二年三月二〇日第一刷発行　二〇〇四年三月四日第九刷発行

著　者　小《お》此《この》木《ぎ》啓《けい》吾《ご》　

発行者　森田浩章
発行所　株式会社講談社
東京都文京区音羽二丁目一二―二一　郵便番号一一二―八〇〇一
電　話　〇三―五三九五―三五二一　編集（現代新書）
〇三―五三九五―四四一五　販売
〇三―五三九五―三六一五　業務
カバー・表紙デザイン　中島英樹
印刷所　株式会社ＫＰＳプロダクツ
製本所　株式会社ＫＰＳプロダクツ
定価はカバーに表示してあります　Printed in Japan

N.D.C.146.13　389p　18cm
ISBN4-06-149585-2

「講談社現代新書」の刊行にあたって

教養は万人が身をもって養い創造すべきものであって、一部の専門家の占有物として、ただ一方的に人々の手もとに配布され伝達されうるものではありません。

しかし、不幸にしてわが国の現状では、教養の重要な養いとなるべき書物は、ほとんど講壇からの天下りや単なる解説に終始し、知識技術を真剣に希求する青少年・学生・一般民衆の根本的な疑問や興味は、けっして十分に答えられ、解きほぐされ、手引きされることがありません。万人の内奥から発した真正の教養への芽ばえが、こうして放置され、むなしく滅びさる運命にゆだねられているのです。

このことは、中・高校だけで教育をおわる人々の成長をはばんでいるだけでなく、大学に進んだり、インテリと目されたりする人々の精神力の健康さえもむしばみ、わが国の文化の実質をまことに脆弱なものにしています。単なる博識以上の根強い思索力・判断力、および確かな技術にささえられた教養を必要とする日本の将来にとって、これは真剣に憂慮されなければならない事態であるといわなければなりません。

わたしたちの「講談社現代新書」は、この事態の克服を意図して計画されたものです。これによってわたしたちは、講壇からの天下りでもなく、単なる解説書でもない、もっぱら万人の魂に生ずる初発的かつ根本的な問題をとらえ、掘り起こし、手引きし、しかも最新の知識への展望を万人に確立させる書物を、新しく世の中に送り出したいと念願しています。

わたしたちは、創業以来民衆を対象とする啓蒙の仕事に専心してきた講談社にとって、これこそもっともふさわしい課題であり、伝統ある出版社としての義務でもあると考えているのです。

一九六四年四月　　野間省一

哲学・思想Ⅰ

哲学・思想Ⅱ

宗教

27 禅のすすめ――佐藤幸治
135 日蓮――久保田正文
217 道元入門――秋月龍珉
606 「般若心経」を読む――紀野一義
667 生命《いのち》あるすべてのものに マザー・テレサ
698 神と仏――山折哲雄
997 空と無我――定方晟
1210 イスラームとは何か――小杉泰
1469 ヒンドゥー教 クシティ・モーハン・セーン 中川正生 訳
1609 一神教の誕生――加藤隆
1755 仏教発見！――西山厚
1988 入門 哲学としての仏教 竹村牧男
2100 ふしぎなキリスト教――橋爪大三郎 大澤真幸
2146 世界の陰謀論を読み解く――辻隆太朗
2159 古代オリエントの宗教 青木健
2220 仏教の真実――田上太秀
2241 科学vs.キリスト教――岡崎勝世
2293 善の根拠――南直哉
2333 輪廻転生――竹倉史人
2337 『臨済録』を読む――有馬頼底
2368 「日本人の神」入門――島田裕巳

Ⓒ

世界の言語・文化・地理

日本史Ⅰ

日本史Ⅱ

世界史Ⅰ

世界史Ⅱ

959 東インド会社――浅田實
971 文化大革命――矢吹晋
1085 アラブとイスラエル 高橋和夫
1099 「民族」で読むアメリカ 野村達朗
1231 キング牧師とマルコムX 上坂昇
1306 モンゴル帝国の興亡〈上〉――杉山正明
1307 モンゴル帝国の興亡〈下〉――杉山正明
1366 新書アフリカ史――宮本正興 松田素二 編
1588 現代アラブの社会思想 池内恵
1746 中国の大盗賊・完全版――高島俊男
1761 中国文明の歴史――岡田英弘
1769 まんが パレスチナ問題 山井教雄
1811 歴史を学ぶということ 入江昭
1932 都市計画の世界史――日端康雄
1966 〈満洲〉の歴史――小林英夫
2018 古代中国の虚像と実像 落合淳思
2025 まんが 現代史――山井教雄
2053 〈中東〉の考え方――酒井啓子
2120 居酒屋の世界史――下田淳
2182 おどろきの中国 橋爪大三郎 大澤真幸 宮台真司
2189 世界史の中のパレスチナ問題 臼杵陽
2257 歴史家が見る現代世界 入江昭
2301 高層建築物の世界史 大澤昭彦
2331 続 まんが パレスチナ問題 山井教雄
2338 世界史を変えた薬 佐藤健太郎
2345 鄧小平――エズラ・F・ヴォーゲル 聞き手＝橋爪大三郎
2386 〈情報〉帝国の興亡――玉木俊明
2409 〈軍〉の中国史――澁谷由里
2410 入門 東南アジア近現代史 岩崎育夫
2445 珈琲の世界史――旦部幸博
2457 世界神話学入門――後藤明
2459 9・11後の現代史 酒井啓子